法と社会を考える人のために

深さ 広さ ウイット

長尾龍一
IN
信山社叢書

刊行中

石川九楊装幀　四六判上製カバー
本体価格2,400円〜4,200円

信山社

〒113-0033　東京都文京区本郷6-2-9-102
TEL 03-3818-1019　FAX 03-3818-0344

既刊・好評発売中

法学ことはじめ　本体価格2,400円

主要目次
1　法学入門／2　法学ことはじめ／3　「法学嫌い」考／4　「坊ちゃん法学」考／5　人間性と法／6　法的言語と日常言語／7　カリキュラム逆行の薦め／8　日本と法／9　明治法学史の非喜劇／10　日本における西洋法継受の意味／11　日本社会と法

法哲学批判　本体価格3,900円

主要目次
一　法哲学
1　法哲学／2　未来の法哲学
二　人間と法
1　正義論義スケッチ／2　良心について／3　ロバート・ノージックと「人生の意味」／4　内面の自由
三　生と死
1　現代文明と「死」／2　近代思想における死と永生／3　生命と倫理
四　日本法哲学論
1　煩悩としての正義／2　日本法哲学についてのコメント／3　碧海先生と弟子たち
付録　駆け出し期のあれこれ　1　法哲学的近代法論／2　日本法哲学史／3　法哲学講義

争う神々　本体価格2,900円

主要目次
1　「神々の争い」について／2　神々の闘争と共存／3　「神々の争い」の行方／4　輪廻と解脱の社会学／5　日本における経営のエートス／6　書評　上山安敏「ヴェーバーとその社会」／7　書評　佐野誠「ヴェーバーとナチズムの間」／8　カール・シュミットとドイツ／9　カール・シュミットのヨーロッパ像／10　ドイツ民主党の衰亡と遺産／11　民主主義論とミヘルス／12　レオ・シュトラウス伝覚え書き／13　シュトラウスのウェーバー批判／14　シュトラウスのフロイト論／15　アリストテレスと現代

西洋思想家のアジア　本体価格2,900円

主要目次
一　序説
1　西洋的伝統―その普遍性と限界
二　西洋思想家のアジア
2　グロティウスとアジア／3　スピノザと出島のオランダ人たち／4　ライプニッツと中国

キャンパスから職場まで

セクシュアル・ハラスメント

明治学院大学
法学部立法研究会 編

宮田　加久子　　角田　由紀子
渋谷　秀樹　　　萩原　玉味
上野　千鶴子　　京藤　哲久
加藤　秀一

信山社

Sexual Harassment

Edited by
Association for Legislative Research
Meiji Gakuin University, Faculty of Law
Tokyo Minato-ku Shirokanedai 1-2-37
2000, Printed in Japan
©Rippo Kenkyu Kai (Association for Legislative Reseach)

はしがき

 明治学院大学は、一九九八年四月、セクシュアル・ハラスメント防止宣言、防止対策を示すと共に、セクシュアル・ハラスメント人権委員会を設置した。それから二年、この間に、一九九四年四月、事業主のセクシュアル・ハラスメントに関する雇用管理上の配慮義務を明記した「改正男女雇用機会均等法」が施行され、労働大臣の指針が示された。また、同年三月三〇日付けで、文部省は、国立教育機関の教職員を対象として、訓令「セクシュアル・ハラスメント防止等に関する規程」を発し、私立大学にも、これに準じた「通知」を出した。これらを受けて、行政の動きは活発となり、「セクハラ防止要項」を定め、相談窓口を設置する企業や大学が増え、裁判に訴えるケースも増加した。平成一一年七月一六日、最高裁は、職場におけるセクハラ行為の違法性認定基準を示すとともに、加害者が会社の上司である場合の会社自体の不法行為責任についても、民法四四条一項による連帯責任があることを明確にした。「セクシュアル・ハラスメント」と言う言葉が、一九八九年流行語のナンバーワンとして金賞を獲得して一〇年、セクハラは今や社会的問題としてのみならず、法的にも人格権の侵害として保護されるところとなったのである。

 しかし、職場や大学におけるセクハラ事件はあとを断たない。労働省のまとめによれば、各都道府県にある雇用機会均等室によせられた職場でのセクハラに関する相談件数は、一九九八年度は七〇一九件で、九七年度の約三倍に急増、九九年度もこれをさらに上回り、九五〇〇件近くに達していると

はしがき

いう(日経新聞五月三日)。教育の場でも、一九九九年中にマスコミがとりあげたケースだけでも約二〇件、暗数を考えれば、かなりの数にのぼるであろう。

本書は、明治学院大学セクシュアル・ハラスメント人権委員会が、啓発活動の一環として、法学部立法研究会と共催で開催したシンポジウム「セクシュアル・ハラスメントを考える――キャンパスから職場まで」を収録したものである。会場は、外部からお招きしたパネラーの顔ぶれに惹かれて集まってきた学生達で埋め尽くされたといっても過言ではない。

その一人東京大学大学院人文社会系研究科教授上野千鶴子氏は、構造主義社会学、マルクス主義フェミニズムの新しい理論化の道を探りつつ、さまざまな領域で刻々の情勢と取り組むしなやかな姿勢を保ち続けてこられた。CM写真を記号論的に解読して男と女の関係を軽妙な文体で論じた『セクシイ・ギャルの大研究』(光文社)で注目されて以来、話題作も多いし、一九九四年『近代家族の成立と終焉』(岩波書店)でサントリー学芸賞を受賞された。本シンポジウムに関連したものとしては、『キャンパス性差別事情――ストップ・ザ・アカハラ』がある。上野氏は、東京大学女性研究者懇話会が行った実体調査結果の抄録を資料として、キャンパスにおける性差別の現状を示され、なぜ、大学が深刻な性差別の温床になっているかその理由を明らかにし、性差別解消のための提案事項を紹介された。

弁護士角田紀子氏は、女性の権利に関する事件を多く手がけられ、セクシュアル・ハラスメントに関しては、福岡事件、沼津事件、秋田事件を担当、女性によるドメスティック・バイオレンス研究会を設立、性暴力裁判全国弁護士ネットワークの共同代表も務めておられる。代表的著書として『性の法律学』(有斐閣)、『ドメスティック・バイオレンス』(有斐閣)等がある。角田氏は、現状と裁判例を

iv

はしがき

示しながら、使用者責任の不十分さを指摘された。一般の企業では、性差別的な労働条件がセクシュアル・ハラスメントの発生要因となっていること、セクシュアル・ハラスメント撲滅のネックとなっているのは今日の経済状態であることを示され、セクハラ対策として、職場全体の一般的な状況の改善を特に強調された。

二年間人権委員会委員をつとめられた本学前法学部教授渋谷秀樹氏（現在、立教大学法学部教授）は、セクシュアル・ハラスメントを性行為、或いは性欲に多かれ少なかれ関連する言動として狭義にとらえたうえで、「人権」の問題か、「性差別」の問題かを、憲法学者の立場から分析された。憲法一三条、二四条を根拠として、セクシュアル・ハラスメントは、「人権」というよりも「人間の尊厳」にかかわるものであると強調されたのは印象的であった。最後に、セクシュアル・ハラスメント人権委員会の構成、存在意義、その信用性などに関する事項に質問が集中したのは、他大学にさきがけて設置された新しい機関への関心の深さを示したものといえよう。

すでに、セクシュアル・ハラスメントに関する立法化をはじめとして、行政、企業、大学などでも、種々の対策が講じられている。しかし、最も重要であるのは、セクハラを生み出す社会構造、すなわち「力ある者」による「力なき者」への抑止が認められる男性優位の社会を否定し、女性を一個の人格を持った人間として尊重する社会に変革することにある。そのためには、先ず男性の意識構造を変えねばならないことはいうまでもない。本書が、セクシュアル・ハラスメントに関する理解を深め、お互い個人を尊重し、真の平等の認められる社会を構築するために貢献できれば幸いである。

第二部では、本書の内容をより一層充実させる為に、参考資料・参考文献を掲載した。官公庁資料

v

はしがき

　は、当該官公庁の了承を得て転載させていただいたものを年代順に並べ、簡単な概要と判決内容を示した。国内の大学のガイドラインについては、一九九九年末までに収集できたものを掲げ、海外の大学については、参考となりうるもの(但し、他の書籍で紹介されたものは除く)のみ掲載し、その他は大学名を掲げるにとどめた。内外の参考文献については、一九九一年から一九九九年までの主なものを掲げた。これらの資料は、労働法専攻の両角道代助教授、前セクシュアル・ハラスメント人権委員、大関雅子さん、本学大学院後期博士課程在籍中の田寺さおりさんらの協力によるものである。

　最後に、シンポジウムにご参加下さった渋谷秀樹先生、上野千鶴子先生、角田由紀子先生、宮田加久子先生、加藤秀一先生をはじめとして、資料面の充実に、御尽力下さった方々、そして、本書作成の為に種々ご配慮いただいた法学部長京藤哲久教授、信山社の村岡愈衛氏に御礼を申し上げ、更にシンポジウムの開催と本書の作成にご協力いただいた法律科学研究所の前副手、駒奈生子さん、副手、渡辺多栄子さんに、記して謝意を表したい。

　二〇〇〇年八月

　　　　　　　　　明治学院大学セクシュアル・ハラスメント人権委員会委員長

　　　　　　　　　　　　　　　　　　　　　　　　萩原　玉味

もくじ

セクシュアル・ハラスメント
キャンパスから職場まで

はしがき [萩原玉味]

第1部 セクハラに対する取り組みと課題 1

セクシュアル・ハラスメントを通して考える女性の人権 [渋谷秀樹] 6

キャンパスにおける性差別 [上野千鶴子] 23

職場にみられるセクシュアル・ハラスメント [角田由紀子] 44

大学におけるセクシュアル・ハラスメント [萩原玉味] 59

コメント／討論 [加藤秀一] 73

第2部 参考資料及び文献リスト 91

資料1 雇用の分野における男女の均等な機会及び待遇の確保等女子労働者の福祉の増進に関する法律　資料2 文部省通達　資料3 大学、短期大学、高等専門学校におけるセクシュアル・ハラスメント防止のための取り組みについて　資料4 各種官公庁資料　資料5 セクシュアル・ハラスメント裁判例一覧表　資料6 日本のガイドライン　資料7 海外のガイドライン

文献リスト [京藤哲久] 402

あとがき

第1部

セクハラに対する取り組みと課題

　　　　　　［司会　宮田加久子・加藤秀一］

　　渋谷秀樹　セクシュアル・ハラスメントを通して考える
　　　　　　　女性の人権
　　上野千鶴子　キャンパスにおける性差別
　　角田由紀子　職場におけるセクシュアル・ハラスメント
　　萩原玉味　大学におけるセクシュアル・ハラスメント
　　加藤秀一　コメント

第1部　セクハラに対する取り組みと課題

[宮田]　時間になりましたので、明治学院大学セクシュアル・ハラスメント人権委員会並びに明治学院大学法学部立法研究会共催のシンポジウム「セクシュアル・ハラスメントを考える――キャンパスから職場まで」を開催させていただきたいと思います。

明治学院大学では本年四月にセクシュアル・ハラスメント人権委員会を設置いたしました。そして学生の皆さんや教職員の相談に応じるとともに、セクシュアル・ハラスメント防止のための啓蒙活動を行っています。

その一環として、皆様にお配りしました「セクシュアル・ハラスメント相談の手引き」を作成し、配布すると同時に、横浜校舎での講演会を行ってまいりました。本日は、この白金校舎においてシンポジウムを開催させていただくことになりました。

では、皆さんはセクシュアル・ハラスメントとはどんなものだとお考えでしょうか。皆さんにお配りしたこの手引きを開けていただきますと、最初のページに「セクシュアル・ハラスメントとは」ということが書いてあります。これが明治学院大学の立場ですので、簡単に紹介させていただきます。

私たちは勉学上、課外活動上、研究上、就業上の関係を利用してなされる次のような行動はすべてセクシュアル・ハラスメントとみなしています。

一　利益または不利益を条件として、はっきりと、またはほのめかしながら相手方に性的な要求、誘いかけをすること。

二　性的要求、誘いかけに応じたか否かによって相手方に利益または不利益を与えること。

三　性的な害のある言動を繰り返すことによって相手方に不快の念を抱かせること。

開会の辞

この三つを私たちはセクシュアル・ハラスメントと考えています。

それでは、これから四人の先生方にそれぞれ二十分ずつお話をしていただきます。私の隣から簡単に紹介をさせていただきますが、渋谷先生、上野先生、角田先生、萩原先生、そして最後がコメンテーターの加藤先生です。四人の先生方にお話をいただいたことで、質問等がございましたら、皆様方に玄関でお配りした白い紙にお書きください。先生方のお話が終わった段階でそれを集めさせていただきます。その後、その皆さんの質問も勘案して加藤先生の方からコメントをいただいた上を交えてディスカッションを行っていきたいと思っております。

それでは、まず最初に本人権委員会の委員長である萩原玉味教授からご挨拶がございます。

［萩原］こんばんは。本日は、お忙しいところを本シンポジウムに御出席下さいましてありがとうございました。先ほどご紹介がありましたように、明治学院大学では、この四月にセクシュアル・ハラスメント人権委員会が発足いたしました。先日のNHKの「クローズアップ現代」でもキャンパス・セクシュアル・ハラスメントが取り上げられておりましたし、また十月二十一日の日経新聞だったでしょうか、文部省が調査した結果によると、大学のセクシュアル・ハラスメントに対しての対策がまだ不十分であるという記事が載っておりました。そして一週間ほど前の日経新聞では、小学校、中学校、高等学校の教員の生徒に対するセクシュアル・ハラスメント対策も進んでいない状況であるということが指摘されていました。

そしてまた、こういう企業ではこういうガイドラインを作ったとか、あるいはこういう大学ではこういうガイドラインを作る予定になっているとか、今やセクシュアル・ハラスメントの問題は社会の

第1部　セクハラに対する取り組みと課題

　一大関心事と言うことができると思います。またアメリカにおけるクリントン大統領の例のセクシュアル・ハラスメント事件を初めとして、世界共通の問題ということも言えると思います。

　ちょうどこの夏、私は、セクシュアル・ハラスメントその他の研究資料を集める目的でドイツに出かけたんですけれども、かたい国だと思っておりましたドイツで、そして非常に封建的な大学の中でやはりセクシュアル・ハラスメント問題が起きていました。そして困った大学当局が、初めてガイドラインを作ったというその大学をたまたま訪問したものですから、いろいろな話を聞くことができました。まだ、ドイツでは二つほどの大学がガイドラインを作っただけだということで、その他の大学を幾つか歩いてみたんですけれども、まだまだそんなことは問題になっていないといいますか、そもそも、女性の教官そのものがドイツでは非常に少ない。紹介してくださいと申しましても、次に来たときに調べておいてあげましょうというようなことで、大学は、男性社会であるということを実感いたしました。

　どうしてこのようにセクシュアル・ハラスメント問題が急に騒がれ始めたのか。この種の問題は別に今始まったことではないわけでありまして、かつての『女工哀史』のころから、こういった問題はあったのですが。特に女性の人権に関する自覚が高まってきたからであります。

　しかし、まだ一般に人権意識が高まっているとは云えませんし、何をセクシュアル・ハラスメントと考えるのか、正確な概念の把握もなされていないのが現状であります。実はそのセクシュアル・ハラスメントをしているのに、まるで自分には関係がないんだというように考えている人もいるでしょうし、また気をつけないと、すぐセクシュアル・ハラスメントになるといって、やたら警戒心が旺盛

開会の辞

で神経質になっているという方もいるでしょう。

今日は、セクシュアル・ハラスメント問題を法律学や社会学の視点から分析してみたいと思います。特に外部からお二人をお招きいたしております。この道の専門家、直接にお話を伺うことなどめったにできないという専門家をお招きしておりますので、じっくりと皆さん方もお聞きいただきたいと思います。セクシュアル・ハラスメントを人権の問題として一人一人が改めて意識する、そのきっかけにこのシンポジウムがなりますならば幸いと考えております。

では、よろしくお願いいたします。

[宮田] では、最初に「セクシュアル・ハラスメントを通じて考える女性の人権—憲法学からのアプローチ—」ということで、本学法学部教授、渋谷秀樹先生よりお話をしていただきます。渋谷先生は憲法学の訴訟論がご専門でいらっしゃいますが、女性の人権に関心をお持ちということで、本日、ご講演をいただきます。よろしくお願いいたします。

第1部 セクハラに対する取り組みと課題

セクシュアル・ハラスメントを通して考える女性の人権

明治学院大学法学部教授[現 立教大学教授] 渋谷 秀樹

ただいま紹介いただきました法学部の渋谷です。先ほど司会の宮田先生、萩原先生からご紹介がありましたように、明治学院ではセクシュアル・ハラスメントの問題の重要性を深く受け止めて、今年度から「セクシュアル・ハラスメント人権委員会」を大学の正式な機関として設置して、この問題に取り組むことになりました。その任務の中に、お手元にお配りしましたパンフレットの作成や、このシンポジウムの開催などが入っているわけです。

私はセクシュアル・ハラスメントを本格的に研究しているわけではありませんが、現在、この委員会の委員をしているということ、そして専攻分野が憲法ということもあって、このシンポジウムのトップバッターとして少々の時間、お話することになりました。本日は、この問題に関して、憲法専攻者の目から見たセクシュアル・ハラスメントのとらえ方の一般論をお話ししたいと思います。

お手元にお配りしたレジュメを作ったときには盛りだくさんに考えていましたが、時間もあまりありませんので、二・三の項目は省略ながらお話ししたいと思います。

セクシュアル・ハラスメントを通して考える女性の人権

まず初めに1aの「セクシュアル・ハラスメントは『人権』の問題か？」という、若干問題提起的なお話をしたいと思います。この委員会の名前にも人権という言葉がついておりますし、またセクシュアル・ハラスメントの防止の理由として、これは人権、特に女性の人権を侵害するからということがよくいわれます。このパンフレットにある防止宣言にもそのようなことが書いてありますし、この問題に関する書物などを読んでも、そういうことが書いてあります。

私は憲法専攻で、かつこの大学で「憲法関係科目」を相当しその中で人権の分野を講義しているわけですが、実はこのような人権の用い方には若干抵抗があって、はっきりいって、少し嫌いなところがあります。なぜ嫌いかというと、人権という言葉が啓発のコンテクストにおいて用いられると、そこに何か権威主義的な匂いがあるからです。人権を持ち出せば、みんな引っ込めというようなところがあって……。

そこで、一体何が問題になっているかの議論を封じるような、そういう匂いがあって、それが嫌いといった理由です。いわゆる差別用語についても同じことがいえます。マスメディアでこれが問題になったときも、結局、ガイドラインの「べからず集」を作って、それで問題が解決したような雰囲気を作って、結局、その問題の根本的な解決は図られていないような気がします。

重要なのは、それが権利としてどこに根拠があって、どのような内容を持っていて、なぜそれを侵害してはいけないのかをしっかり十分に伝えることだと思います。一般的な人権という言葉を使うのではなくて、どういう権利、どういう利益が問題になっているのかをしっかり考える必要があると思います。

第1部　セクハラに対する取り組みと課題

[レジュメ]　セクシュアル・ハラスメントを通して考える女性の人権
―― 憲法学からのアプローチ ――

　　　　　　　　　　　　　　　　　明治学院大学法学部　渋谷秀樹

1．はじめに
　a．セクシュアル・ハラスメントは「人権」の問題か？
　　(1)　「運動（啓発）シンボル」としての「人権」
　　(2)　「権利」としての「人権」
　　　　法は何をコントロールできるのか？
　b．セクシュアル・ハラスメントは「性差別」の問題か？
　　(1)　「セクシュアル・ハラスメント」の定義
　　(2)　憲法14条が禁止するもの
　　(3)　問題の整理
　　　①　男女差別
　　　②　性別分業　　　　　「ジェンダー・ハラスメント」
　　　③　性的言動　　　　　「セクシュアル・ハラスメント」
2．憲法における女性の位置づけ
　a．近代憲法における位置づけ
　　フランス人権宣言の背景にある思想
　b．権利拡張の歩み　　「参政権」
　c．「フェミニズム運動」は何をめざすのか？
3．セクシュアル・ハラスメントに対する憲法解釈学的アプローチ
　a．発生場所・侵害利益の特性
　b．類型化と権利の具体化
　　①　地位利用（代償・対価）型　　　性的自己決定権
　　②　環境型
　　職場……27条1項（勤労の権利）
　　大学……26条（教育を受ける権利）

【資料】　日本国憲法
13条　「すべて国民は、個人として尊重される。生命、自由及び幸福追求
　　に対する国民の権利については、公共の福祉に反しない限り、立法そ

の他の国政の上で、最大の尊重を必要とする。」
14条　「①　すべて国民は、法の下に平等であつて、人種、信条、性別、社会的身分又は門地により、政治的、経済的又は社会的関係において、差別されない。」
19条　「思想及び良心の自由は、これを侵してはならない。」
21条　「①　集会、結社及び言論、出版その他一切の表現の自由は、これを保障する。」
24条　「①　婚姻は、両性の合意のみに基いて成立し、夫婦が同等の権利を有することを基本として、相互の協力により、維持されなければならない。
　　　　②　配偶者の選択、財産権、相続、住居の選定、離婚並びに婚姻及び家族に関するその他の事項に関しては、法律は、個人の尊厳と両性の本質的平等に立脚して、制定されなければならない。」
26条　「①　すべて国民は、法律の定めるところにより、その能力に応じて、ひとしく教育を受ける権利を有する。」
27条　「①　すべて国民は、勤労の権利を有し、義務を負ふ。
　　　　②　賃金、就業時間、休息その他の勤労条件に関する基準は、法律でこれを定める。」

雇用の分野における男女の均等な機会及び待遇の確保等に関する法律
21条　「①　事業主は、職場において行われる性的な言動に対するその雇用する女性労働者の対応により当該女性労働者がその労働条件につき不利益を受け、又は当該性的な言動により当該女性労働者の就業環境が害されることのないよう雇用管理上必要な配慮をしなければならない。
　　　　②　労働大臣は、前項の規定に基づき事業主が配慮すべき事項についての指針……を定めるものとする。」

市民的権利に関する法律第7篇（Title VII of Civil Rights Act）（アメリカ合衆国、1964年）
§2000―e2　「以下の行為は使用者の違法な雇用慣行とする。

第1部　セクハラに対する取り組みと課題

(1) 人種、皮膚の色、宗教、性または出身国を理由として、個人を雇用せず、その雇用を拒否し、解雇すること、あるいは雇用に関する報酬、期間、条件または特典について、差別待遇を行うこと、
あるいは
(2) 人種、皮膚の色、宗教、性または出身国を理由として、個人の雇用機会を奪い、奪う可能性のある方法で被用者または就職志願者を制限、分離、類別すること、あるいは被用者たる地位に不利益を及ぼすこと。」

人および市民の権利宣言（Déclaration des droits de l'homme et du citoyen）（フランス、1789年）
1条　「人は、自由かつ権利において平等なものとして出生し、かつ生存する。社会的差別は、共同の利益の上にのみ設けることができる。」

女性および女性市民の権利宣言（Déclaration des droits de la femme et du citoyenne）（Olympe de Gouges、1791年）
1条　「女性は、自由なものとして生まれ、かつ、権利において男性と平等なものとして生存する。社会的差別は、共同の利益の上にのみ設けることができる。」

このパンフレット表紙の「防止宣言」に人権という言葉が出てきますね、「女性の人権」として。実は私はこのパンフレットを作るときに、これを削って、他の言葉を入れる提案をしました。ところが、これは評議会という上のレベルの機関ですでに決まっていることなので、変えられないということで却下されてしまいました。

人権は非常に難しい言葉です。今言いましたように、実際、そこで何が問題なのかということをしっかり伝えることが、こういったシンポジウムで大事ではないかと思います。これがレジュメに書いてある啓発シンボルとしての人権の問題点です。

それから、次に「権利としての人

セクシュアル・ハラスメントを通して考える女性の人権

権」という大がかりなお話に入ります。私は憲法あるいは法律を専攻していますので、こういうことを問題にせざるを得ないわけです。啓発運動は、ある人の考え方を変えようという運動です。しかし、憲法の理論からいえば、実は頭の中で、何を考え、何を思おうと、それは自由勝手となります。それが外に、外部に表現されたときに、法的問題になるわけです。

これが法律の限界ということになります。法律は結局、心の中の考え方のコントロールは考えてないし、それはできないということで、以下の議論を進めていきたいと思います。

その次に1bの「セクシュアル・ハラスメントは『性差別』の問題か？」という項目に入りたいと思います。これは当たり前のことではないか、つまりセクシュアル・ハラスメントはまさに女性差別の問題ではないかと思われるかもしれません。しかし、憲法学者としてはこういうとらえ方は実はできないのではないかと思います。セクシュアル・ハラスメントを性差別の問題と関連させて考えるときに、これは問題の整理のところで挙げておきましたが、三つ問題があろうかと思います。

一つは、いわゆる男女差別の問題で、これは憲法の授業をやっていれば必ず出てくるわけですが、例えば定年制について男女で違う年齢を設定することは、まさに性に基づく差別となって、これは憲法一四条違反ということになります。

また性別分業というのは、「ジェンダー」という言葉との関係で後に各先生方からお話があると思いますが、いわゆる肉体的・生理的差異ではなくて、社会的・文化的差異に基づく区別をいい、この区別に基づく異なる取り扱いも、恐らく一四条に基本的に抵触するので、違反、憲法違反という評価が与えられるでしょう。

第1部 セクハラに対する取り組みと課題

性別分業と言うと非常に抽象的なので、例をあげると女はお茶くみをしておけばよいとして、補助的作業だけをさせたり、「職場の花」的扱いをするとか、あるいは女性を指して「女の子」という呼び方をするのは、その状況によっては、セクシュアル・ハラスメントというよりも、社会における役割を前提としたハラスメントになることもあり、ジェンダー・ハラスメントといえるかと思います。

ただ、このシンポジウムで取り上げるセクシュアル・ハラスメントとはそれより狭いものをさしています。レジュメには性的言動と呼んでおきましたが、これは定義的に言えば性行為、あるいは性欲に多から少なかれ関連する言動で、それがある状況において行われた場合に問題になるという、そういうものであろうかと思います。これが果たして性差別と言えるのかというと、法的には疑問点があるわけです。

日本で一般的にこれが性差別の問題であるというふうに言われるのは、アメリカ合衆国におきまして、いわゆるセクシュアル・ハラスメントの救済が雇用上の差別禁止法である、資料に付しておきましたシビル・ライツ・アクト（市民的権利に関する法律）のタイトルセブン（第7篇）にもとづいて救済されたことに由来します。

そしてその規定の中に雇用差別をしてはいけないという条項、性に基づく差別禁止規定があって、これを手がかりにセクシュアル・ハラスメントの救済を行っていったという、そういう事情がありす。

判例も結局、この規定にもとづいていろいろ救済を与えていくわけです。ただ、このようにたまたま存在する法律の規定を手がかりに救済の道を広げるということは、法の世界で、間々見られます。

12

セクシュアル・ハラスメントを通して考える女性の人権

しかし法的には、あくまでも実践上、便宜上の手段であったということに注意する必要があると思います。

これまでのお話の中で省略しましたが、厳密に言うと、憲法一四条にいう法の下の平等は、雇用におけるセクシュアル・ハラスメントと若干離れて、定義的に言うと、女性であることを理由として他のカテゴリーの人間、具体的には男性と違えて不合理に差別的に扱うことを禁止することですが、セクシュアル・ハラスメントはこれから少し離れた問題になるわけです。

セクシュアル・ハラスメントは女性を対象とすることが量的に非常に多い、つまり被害者になることが多いわけですが、男性が被害者になることもありえるわけで、そのような場合を、こういう説明ではできないということになります。また、これは雇用の分野に限られることになります。となると、そのほかの場面で一体どういう救済を与えるのかという問題も出てきます。セクシュアル・ハラスメントが性差別の側面があるということは否定できませんが、もうちょっとうまい説明の仕方、あるいは憲法上の権利の観点からの説明の仕方があると考えます。

以下、これまであまりいわれていないと思いますが、次のようなアプローチというか、分析が可能ではないかと思いますので説明します。

時間があまりありませんので、レジュメの2の、「憲法における女性の位置付け」は、省略します。

3に「セクシュアル・ハラスメントに対する憲法解釈学的アプローチ」という非常に大きなタイトルをつけたのですが、憲法解釈論として、どのようなことがいえるのかを考えてみたいと思います。

まず発生場所・侵害利益の特性という、そういう側面から、この問題を考えてみましょう。従来こ

第1部　セクハラに対する取り組みと課題

の問題は職場の問題ということから意識されるようになったわけですが、職場以外においても大学など教育施設、福祉施設、病院などでも発生しています。この問題の発生場所を、より一般化すれば、人間として生きていくために必要であるか、あるいは生きていくための準備段階として必要である場所、その場所から抜け出すことが不可能ではないにしても、それは大きな不利益を伴う場所であるという性格付けができるように思います。

そして、これは外の一般社会に対してある程度閉ざされた部分社会で、あるいは事実上の権力関係、つまり支配服従関係がある社会ということができます。病院の場合は例えばお医者さんと患者さんの関係、大学の場合は先生と学生の関係をイメージすればいいでしょう。このような社会においては、その社会の専門性、合目的性などを理由として、その社会の内部自治の名の下に独自の規律がなされて、法はそこに介入しないところがあると従来は考えられていました。

しかし、ここでは、次に侵害利益の特殊性を考える必要があると思います。ここでは、そのような社会において規律とされる自由は、例えば勉強するとか、働くとか、そういう権利あるいは自由ということになりますが、セクシュアル・ハラスメントはそのような自由とは全く無関係の利益が脅かされているという側面があると思います。

人間は社会のさまざまな場において、それぞれ別の機能を果たしながら生きています。具体的には家庭においては子供として、あるいは親として、夫婦であれば夫あるいは妻として、それぞれ別の機能を果たしながら生きているわけです。人間はこれらの機能が一つの体に統合されているわけですから、例えばこの大学で教育を受ける場合にも、教育を受ける機能だけを持ってきて、ここで勉強する

14

セクシュアル・ハラスメントを通して考える女性の人権

わけにはいきません。会社で働く場合にも、労働能力だけ持っていく、そういうわけにもいきません。そして、セクシュアル・ハラスメントというのは、このように本来、その場所とは無関係な機能、つまり人間の肉体的側面の生殖機能に関連して、つまりリプロダクションの機能に関連して、その人がそこに一体として存在することをこれ幸いとしてなされる行為というふうに考えられるわけです。つまり、そこでは本来関係のない人間の機能に関して不利益がもたらされていることになって、これは法的に言っても強く抑圧されるべき行為であろうと考えられます。発生場所・侵害利益の特性を一般化して考えていけば、こういうとらえ方ができると思います。以上がレジュメで言えば発生場所・侵害利益の特性の説明となります。

セクシュアル・ハラスメントについてはこれまで類型化されています。これはアメリカの議論を参考にした類型化ですが、レジュメに書いてありますように、地位利用型と、環境型に分けられています。後でお話になられる先生方も、こういう分類でお話しされるかと思います。以下順番に、そこでどういう憲法上の権利・利益が問題となっているかという視点からお話ししたいと思います。

まず地位利用型というのは、第一の類型ということになります。パンフレットで言えば、二ページの、見開きのところの赤で塗ってあるところの(1)と(2)が地位利用型と言われているものです。これは職務上の立場や地位を利用して、例えば何らかの雇用上、教育上の利益、具体的には単位をあげるよとかいって、雇用上、教育上の利益供与の代償、あるいは対価として身体の接触を含む性的要求を行うものです。

これはさきに述べました特殊な、閉鎖的な、ある意味では閉じた社会、特殊な社会で、明示的な拒

第1部　セクハラに対する取り組みと課題

絶が容易でない状況を利用した性的自己決定権、性的というのはりっしんべんの性ですが、性的自己決定権の侵害と構成できると思います。

自己決定権の憲法上の根拠は、資料に付しました条文でいうと一三条の生命、自由及び幸福追求に対する国民の権利という言葉に一般的には求められています。みだりに自分の体に、さわられない、接触を受けないということも身体の動静に関する自己決定の問題としてとらえることができると考えます。

さらにそれが性的なインプリケーションが含まれる接触、またはその要求になりますと、性的な問題というのは生殖、つまりリプロダクションに関連してくるわけですから、生殖に関する自己決定の問題につながってくると考えられます。

生殖に関する自己決定の問題は、最近、人工授精、体外受精等が非常に話題になっていますが、これも生殖の自由に関連する問題です。これは憲法学においても、まだあまり深く研究されているわけではありません。私は二四条の家族を構成する権利の中核部分として位置付けられると考えています。生殖過程に関連する行為として性的行為も含まれるわけですから、セクシュアル・ハラスメントに対して保護されるべき利益は、生殖に関する自己決定権にその守られるべき根拠を求めることができるのではないかと思います。当然男女を問わずこれはいえることになります。

地位利用型のセクシュアル・ハラスメントというのは、憲法的に考えれば、以上の権利が侵害される状況があるように思います。

次に環境型のセクシュアル・ハラスメントは、パンフレットでいえば(3)に書いてある行為です。つ

セクシュアル・ハラスメントを通して考える女性の人権

まりはっきりした経済的な不利益を伴わないにしろ、それを繰り返すことによって職務、学習などの妨げになる、その環境を悪化させる性的言動ということになります。

これは法的に言えば、やはり刑法に触れる場合も当然あるわけで、例えば第三者に対して職場の同僚とか、同学年の学生などの性行動に関して風説を流す、風説の流布というのが最近また株に関して話題になっておりますが、そういうことをする場合です。その人の性行為に関する社会的評価を落とす可能性があるということですので、名誉毀損になる場合も当然考えられるわけです。

さらにここでも、さっき言いましたように非常に特殊な、ある意味では閉鎖された社会においてなされているという点がやはり重要で、職場の場合には就業環境の汚染という形でとらえることができるのではないかと思います。

憲法上の権利として二七条一項に勤労の権利というのがあります。この権利は従来、政府から労働機会の提供、特に失業対策事業への雇用、ないしそれが困難な場合における生活給付を求める失業者の権利を内容とすると考えられていましたが、このような意味では非常に内容は希薄なものと考えられていました。

ところが、最近は「不当な解雇を受けない権利」も含まれるというような説もとなえられるようになりました。そこからさらに使用者に雇い入れを要求するような権利は含まれないけれども、いったん成立した雇用関係を良好なものとして維持するよう使用者に求める労働者の権利という形でこの権利を再構成するというような主張も有力です。

憲法二七条二項は、適正な労働条件の最低基準を法定すべきことを定めた規定です。一四条の平等

17

第1部　セクハラに対する取り組みと課題

原則をこの規定を読み込むと、これは当然女性の問題も入ってくるわけですが、労働条件において均等待遇を受けつつ働き続ける権利を意味するということになります。セクシュアル・ハラスメントとの関係で言えば、そのような言動、つまり性的行動のない環境、労働条件の下で働く権利ということになります。性的差恥心は、わいせつについての判例であるチャタレー判決で述べられていて、チャタレー判決の言葉をそのまま使うわけですが、性的差恥心を害されない条件の下で働くことは一三条前段で保障された、先ほど言いました人間の尊厳にふさわしい雇用関係を維持する権利と構成することができると考えます。これが職場の状況になるわけです。

それでは大学の場合はどうなのかということになるわけですが、教育の場でも結局同じようなことがいえます。条文上は憲法二六条の教育を受ける権利に根拠を求めることができるでしょう。この規定も従来はこのような観点からは考えられなかった権利ですが、ここでも二七条と同様に、セクシュアル・ハラスメントのない教育環境、あるいは性的に不快感のない状況が整備されることを要求する趣旨が含まれていると思います。

以上、いずれの条文も、憲法の権利の位置付けから言えば社会権、つまり「国家による自由」に入って、国家に何らかのサービスの提供を要求することになるわけですから、まさに政府が法律を制定し良好な環境を整備する義務がこの規定から導き出されるのではないかと思います。

資料につけておきましたが、来年（一九九九年）四月一日に施行される、「雇用の分野における男女の均等な機会及び待遇の確保等に関する法律」二一条も内容的にはいろいろ不十分な点がありますが、

セクシュアル・ハラスメントを通して考える女性の人権

ようやく政府に課された義務を規定した第一歩と位置付けられると思います。これはあくまで雇用の分野だけですが、当然、教育の場においても当てはまると思います。

それからちょっと若干観点を変えて、レジュメには書いておきませんでしたが、いわゆる環境型のセクシュアル・ハラスメントというのは言葉、あるいは変なポスターを張って環境を悪くするということが多いわけですが、これは憲法的に言えば、いわゆる表現行為になります。これはどういう理由で抑圧すべきかということになると、いわゆる表現の自由というのは憲法でも非常に強く保障される人権ということですので、なかなか難しい問題があります。

つまり、これは表現内容、つまり性的なインプリケーションを含むメッセージになるわけですが、その内容に着目して、事前に抑制し、あるいは事後に制裁を加えることになるわけですから、表現内容に着目した規制ということになります。しかし、これは案外簡単にその制約を説明できると思います。わいせつ的表現行為の規制の正当化根拠で挙げられていることをそのまま応用できると思うからです。

なぜわいせつ的表現行為が規制されるかということについては若干議論があるわけですが、私自身は自分の欲しない情報を受領しない自由、聞きたくない、あるいは見たくない自由の侵害という形で構成するのが一番スマート、あるいは説得力があると考えます。憲法二一条は、「表現の自由」を保障していますが、現在は「情報の自由な流通」を保障する規定であると解されているわけですが、この中には情報が流れ込んでくるのを拒絶する権利も含まれると理解されます。

セクシュアル・ハラスメントはある意味ではとらわれた状況、閉鎖的な社会、つまりそこから逃げ

第1部　セクハラに対する取り組みと課題

出すには非常に重大な不利益を覚悟しなければならないというところで行われるわけですから、いわゆるキャプティブ・オーディエンス、つまり「とらわれの聴衆」と同様の状況に置かれています。不快感を伴う表現行為というのは、憲法的に言えば、こういう情報を受け取らない自由という形で保障されて、このような利益との対抗関係でそういった性的な表現行為というものは制約できると考えられます。

最後に、ここでは性的に不快、あるいは不快感ということを言いましたけれども、ここでは不快か不快でないかという判定基準はどこに求めるかという、難しい問題があります。パンフレットの三ページ目には、「身体に接触すればすべてセクシュアル・ハラスメントになるわけではありません」と書いてあります。そこでは相互の信頼関係が成立しているところで行われるかどうかが一つの判定基準としていて、「握手する」とか、それに類する行為はこれにあたらないことをイメージしているわけです。

いわゆる外形的、物理的に全く同じに見える言葉、行動が、ある状況によっては非常に美しく見え、また当事者もそのように感じるけれども、同じ言葉、行動が全く違う状況によっては非常に醜く見え、また当事者が不快に感じられることがあるというものが性的なインプリケーションを持つ言葉・行動に共通の特色であろうと思います。つまり、相方向的な愛情と信頼関係があるかどうかによって、同じ言葉・行動が全く違う意味を持つというのが非常に特徴的な、セクシュアル・ハラスメントに特殊な性格付けであろうと思います。

したがいまして、セクシュアル・ハラスメントに当たるかどうかは性的言動がなされた状況と当事

20

セクシュアル・ハラスメントを通して考える女性の人権

者の美意識、さらに愛情があるかどうかということも入りますし、最終的には品性を変数として決定されるべき問題であるという側面もあります。少なくとも閉鎖的な、権力的な支配構造を持つ部分社会においては、「不快」の判定に当たっては、一番繊細な美意識、一番センシティブな感性を基準として、醜いか美しいか、あるいは嫌か嫌でないか、不快か不快でないかを決定すべきではないかと考えます。

少し予定時間をオーバーしてしまいましたが、最後に、これまで意識的に性差別とセクシュアル・ハラスメントの関係を切り離して論じて、憲法上の権利との関係でいえば、どういう権利が問題となっているかということをお話ししてきました。ただ、やはり現実にはこれは圧倒的に男性から女性になされる場合が多い現象です。それがパンフレットの一ページ目に書いてある宣言のところの「特に女性の人権を侵害し」という表現になった理由です。その背景には、これは後でお話があるかと思いますが、社会における構造的な女性に対する支配構造、それから歴史的・文化的に形成された女性の特性論、あるいは役割分担論がやはりあります。狭義のセクシュアル・ハラスメントが発生する背景には、そのような構造、社会意識、あるいは人間の意識があり、それを変革していかないと問題はなくならないと思います。しかし、そのために持ち出すべきものとしては、人権という言葉は少しまずくて、ある意味で法の領域を越えた概念である「人間の尊厳」が重要であろうと思います。

憲法一三条で言う「個人として尊重される」、二四条で言う「個人の尊厳」というのがそれに当たると思います。私がパンフレットの表紙にある「人権」を削除して入れようとした言葉は、実は「女性の人間としての尊厳」でした。

第1部　セクハラに対する取り組みと課題

私に与えられた課題は憲法学からのアプローチですから、憲法あるいは法の限界ということ意識してお話ししてきたわけですが、憲法は法の世界ばかりではなくて社会全体に通じる価値観、あるいは日本の社会が目指すべき理想を示すという機能もあるわけで、人間の意識のレベルにおいて、個人としての他人を尊重することができなければセクシュアル・ハラスメントというのはなくならないと思います。

若干はしょって、にもかかわらず時間がオーバーしましたが、以上、憲法の観点から見たセクシュアル・ハラスメントについてお話ししました。（拍手）

［宮田］　ありがとうございました。引き続きまして東京大学大学院人文社会系研究科教授の上野千鶴子先生より、「キャンパスにおける性差別――東京大学女性研究者懇話会の経験から」ということでお話をいただきます。

皆様のお手元のレジュメの中に上野先生のプロフィールを挟ませていただきましたが、先生は構造主義社会学、マルクス主義フェミニズムなど、新しい理論化の道を探りながら、少子社会の家族といったさまざまな領域で研究をされています。多くの御著書がおありですが、一番最近作では『ナショナリズムとジェンダー』を今年の三月に出版なさっています。

また、今日の講演に関連しましては、『キャンパス性差別事情――ストップ・ザ・アカハラ』という本が出ております。それでは先生、よろしくお願いいたします。

22

キャンパスにおける性差別

東京大学大学院人文社会系研究科教授 上野千鶴子

上野でございます。先生はここではやめましょう。教師と学生という権力関係の場で発生するセクシュアル・ハラスメントを問題化しようとしているわけですから、こういう場にまで、それは延長したくございません。

私はここにお呼びいただきましたのは、『キャンパス性差別事情——ストップ・ザ・アカハラ』という編者を勤めたという事情だと思うんですが、この本について書かれた、こういう文章があります。

「キャンパス・セクハラとは、単に企業におけるセクハラの大学版にすぎないのでしょうか。事態は残念ながらそんなに単純ではありません。大学におけるセクシュアル・ハラスメントは、企業のセクハラに解消できない固有の問題をはらんでいます。そのことはこの『キャンパス性差別事情——ストップ・ザ・アカハラ』が、なぜセクハラが広く社会的な理解を獲得した上に、こと改めてアカハラことアカデミック・ハラスメントを言いたてる必要があったのかということと深くかかわっています。ちなみにこの本はキャンパス・セクハラに関心のある人の必読書です。それは大学の性差別体質の現実を赤裸々に描き出し、どんなホラー小説よりも恐ろしい本になっています」と書いてあります。この

第1部　セクハラに対する取り組みと課題

文章は、名古屋大学人権懇話会の方々がセクシュアル・ハラスメントとは何かを議論したホームページに載っている文章です。このホームページにはセクハラをめぐる先行の定義を検討しつつ、最終的にどのような定義が最もふさわしいかを示した非常にすぐれた論考が含まれております。ご参照下さい。

セクハラとは何かという定義については、現在、明治学院大のこのパンフレットの中に出ているような定義がほぼ共通の了解になってきております。私がこの本を編んだ背後にあるのは、私が東京大学に異動いたしまして、東京大学女性研究者懇話会をスタートさせたという事情です。そこから「女性教官が経験した性差別」という実態調査に基づくキャンパスの性差別を考えるシンポジウムを行ったことがこの本をつくるきっかけになっております。

私がきょうまず申し上げたいのは、セクシュアル・ハラスメントを「セクシュアルなハラスメント」だけに限定して考えることは危険だということです。セクシュアル・ハラスメントはもっと広く一般に行われ社会構造の中に組み込まれている性差別の結果であって、その一部にほかなりません。そしてセクシュアルな含意を伴わないような性差別もまた、しばしば以上にセクシュアル・ハラスメントと密接に結び付いておりますが、それだけを抜き取って考えるということは極めて危険であると思います。

配布資料は、東京大学女性研究者懇話会がデータに基づいて提言したものを東京大学総長が主宰する全学教官懇話会で報告したそのときの資料をコピーしたものです。東京大学女性研究者懇話会ができたのは九四年のことです。

［レジュメ］　キャンパスにおける性差別
――東京大学女性研究者懇話会の経験から――
東京大学大学院人文社会系研究科教授　　上野千鶴子

1　東京大学女性研究者懇話会の成立およびその後の活動経過
1994．7．6　東京大学女性教官懇話会発足／総長あてに要望書提出／京都大学女性教官懇話会宛に連帯のメッセージ

1994．9－10　会員の性差別経験についての実態調査実施

1995．5．13　東京大学女性教官懇話会＋東大職組婦人部共催・懇話会報告書発刊記念、「キャンパスの性差別を考える」シンポジウム開催／東京大学女性研究者懇話会に名称変更

1995．6　総長懇談申し入れ

1995．12．13　総長補佐との懇談

2　東京大学女性研究者懇話会の活動内容
1　実態調査

2　会員の懇親

3　ニュースレター―Patio発行（No. 1 ―No. 4）

3　東京大学女性教官が経験した性差別（アンケート調査）
94/10/18　懇話会ニューズレター"Patio" No. 1 を発行

94/12　アンケート回答のデータベース化

95/1　データベースの分類、検討

95/2/16　分類されたデータをもとに座談会

95/3　座談会記録のデータベース化と整理

95/4/11　"Patio" No. 2 を発行

95/4　中間的な報告として「第１回データベース報告書」を編集

調査結果の分析

1　研究職に特有の差別が浮かび上がる。（アカデミック・ハラスメント）

2　女子院生、助手、技官など地位の低い人たちに問題が集中する傾向がある。

3　文化系に比べて理科系の差別がより深刻である。

4　研究・教育上の差別とセクシュアル・ハラスメントがしばしば結

第1部　セクハラに対する取り組みと課題

びついている。
5　大学ならではの問題をひきおこしやすい制度上・組織上の問題がある。（学部・学科自治による相互不干渉など）

提案事項
1　情報公開
　　各部局の地位別女性教官数などの基本的なデータ
2　実態調査
　　責任ある機関による女性教官の実態調査
　　全数調査が望ましい／当事者または第三者機関であることが望ましい
3　相談窓口の設置

提案内容：
　学内に、相談、調査、調停、勧告の権限をもった、総長委嘱の「男女平等委員会」を設立する。
① すべての部局から独立した機関であること。
② 実際の権限と専門性をもつこと。
③ 学内自治の原則にかんがみ、文部省の監督機関とはしないが、問題の性格と学内の閉鎖性をうちやぶるために、かならず学外専門委員を入れること。

提案理由：
① 第1回懇話会集会の後、総長あてに要望書を出したが、具体性のない要望だけではなんの反応燃えられない。
② 問題の深刻さからして、懇話会のような学内任意団体のボランティアでは限界がある。
③ 機動力と実際の権限をもった機関であることがのぞましい。
④ 当事者代表をかならず入れる。（女性が半数以上であること）
⑤ 学内利益を守るのでなく、公共的利益にひらかれたものにするため、かならず学外委員を入れる。

付）京都大学総合人間科学部の事例
1981　　　　京都大学女性教官懇話会発足／それ以降例年総長懇談の定例化
1992―3　京都弁護士会に甲野乙子さんによる矢野教授の人権侵害申

　　　　　　立書、矢野氏辞職／京都大学女性教官懇話会によるサポート
1994．5　部局長会議で性差別問題についての相談窓口設置へ向けて
　　　　　検討開始
1994．10　各部局による対応を決定（総合人間学部では学部長指名に
　　　　　よる4名のワーキンググループがスタート）
1995．6　学内広報で具体的手続きの告知
1995．7　総合人間科学部で「人権問題に関する窓口」設置が教授会
　　　　　で承認→学部広報で告知学部長直属の2名の担当者：田辺玲
　　　　　子（京都大学女性教官懇話会代表）新宮一成（精神医学の専
　　　　　門家）

調査結果（抄録）　　母集団209（1993）会員40（1994）回答者14（1994）

●女性教官比率

1．「学生としては女子のほうが一般にずっと優秀であることが認められるのに、どうしてこうも教官の女性の割合がひくいのか？」という素朴な印象がある。（文系）

2．女子学生が学生の3分の1をしめる現在、女性教官の数が非常に少ないのはやはり差別と見るべきかもしれません。（理系）

●研究上のいやがらせ（アカデミックハラスメント）

1．責任ある仕事はさせない。
　　（Ex.掃除、お茶くみ、事務補助的な仕事）（理系）

2．学位論文を出身大学に提出した時、2年間に渡って妨害された。（理系）

3．現在、研究室外の研究者との共同研究、国外出張に対し、嫌み等、研究意欲を失うようなことばかり言われる。（理系）

4．研究上、結婚改正後、旧姓を使用している人も博士学位論文で戸籍の姓を使わせられる。（理系）

5．同じ身分の男性職員の学位論文の手伝いをしてほしいといわれた。（理系）

6．自然科学の分野では大型プロジェクトなど共同で研究する場が多いです。又講座（＝研究グループ）を教授の私物と混同している感があります。職員、学生を「将棋の駒」のように考えている教授がいます。講座制は少人数内の階級社会で、一般社会では考えられな

いようなことが起こりやすいように思えます。女性に限らず、男性も非人道的扱いをされている人は多いと思います。(理系)

● 女性研究者養成

1. 伝統的なある文学部内の学科では助手は形としては内部公募だが、慣例として女性は願書を出せないことになっていた。あえて、それに反して出してみた数人の女子学生に教官はまじめな顔で「登録のための本やテキストを運べますか？」と聞いた。結果は不採用。(文系)

2. 学生時代 (15年以上前) 駒場から専門課程への進学ガイダンスで、某学部の先生から、「女子学生はご遠慮願いたい、結婚をしてすぐ辞めてしまわれるようなので困る」という発言。現実には成績の良い女子学生が多数進学したようです。(理系)

3. 理工系研究室の教官に卒業研究に女子学生には来てほしくないという声を聞きます。(理系)

4. 私が直面している困難は昇進差別と、それ以上に緊迫している困難は就職脅迫です。

東京大学理学部卒業、同大学院を終了して理学博士の学位を修得しました。日本学術振興会の奨励研究員を1年して、一研究所の助手として採用されました。爾来20年以上経ちますが助手のままです。

研究業績としては100編以上の英文の論文を国内外の専門誌上に出版しました。今も書き続けています。親しい研究仲間には、これだけばりばりやっていて助手のままで悔しくありませんかといわれています。他大学の教官公募も応募してはいるのですが、いまだ助手を抜け出すことができないでいます。応募の時にもせめて講師の肩書きがあれば、結果も違ってくるのではないかと思っています。

研究所はいまだ昔ながらの講座制で運営されています。数年前に私の所属している研究部では前の教授が定年退官して、分野の異なる教授が着任しました。それ以来、新任の教授に辞職を脅迫されています。私は履歴書を渡して、移動先を紹介してくださされば移動しますと答えています。教授は自分は見つけられないから、私が自分で探してさっさと出ていくようにといいます。これが、教授室で1対1でねちねちとやられまして大変な苦痛です。研究所長にも相談

はしているのですが、各研究部の内部事情には口を挟まないようにが慣例になっているせいか、好転しません。研究所内には駆け込み寺のようなところはありません。(理系)
5．女子院生が指導教官から「特別な指導」を受け、それを負担に思ったために避けようとすると教官の不興を買った。本人はそのストレスが強く、研究室に来ることに困難を覚えるようになった。(文系)

●女性労働条件
1．採用試験のたびに「結婚は？女性は、子供を産むからな・・・」と何度も言われた。男性に同じ質問をするのでしょうか。(理系)
2．子供の扶養手当を申請すると、女性の場合のみ「他から扶養手当を受けてない旨の申請書が必要」とのこと。理学部の事務は「夫が扶養するのが普通だから」という説明。納得がいかないまま言われる通りにした。(理系)
3．私は1991年8月に出産しましたが、主任教授が「当然の権利なのだから産後2カ月は休みなさい」と言ってくれたので、9月いっぱい休ませてもらいました。その間、研究室業務は学生アルバイトに手伝ってもらいました。これも当然と言えば当然ですが、しぶしぶではなく快く認めてもらったことで心の負担が軽くて、ありがたく思いました。(文系)

●セクシュアル・ハラスメント
1．教授に子供を産んだ女性は馬鹿になると言われた。(教授は著明な生化学者)この時、側にいた大学院生（男）が大変な剣幕で反論しておりましたが、教授は「このことは教科書にのるくらい科学的に証明されていることだ」と言った。(理系)
2．同じ研究者の立場にあっても、研究会等使用した湯呑み茶碗の片づけなどは男性教官は行わない。これは研究室の男子学生にも同様の傾向がみられる。(理系)
3．男性教官に馴れ馴れしく肩をたたかれたり、肩をもまれたりして嫌だという女子学生の訴えを聞きました。指導を受けているので、あまり、嫌悪感を表にだすことができない。(理系)
4．私が所属していた研究室の教授（すでに退官）うけた差別について

1）教授室でだきつかれ顔を強くすり寄せられた。2）教授室で椅子にかけて対面でビジネスの話し合い中、急に両足をひっぱられ、椅子からひきずりおろされ、足を上に倒されて、抱きつかれた。(スカート着用時) 3）学会で地方に出張し、発表の前日ホテルで予行演習と称し、私の部屋のベッド上に倒され抱きつかれた。4）夏場、半袖で仕事をしている時、私の腋毛を気にし、私が手を挙げるたびにのぞき込む態度を何回も繰り返し、ヘヤーリムーバーを渡されそうになった。(理系)

5. 某教授は私に女は"馬鹿だな"といえる存在でいてほしいと語ったことがありました。結果として自分を越えようとする女性、性交渉に応じない女性には対抗処置にでたようです。すなわち、予算を使わせない、学生及び研究テーマのとりあげ、又は凍結という手段をとり、研究の妨害を続けました。(理系)

6. 飲み会の部屋の前を通った時、研究上交渉のある他学科の教授が、私にも酒宴に加わるように、後から抱きつき、両手の平で私の両胸を強く押されながら部屋に引き入れた。(理系)

●将来の展望

1. 最近はバランスのとれた考え方のできる男性も増えてきたので仕事のしやすい環境になった。(理系)
2. 設備の問題で特別な観測(例えば船)には女性が制限(参加しにくい又はできない)されることもあるようだが、女性研究者の数が増えれば、自然と解決される方向にむかうのではないだろうか。(理系)

●女子学生の在籍状況

図表6-1　学部学生の女子比率の推移

(%)

	1971	1975	1980	1985	1990	1995	1996
前期課程							
教養学部	4.7	5.6	6.0	8.3	12.4	15.2	16.1
後期課程							
法学部	1.7	3.3	3.1	5.0	9.1	13.9	14.3
医学部							
医学科	6.3	5.5	6.6	6.0	7.6	12.3	13.1
健康科学・看護学科	5.0	26.3	14.5	21.3	22.8	56.8	58.5
工学部	0.4	0.7	0.9	2.2	3.4	5.3	5.6

キャンパスにおける性差別

文学部	13.3	17.5	15.1	17.4	21.0	30.4	31.3
理学部	6.0	6.6	6.2	7.7	9.9	11.8	10.8
農学部	2.6	5.6	5.5	8.6	9.2	14.6	18.0
獣医学科					13.0	36.7	38.5
経済学部	0.7	2.7	3.0	4.2	7.2	8.8	10.1
教養学部	10.2	13.2	16.2	16.9	23.5	25.4	23.0
教育学部	11.4	17.5	19.6	15.8	22.7	31.9	31.1
薬学部	7.8	19.9	19.9	28.9	16.8	34.7	36.5
後期課程小計	4.0	6.0	5.8	7.4	10.1	15.2	15.7
合計	4.3	5.8	5.9	7.8	11.2	15.2	15.9
全大学平均	18.6	21.4	22.4	23.9	27.9	32.9	34.0

図表6-2　修士課程学生の女子比率の推移

(%)

	1971	1975	1980	1985	1990	1995	1996
人文社会系	27.7	22.3	25.5	20.0	29.2	43.8	41.3
教育学	27.3	19.7	17.6	26.3	45.9	51.8	54.1
法学政治学	3.8	0.0	10.5	16.0	15.2	22.5	27.9
社会	20.0	15.8	19.6	18.2	23.5		
経済学							
区分	6.2	0.0				22.1	21.9
一貫			5.1	0.0	15.6		
総合文化				36.3	32.4	35.2	38.0
理学系	6.0	6.7	6.7	7.5	10.5	16.3	15.7
工学系	0.9	0.7	1.0	2.5	5.3	7.2	7.1
農学生命科学	7.0	6.8	9.3	10.9	15.0	23.0	23.6
保健学	20.0	37.1	35.1	37.8	55.8	63.1	68.7
農学系	7.7	6.6	13.6	12.5	27.1	36.7	36.3
数理科学						8.0	6.7
合計	9.5	7.9	8.9	9.7	14.8	20.5	21.0
全大学平均	10.0	10.4	12.9	13.7	16.6	22.2	23.5

図表6-3　博士課程学生の女子比率の推移

(%)

	1971	1975	1980	1985	1990	1995	1996
人文社会系	23.5	24.7	25.5	22.1	25.8	30.0	34.7
教育学	26.3	25.9	20.4	29.5	32.8	52.6	54.5
法学政治学	5.0	2.2	14.0	18.6	20.8	24.3	26.3
社会	26.2	19.0	10.1	16.9	15.2		
経済学							
区分	7.1	6.7				16.9	17.4
一貫			3.5	9.0	6.9		
総合文化				36.4	29.3	30.5	33.2

第1部 セクハラに対する取り組みと課題

理学系	7.7	6.3	5.2	6.0	8.8	14.2	16.1
工学系	0.9	8.0	1.7	1.9	6.6	8.6	9.8
農学生命科学							
農学	4.6	1.7	10.2	10.8	14.8	17.6	18.4
獣医学					5.9	19.6	22.9
医学系							
医学	12.7	16.7	15.0	15.8	22.1	23.6	24.0
保健学	60.0	37.0	26.3	36.1	56.8	57.3	60.2
薬学系	8.0	6.6	4.7	10.0	18.6	15.2	17.4
数理科学						8.8	7.9
合計	9.7	10.0	9.9	12.1	15.2	19.8	21.9
全大学平均	7.0	7.0	9.0	12.0	15.1	19.7	20.9

図表6-5　部局別女性教官比率

(%)

部　　　局	教　授	助教授	講　師	助　手	合　計
法学部	0.0	4.3	40.0	27.8	11.7
医学部	6.8	6.1	3.0	15.3	7.7
工学部	0.0	0.0	2.6	4.5	2.1
文学部	3.9	11.8	100.0	22.4	11.8
理学部	0.0	5.1	7.7	3.1	3.0
農学部	0.0	5.4	0.0	7.6	4.7
経済学部	0.0	0.0	―	70.6	17.9
教養学部	5.2	7.8	30.0	15.3	9.4
教育学部	18.8	0.0	0.0	35.7	17.4
薬学部	0.0	0.0	33.3	6.3	4.8
数理科学研究科	0.0	0.0	―	11.1	1.9
医科学研究所	0.0	0.0	16.7	10.6	6.3
地震研究所	0.0	0.0	0.0	17.1	8.8
東洋文化研究所	5.3	0.0	―	50.0	13.3
社会科学研究所	0.0	12.5	―	91.0	5.0
社会情報研究所	0.0	0.0	―	25.5	6.3
生産技術研究所	0.0	2.4	0.0	9.9	4.8
史料編さん所	0.0	13.3	―	22.2	14.0
分子細胞生物学研究所	0.0	0.0	―	15.6	9.8
宇宙線研究所	0.0	0.0	―	0.0	0.0
原子核研究所	0.0	0.0	―	0.0	0.0
物性研究所	0.0	0.0	―	8.0	4.5
海洋研究所	0.0	0.0	―	6.3	3.2
先端科学技術研究センター	0.0	0.0	0.0	13.6	6.3
全学	2.0	4.0	6.8	10.6	6.6

〈出典〉　東京大学現状と課題2　1996東京大学刊

キャンパスにおける性差別

参考資料

第2回東京大学女性教官懇話会集会より

提案事項
1）名称変更：「東京大学女性教官懇話会」を「東京大学女性研究者懇話会（もしくは東京大学女性研究者フォーラム）」へ変更する。
2）運営委員会を設定し、運営委員を募集する。
3）データベースの結果およびこれまでの相談業務の経験にもとづき、総長に次の提案をおこなう。

提案内容：
　学内に、相談、調査、調停、勧告の権限をもった、総長委嘱の「男女平等委員会」を設立する。→図参照

①すべての部局から独立した機関であること。
②実際の権限と専門性をもつこと。
③学内自治の原則にかんがみ、文部省の監督機関とはしないが、問題の性格と学内の閉鎖性をうちやぶるために、かならず学外専門委員をいれること。
④構成メンバーは次のようにする。
　　3名：総長指名の学内委員
　　3名：学内女子当事者団体代表（女性研究者懇話会から1名／職組婦人部から1名／院生代表1名、それぞれの団体からの推薦による）
　　3名：学外専門委員（弁護士、カウンセラーなどの専門家、学内委員の指名にもとづく委嘱とする）
⑤事務部門と予算をつける。学外委員については相応の謝礼を支払う。

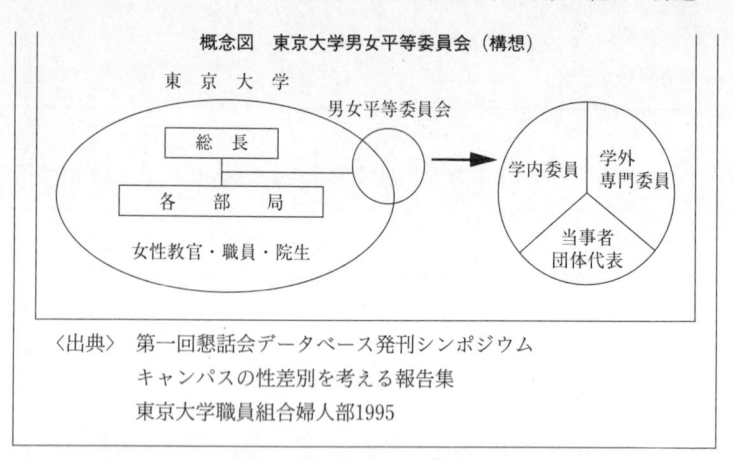

第1部　セクハラに対する取り組みと課題

概念図　東京大学男女平等委員会（構想）

東京大学
総長
各部局
女性教官・職員・院生
男女平等委員会
学内委員
学外専門委員
当事者団体代表

〈出典〉第一回懇話会データベース発刊シンポジウム
キャンパスの性差別を考える報告集
東京大学職員組合婦人部1995

　私は東京大学では外様、即ち他大学出身者なんですが、私の出身校である京都大学では、あの有名な矢野事件というのがございました。京都大学では私の友人、知人たちが非常に熱心にこの問題に取り組んでいました。その京都大学女性教官懇話会に何らかのエールを送りたいと思ったとき、じゃあ足元の東京大学にそのような集まりがあるんだろうかと調べてみましたら、東京大学は開学以来、ただの一度も女性研究者懇話会のようなものが存在しなかったということが分かりました。ないということが分かったから、じゃあ作ろうと思ったのが私の安直なところでございます。

　それで、まず実態調査をやってみました。懇話会のメンバーは四十四名なんですが、四十四名というと大変少ないとお感じでしょうが、東京大学全体の中で女性教官の母集団はわずか二百二十人にすぎません。うち四十四人、組織率二〇％ですから、東京大学職員組合の組合員加入率よりも組織率は高い、自慢していいと言われました。（笑）

　そこでやりました実態調査の結果は配布資料をご覧ください。調査結果の抄録が載っております。九三年当時で母

キャンパスにおける性差別

集団が二百九、会員数が四十名、うち回答者が十四、そのうち公表をお許しいただいたものだけをこのようにまとめました。

研究上の嫌がらせだけでなく、女性研究者養成上の問題、例えば「女子学生は自分の研究室にはご遠慮願いたい」ということを公言する教師がいます。セクシュアル・ハラスメントという項目をご覧いただくと、「子供を産んだ女はばかになる」と公言して院生から抗議を受けた教授もいます。あんたはばかな女から生まれたのかと言いたいところですけれども。この教授は著名な科学者です。研究室ではこういうバーバル（言語的）・アビューズが横行しています。例えば、教授室で抱きつかれ、顔をすり寄せられるとか、椅子にかけてビジネスの話し合い中、急に両足を引っ張られ、椅子から引きずりおろされ、足を上にして抱きつかれたとか、まことにとんでもないことが横行しています。

ここから分かったことの第一は、文化系よりも理科系の教員の間における性差別が深刻なことに比べると文科系は個人プレーができるだけ、まだそういう状況から免れやすいということが分かりました。

それと第二の発見は、地位が低い人々ほど、具体的に言うと助手、それから研究者になる途上の大学院生、この人々が最も深刻な立場に立たされていることです。国立大学では技官という職の、教官職と事務職の中間部門の人々、実際に研究に携わっておりながら、まことに低いポストに置かれた人々が被害に遭っていることが分かりました。

技官職、これは理科系の大学院を終了した女子学生にとっては危険な罠なんです。「君、助手のポス

第1部 セクハラに対する取り組みと課題

トはないけど、技官のポストなら用意してあげられるんだけど、どうだね」「はい、先生、お願いします」と言った途端に罠にはまります。これで一生、技官として研究補助業務を強いられた上に、定年直前に助手か講師となって教官職として退職する、こういうルートが待ち受けています。そのような大変不利な職があるということも分かりました。

このため、私どもは急きょ、教官職に対象を限定しておりました東京大学女性教官懇話会を教官職を持たない人々、及び研究者予備軍の大学院生も含めるべく、東京大学女性研究者懇話会と名前を改称いたしました。

院生がどれほど深刻な差別に遭っているかについてはエピソードがあります。この本は、著者は原則として実名で書いていただいておりますが、たった一つ例外があります。私は女子院生の性差別体験をぜひとも書いてもらいたかったんですが、遂に匿名座談会以外のものをお願いすることができませんでした。どんなふうに書いても、たとえ匿名で書いても、研究室が特定される恐れがある。したがって、どうしても書けないと断られたあげく、匿名座談会という形になったわけです。

なぜ大学がそういう深刻な性差別の温床になっているかについては、この本の中にある江原由美子さんの分析ほどすぐれたものはありません。私は彼女の分析を越えることができませんが、かいつまんで申しますと、第一に、研究室は学会と直結していて、ある研究室で研究者としての生命を抹殺されることは一生涯にわたって学問生命を絶たれることと同じであるという、二重権力状況がございます。したがって、指導教官が下級の研究者に対して生殺与奪の権を持つということがあります。

二つ目には、そのような狭い研究室の間で異動や選択の自由がないということです。非常に専門性

36

が細分化されておりますから、自分のやりたい研究にその指導教官しかいない場合、その指導教官を忌避したいと思ったら、もう学問そのものをあきらめるほかないという選択肢の少なさがあります。

三つ目には、そのようなタコ壺の研究室に監督者も上司もいないということがあります。

四つ目には、そのような研究室相互の間、あるいは教官相互の間で、自治の美名の下における相互不干渉の伝統がある。大学自治といえども、その内実は部局相互の間では学科自治、研究室自治であり、第三者が容喙（ようかい）できない慣習が長く続いています。部局自治の内実は学科自治、研究室自治であり、自治区の連邦制のようなものでありまして、東京大学総長といえども、蓮実重彥さんの権力の集合、自治区の連邦制のようなものでありまして、東京大学総長といえども、蓮実重彥さんの権力ははせいぜいゴルバチョフぐらいの権力しかないということがよく分かりました。大学には、自治の尊重の名における相互不干渉、監視の不在という状況があります。これは民間企業では考えることができない状況です。この極めて密室的な状況の中でやりたい放題の差別が横行しているということなんです。

それじゃあどうするかということについて、女性研究者懇話会が提案を出しました。その内容がここに出ております。提案事項の第一が情報公開です。地位別女性教官比率などの基本的なデータを出してくれとお願いしました結果、『東京大学現状と課題』98年版、別名『東大白書』第二回目のものに、「キャンパスの多様性」の名の下に外国人と並んで歴史上初めて、女性比率のデータが公開されました。これも黙っていて出てきたものではありません。総長及び副学長に対する私ども懇話会の働きかけの結果、初めて出たものです。これを見ますと、東京大学の学部の女子比率は全学平均で一五・九％です。これが大学院になりますと、修士課程で二一・〇％、博士課程で二一・九％になります。

第1部 セクハラに対する取り組みと課題

博士課程の女子比率をほぼ研究者予備軍の母集団の比率と考えることができますが、これが実際の教官比率になりますと六・六％になります。

文部省は女性教官比率を大学別に出しております、文部省が出しておりますデータには地位別のデータがございません。私どもは強く主張して地位別女性比率、すなわち教授、助教授、講師、助手別のデータを出していただきました。教授職では二％にすぎません。

ただし、例えば講師を見ますと、文学部一〇〇％なんていう数字が出ていますが、これは要するに講師職が一つしかなく、それに女が就いていれば一〇〇％になるんです。これはばかげたデータです。本来ならば、実数を出していただきたい、パーセンテージじゃ困るということを申し上げたんですが、ここまで出していただくのが精いっぱいでした。京都大学で女性教官数や、教官の中の女子比率のような基礎的なデータを出していただきたいと最初にお願いしたときの事務部門の公式の返答はこうだったそうです。「人事は性別非関与に行っておりますから、私どもにはそのようなデータはございません」。嘘つけというんです。あるんだけど、出さないんですね。

このようなデータを見ますと、少なくとも研究者予備軍の母集団である博士課程の女子比率が二割に達しているにもかかわらず、研究者の中の比率がこれほど低いとすれば、個々の人事の性差別を立証することは困難でも、全体として性差別があるという疫学的証明になります。というふうなことをやれというのが情報公開です。

提案の第二は実態調査、責任ある機関による女性教官の実態調査です。ですが、大学側に利用されるかもしれないような危険のある調査に、だれが正直に自分の被害を訴えるでしょうか。したがって、

キャンパスにおける性差別

これは第三者機関、あくまでも被害者サイドに立って実施するということが前提の第三者機関が担うのが当然であると考えました。これを実現したのが京都大学でした。私どもは東京大学でもこれをやってほしいと要求をしております。

第二が相談窓口の設置です。この相談窓口の設置については、学内に相談、調査、調停、勧告の権限を持った総長委嘱の男女平等委員会を設立せよと要求しています。セクシュアル・ハラスメント相談窓口のような限定をつけておりません。条件としては第一に、すべての部局から独立した機関であることが必要です。部局自治の壁を越すのが非常に難しいんですが、そうしなければならない理由は、矢野事件でも明らかです。矢野さんは東南ア研のセンター長でした。部局長の犯罪の場合には一体どう対処すればよいのでしょう。

条件の第二は、実際の権限と専門性を持つこと。

条件の第三は、学内自治の原則に鑑み、文部省の監督機関とはしたくない。女性差別はなくしたいが、それが文部省のさらなる管理強化を招き寄せることであればごめんこうむりたいと思います。この問題では大学の自治能力、自浄能力が問われているからには、外部の人々を入れた、三者構成からなる、つまり学内委員、それから当事者団体の代表プラス学外専門委員、例えば弁護士や専門のカウンセラーを含めた委員会を設立せよと要求をしております。これは決して荒唐無稽な要求ではございません。なぜならば、国立大学の外部評価で既に前例ができているからです。以上のようなことを要求してまいりました。東京大学では現在総長直属のワーキング・グループによるガイドラインの策定と相談窓口の設置が検討されている最中で、近々結果が出ると聞いております。

第1部 セクハラに対する取り組みと課題

現在進行中の新しい状況について申し上げて結論としたいと思います。

第一は、改正均等法の中で、セクシュアル・ハラスメントの防止と対策の責任が使用者側にあるという、使用者責任が明確化されたことです。しかしながら、アフターファイブは問わないという骨抜きの可能性があるので注意しなければなりません。自分の職場でビフォア・ファイブにセクハラをやるばかがいるかっていうんですね。これを監視する必要があるということです。

第二には、公務員については既に公務員セクハラ調査を人事院が行っております。調査したからにはそれへの対応を一体どうするかということを監視していくべきだと思います。

第三には、今、各大学ではセクハラガイドライン作りや、相談窓口設置ブームに乗ったのでしょうか。PRのためのパンフレットも、金がかかっていそうですね。明治学院大もブームに乗ったのでしょうか。

このようなガイドライン設置に当たって、学内の良心派の教員たち、あるいは学内で性差別を告発してきた女性教員たちが巧妙に取り込まれ、大学の組織防衛のために動員される恐れがあります。その上、実際にこの相談窓口に相談が持ち込まれたときに、一体あなた方、どうするの？と私ははらはらどきどきしています。なぜなら、もし私がその相談窓口の指名を受けたとしたら、その処理能力がないことをだれよりも一番よく知っているのは私自身だからです。

例えば、このパンフレットには相談窓口の担当者の方々のお名前が挙がっておりますが、この方たちはどんな研修をお受けになったのでしょうか。相談窓口の対応次第で傷口はもっと深まったり、差

40

キャンパスにおける性差別

別はもっと深刻化することが知られているわけですけれども、例えば情報を一人で独占したり、間違った対処をしないような監視やチェックシステム、これはカウンセリングの場合でもスーパーバイザーによるケースカンファレンスのような歯ドメがあるのですが、そのようなメカニズムがこの中に組み込まれているのでしょうか。私は心配でなりません。

しかも、最終的にはそのような相談窓口が、実は被害者のためにではなく、むしろ大学の組織防衛のために役立ったというケースを、セクハラ対策先進国であるアメリカの事例で警告を発していらっしゃる方が高橋りりすさんなんです。その方の文章もこの本の中に載っております。

例えば大学の中でそういうふうな組織防衛が起きた場合、それに対する社会的責任は誰がどのようにとるのでしょうか。これは実は今、東北大学セクハラ訴訟の中で実際に起きているケースです。当該部局の教授会のもとで学科長を関係者が、被害者と加害者の両方の言い分を事情聴取した上で、その双方の言い分の合致した点だけを事実と認めたのだそうです。それに伴ってセクハラ認定と処分の結論を出しないで、インフォーマルな訓告処分で終わった。したがって、教授会の責任で事実認定と処分の結論を出したことになります。もし法廷における事実認定が教授会の認定と異なった場合には、教授会の認定を下した意思決定の参加者たち、すなわち東北大学の教授会構成メンバーは一体どうする気なんだろうかと、私は関心を持ってみております（注＝昨年五月に原告全面勝訴の判決が出た後、当該学科の教授会は度重なる検討の結果、今年一月当該の助教授に対し懲戒免職の教授会決定を下した）。

第四に、「セクハラ」は流通するようになりましたが、こういう状況ですと、かえって問題がセクシ

41

第1部　セクハラに対する取り組みと課題

ュアルな被害に限定される恐れがあります。例えばこういう窓口がせっかくできましたけど、セクシュアルじゃないけど、でも性差別を受けた私はどこに行けばいいの？　というケースが生じます。東京大学の女性研究者懇話会で現在扱っている実際の事例は、セクシュアルな被害は伴っておりませんが、非常に深刻な強制退職勧奨のケースです。それでは強制退職勧奨のような場合には、どの窓口に行けばいいの？　ということになります。性差別が性的な差別に限定されるということに危険を感じているというのは、そういうことも含みます。

最後に、セクハラというものが大学で問題化しにくいのは、やはりありあってはならないもの、大学という聖域に「不適切な行為」であると考えられているからです。それが最終的には、セクハラ撲滅というふうな大義名分のもとで、アカデミズムの公正中立の神話を再生産する結果になるのではないかと恐れております。

東京大学女性研究室懇話会が「キャンパスにおける性差別」というテーマでシンポをやった時、参加者の方からいただいた感想にこういうものがありました。「大学はもっと公明正大なところかと思っていました。幻想が崩されました」。この幻想が問題なんです。私どもがこの問題をとりあげましたとき、ある理科系の男性研究者がこんなことをおっしゃいました。「自分たちの研究分野、先端的な科学の研究分野では、人事に性差別があるとは信じられない。性差別なんかやっていたら国際競争に勝てない」とおっしゃるんです。

その発言の含意には次のようなものがあります。第一は、そのような差別が行われているとは思えない、あるはずがない、したがって存在しない、という論法で、結果として、現実に存在するかもし

キャンパスにおける性差別

れない性差別を隠蔽する効果です。第二は、そのことによって公正なる業績競争の神話を再生産する効果です。具体的に言えば夜討ち朝駆けで、男並みのルールのもとに競争に参加した女だけを対等に認めてやろうという、学問の客観性の神話を再生産することに加担するのではないかという危険です。私どもはそのような学問の客観性の神話をつき崩すために闘って参りました。どうもありがとうございました。（拍手）

［宮田］　上野さんの方からいろんな明学の人権委員会についての問題点等も指摘されましたが、この点については後でディスカッションの中でまた取り上げることもあるかと思います。

引き続きまして角田由紀子先生から「職場にみられるセクシュアル・ハラスメント」という題でお話をしていただきたいと思います。角田先生のプロフィールはこのレジュメの中に織り込ませていただいておりますけれども、女性の権利にかかわる事件を多く手がけていらっしゃいまして、一九九二年にドメスティックバイオネス調査研究会を設立し、日本で初めて夫、恋人からの暴力の実態調査を行っていらっしゃいます。そして、ことしの四月より性暴力裁判全国弁護士ネットワークの共同代表を務めていらっしゃいます。著書にいろいろそこに書かれておりますが、『性の法律学』等ございます。それではよろしくお願いいたします。

職場にみられるセクシュアル・ハラスメント

角田由紀子

弁護士

こんばんは。ご紹介いただきました角田です。

きょう私に与えられたテーマは、皆さんの今の関心事であるキャンパス・セクシュアル・ハラスメントからちょっと離れて、「職場にみられるセクシュアル・ハラスメント」ということです。

私はこの十年くらい、主として職場でのセクシュアル・ハラスメントの問題に関して相談を受けたり、裁判をやってきております。この問題は、最初は職場で始まったのですが、先ほどの上野さんの話にもありましたように、最近は職場以外にも、特に大学という場でのセクシュアル・ハラスメントにも広がってきたというか、そこでも問題があるということがようやく認識されるようになりまして、大学でのセクシュアル・ハラスメント裁判というのも手がけております。

日本のセクシュアル・ハラスメントの問題は、職場から告発する女性が出てきたという歴史を持っているわけです。なぜ大学ではなくて、最初が職場だったのか。今、私たちがセクシュアル・ハラスメントという言葉で言い表している問題について、私たちは何と言うのかと言葉を持たなかったわけですが、そのときにたまたまアメリカから入ってきた情報で、そのような状況、そのような事態とい

職場にみられるセクシュアル・ハラスメント

うのはセクシュアル・ハラスメントと呼ぶんだということ、そしてそれが職場の性差別の問題であることを私たちが知ったことにあります。

そのときに、アメリカで議論されていた問題は、もちろん教育の分野についても市民的権利に関する法律の第九章で扱われておりますが、やはり主要な分野になっていたのは職場、雇用の分野だったわけです。先ほど渋谷先生のお話でちょっと触れられましたけれども、タイトルセブンという法律があって、市民的権利に関する法律の中の第七章というのがそれなんですが、その中で雇用における性差別を禁止するということがはっきり書かれておりまして、セクシュアル・ハラスメントというのはそのタイトルセブンが規定する性差別ではないかという議論をアメリカの女性たちが裁判に訴える形でしておりました。七〇年代の終りから八〇年代にかけて、それが性差別だと裁判で認められて、雇用関係の中におけるセクシュアル・ハラスメントという問題が非常に重要な問題として認識されるようになってきました。

私たちはまずその情報に接したものですから、職場で非常にたくさんの人が経験している、女性にとって不快であったり、許しがたい状況について、それはセクシュアル・ハラスメントと呼ぶということを学んだわけです。そこから日本の職場におけるセクシュアル・ハラスメントの問題提起というものが始まったと思っております。

私は、一番最初の段階から、ほぼ十年近くこの問題を現場でやってきております。現場の人間としては、法律的な理論の問題の精密な構築というのは私の得意分野ではありませんので、例えば渋谷先生のような方にその分野は担っていただいて、弁護士は何をやっているかといいますと、専ら具体的

第1部　セクハラに対する取り組みと課題

[レジュメ]　職場にみられるセクシュアルハラスメント

角田由紀子

1. 裁判例にあらわれた事案

A．対価型　　日本の職場では多くはないが、小規模の職場では起こる。性的要求に応じることで昇進、昇給などの利益を与える。応じないことで不利益が課される。

B．環境型　　不快な性的環境で働くことを強いられる。

ABとも性的搾取の一形態であり、これに応じることが働くこと、働き続けることの条件になっている。

裁判事例は、実際に起きている事例のごく一部である。

問題点　　使用者を訴えない事例も多く、セクシュアルハラスメントをなくすのが、使用者の責任ということが不明確になっている。

2. 公務員職場のセクシュアルハラスメント　　98年9月検討会報告から

女性の経験者の23.5%が転勤したい、退職したいと思った、21.4%が仕事の能率が落ちたと答えている。

3. 改正均等法21条を職場で具体化するために

21条は、対価型、環境型の両方について、防止義務、適切対処義務を使用者に課している。

労働省のガイドラインは不十分なものだが、職場でこれを上回る内容のものがつくられることが必要。

な被害の回復を求めるということです。

そのためにはいろいろなことをやってきましたけれども、一つ決定的なインパクトのある方法といいますか、それは裁判でした。もちろん裁判が最良の方法でもありませんし、それで全部問題が解決するわけではありません。日本の職場におけるセクシュアル・ハラスメントの問題は、職場でそういう被害を受けた女性が最終的に裁判に訴えるという形で問題提起をして、その中で、世の中にこういう問題がある、この問題は

46

職場にみられるセクシュアル・ハラスメント

こういうふうに考えるべきだと問題提起をしたことによって、この十年の変化を作ってきたんじゃないかと私は思っております。

一九八九年の夏に福岡地裁に最初の裁判を起こしまして、その判決が出たのが九二年の春でした。実はその判決の中で裁判所は既に使用者の責任ということに触れております。私たちがその裁判の中で、使用者にはこういう責任があるから、その責任を果たせということを言っているわけなんですけれども、それが使用者がセクシュアル・ハラスメントを防止する義務があるということ。それから起きてしまった場合には、その起きた事態に対して適切に対処する義務があるということですがこれらは既に九二年の段階で実は判決の中に出ているのです。

ところが、そうは言ってもこの使用者の義務は職場でなかなか具体化されなかったし、日本の中ではそのようなことは法律のどこにも具体的には書かれていないわけです。十年間の女性たちの戦いを経ていろいろ問題があって不十分なんですけれども、先ほどからちょっと触れられております均等法二一条に初めて使用者についてセクシュアル・ハラスメントの防止義務を定める条文ができました。問題は「心配り」のレベルでは足りないわけですからお読みになればお分かりのように、非常に不思議な日本語で、「配慮義務」って書いてあるんです。配慮っていうのは心遣いをするというか、セクシュアル・ハラスメントが起きないように心配りをする義務って何だかとても変な義務なんですけれども。

要するにそれは福岡の事件で、最初に裁判所が使用者についてはセクシュアル・ハラスメントを防止する義務があるんだと、もし起きてしまったら、それに適切に対処して被害を回復する義務がある

第1部 セクハラに対する取り組みと課題

んだと言ったことを、お役所的な表現をしたんだと私は理解しております。十年かかってここまで来たわけですが、これを実現させるのに、本当に当事者の女性たちが大変な努力をしてきました。セクシュアル・ハラスメントの問題については、ちょっとお話ししましたけれども、この二一条ができるまで、日本の中ではそのことに直接触れた法律がありませんでした。したがって、使用者とこの問題について交渉するときに、すぐ言われる問題は、そんなことが法律のどこに書いてあるんだと。法律の根拠もないのに、おまえたちは何を言っとるんだというような態度で来られるわけです。

そういう意味で均等法の二一条が不十分なものであったとしても、とにかくここに書いてあるんだということが言える時代を作ってきたということは、この問題を解決していくために、非常に大きな力を得たと評価して良いと思います。

そういう意味から、日本の職場のセクシュアル・ハラスメントの問題について、当事者の女性たちが中心になって法律そのものを作ってきたことが、この十年の一つの成果だと私は思っております。それは、日本の社会を変えていく上で大きく評価していいことではないでしょうか。何か女性が与えられるだけではなくて、自分たちの手で勝ち取っていくということを現実に非常に大変な裁判という過程を通じながらやってきたのがこの十年だったと思っております。

もちろん裁判だけではなくて、そういう裁判が幾つか成立してきたということは、その裁判の周辺にあって、裁判を起こさないけれども、セクシュアル・ハラスメントの状況に対して文句をいう、異議申し立てをする、あるいは改善を求めるというようなことをいろんな形でやってきたたくさんの女

職場にみられるセクシュアル・ハラスメント

性たちがいたから、そういう裁判も成り立ってきたわけです。
この十年間のセクシュアル・ハラスメント裁判の一つの大きな特徴は、多くの場合、原告の周りに彼女に共感して彼女を支える人たちの組織ができてきたということです。それはほかの裁判と非常に違っている。そういう裁判をめぐっての幾つもの動きが重なり合ってきたところで、今日の法改正というところまで動きを引っ張ってきたんではないかと思います。
先にも申し上げましたようにこの新しい法律にはいろいろな不十分な点があります。その一つは、使用者の責任についての規定の仕方が「配慮義務」に止まっており、その違反に対して有効な罰則がないことです。その理由の一つは多分この十年間の裁判の中で、実はセクシュアル・ハラスメントというのは加害者個人の責任の問題である、それはもちろんそうなんですけれども、それ以上にというか、基本的にその問題について責任を持たなければいけないのは使用者であるという認識が十分に定着して来なかったことにあるのではと考えています。
なぜそういうことになったかということなんですけれども、一つは、私たちが主要な武器とした裁判の中で、使用者を訴えるということがそう簡単ではなかったということがあります。今までにこの十年足らずの間にどれぐらいの数のセクシュアル・ハラスメントの裁判があったかというのは、実はだれも正確な数を知らないんです。というのは、公刊された判例集に載るのは非常に少ないからです。私の持っている判例データベースでセクシュアル・ハラスメントで不法行為、損害賠償というふうに引いてみると、「十五件しかありません」としか出て来ません。三十件という説もあるし、あるいは百件ぐらい裁判が起きているという説もあります。しかし、百件というふうに仮に

49

第1部 セクハラに対する取り組みと課題

とったとしても、この数字が多いか少ないかという議論は置いておくとして、その裁判の中で使用者をも訴えたというのは半分位ではないかと、私の知る限りのデータで見ております。

なぜかというと、一つは、まずその人がその会社で働いている場合には、自分が働きながら自分の使用者を訴えるというのは、これは非常に難しいわけです。セクシュアル・ハラスメントじゃなくて、ほかの問題でもそうです。とりわけ日本の社会の中では、お上に弓を引くんではないんですけれども、やや似たような感じがあるわけですから、働きながら自分の使用者を訴えるということは大変難しい。

そこで、実際にはセクシュアル・ハラスメントの裁判というのは働き続けながら起こすというのは非常にまれです。それでも最近、ようやくそういう人たちが少しずつ出てきて、とても大変ですが、一生懸命やっています。けれども多くの裁判はセクシュアル・ハラスメントの被害に遭って、やめざるを得なくなって、やめてしまって、その後で後追い的なこととして、せめて損害賠償だけはしてほしいという形で起きてくるわけです。そういう場合でも、なおかつ使用者を訴えることはそんなに多くはないようです。

これは日本の中で裁判というものが持っている役割と関連していると思うんですけれども、やっぱり自分の雇用主であった人を訴えるというのは、いろんなつながりがその人を含めてつくられているので難しいということでしょう。これが東京で大きな会社を相手に、例えば三井物産みたいなところを相手にやるんだったら、あんまり一従業員と三井物産の間には直接の関係がないので別でしょうが、私が実際に扱ったあるケースは、熱海のホテルの事件だったんですが、経営者も、原告もずっとそこに住んでいるし、親も兄弟もその同じ地域にいるという、そういう地域社会の中で起きたときに、た

職場にみられるセクシュアル・ハラスメント

とえ辞めた後であったとしても、その使用者を訴えるということは、これはやっぱりやりにくいことになってしまうんです。

このように本来責任を問われるべき使用者をぬきにして裁判をしていると裁判に勝って、一定の救済ということが個人的には得られるにしても、この問題が何であるかという本質的な問題、つまりアメリカのタイトルセブンが言うように、雇用上の問題として、雇用条件の問題として使用者が解決する第一次的な責任を負っているというところが抜けてしまってくるわけです。

そのためか、この十年間、いろいろ三十件か百件か、裁判を積み重ねてきたわけなんですが、その中で裁判所が具体的に、例えば九二年の福岡の判決で二つの義務があるということを言ったわけですが、その義務というのは一体何なのかと、何をやれば、その義務を果たしたことになるのかということについての議論が不十分なままになってしまったのではないでしょうか。

それからもう一つは、法的な、裁判所が寄って立つ判断基準としてのガイドラインのようなものが日本ではなかったものですから、なかなか判断ができない。アメリカでは平等雇用機会委員会（Ｅ・Ｅ・Ｏ・Ｃ）のガイドラインが裁判でも参考にされています。それに日本の裁判所は積極的に何か新しい状況を作っていくというのはあまり好きじゃないみたいなんです。だから、そんなに先走って、セクシャルハラスメントについての使用者の責任というのは法律のどこにも直接書いてないことを、こういうことをすべきであるというふうにあまり言わない。アメリカの判例なんかと、そこは非常に違うと思います。これは日米で判例が社会変革の力をどれだけ持つかという違いでもあるようです。

そういうわけで、使用者の義務が何であるかということが十分議論されなかったという状況があっ

51

第1部 セクハラに対する取り組みと課題

たものですから、先ほどの均等法二一条の配慮義務というのはどうか、私は分からないんですけれども、そういうものになってしまったということでしょう。それにしても、とにかく法律ができたということで、これからの問題は、その中身を、配慮義務という曖昧な言葉であったとしても、どういうふうに中身をきちんと作っていくかということになります。

セクシュアル・ハラスメントがどういうものであるかということについては、先ほどからずっと語られておりますし、パンフレットの中にも定義されておりますので、私はその点についてはもう触れることはいたしません。

ただ、裁判の中で私が見ておりますところでは、セクシュアル・ハラスメントとして問題にされているケースには実にさまざまな実態があるということです。強姦ももちろんありますし、強制わいせつというのは非常にたくさんあるケースです。それから福岡の最初のケースのように言葉によるハラスメントといいますか、いじめで、何でもありの世界だと私は思っております。

私が具体的に体験したケースでは、これは非常にひどいと思ったんですけれども、例えばこういうことがありました。ある女性が四年制大学を出て、ある会社に入社したわけです。去年の四月です。入社して、すぐ二、三日、新入社員研修というのがありますよね。そこで、これから上司になるべき人というか、その研修を主催している責任者の部長にセクシュアル・ハラスメントをされたのです。入社して三日目くらいで結局、会社に行けなくなって、やめざるを得なくなったというようなことも職場におけるセクシュアル・

それは具体的にはかなりひどい強制わいせつ行為だったんですけれども、

職場にみられるセクシュアル・ハラスメント

ハラスメントの中にあるわけです。そのケースでは、もう彼女は職場に復帰する気がありませんでしたし、一年間の給料を保障させるなど、いろんなことを会社と交渉して、やめるということになりました。

先ほどちょっと上野さんも触れられたんですけれども、人事院が公務職場におけるセクシュアル・ハラスメント防止対策検討会報告というのを出しておりまして、その中にさまざまな実態が出てきます。それは新聞でもちょっと報道されましたので、ご覧になった方もいらっしゃると思います。

例えばどんな例が出てくるかといいますと、性的なからかいの対象にされたり性的な冗談等を言われたというのは、これは女性ですけれども、七〇・三％。自分の容姿とか年齢とか結婚などについて話題にされたが六九・九％。これは場合によっては強制わいせつで犯罪行為になると思うんですけれども、わざとさわられたりしたという肉体的な接触を訴えている人が六七・三％あるということで、非常にこの数字は、高いとびっくりしました。

ただ、高いことでびっくりしたというんではなくて、建前上、制度上は賃金などの労働条件が民間よりも性差別的でないとされている公務職場ですらこんな状況になっているということに、驚いたわけです。民間の職場のセクシュアル・ハラスメントを見ておりますと、セクシュアル・ハラスメントが発生する土壌の一つとして、非常に性差別的な労働条件があるわけです。それがはっきりと目に見える形で表れてくるのは賃金なんですけれども、そのケースでも、賃金がものすごく違うということ。例えば最初にあげました福岡のケースなんですけれども、同じ大学を出ているんです。ですから、加害者と被害者は、比較する上ではとても幸いだったんですが、

第1部 セクハラに対する取り組みと課題

おまえは何とか大学だからとかいうふうなことを言えないわけです。全く同じ大学を出ていて、やっている仕事も、肩書きは違ったんですけども、全く同じというか、部下である女性の方が実は上司の男性の編集長よりはたくさんの仕事をこなして、遅くまで働いていたという状態がありました。

ところが、賃金は、彼が三十万円もらっているときに彼女は十万円だったんです。いくら一九八〇年の終わりころの地方都市とは言いながら、あまりにもこの三分の一という賃金差はひどいではないかと思ってしまいます。そういう性差別的な労働条件ですね、賃金は重要な労働条件ですが、それが一体、セクシュアル・ハラスメントの発生との間でどういう関係を持つかということなんです。同じ仕事をしても女は三分の一しか払ってもらえないということになると、何だ、あいつの値打ちはおれの三分の一かというふうに思い込むという形で、目に見える形で具体的に示されているわけです。男性の方から見ると、漠然と思うんではなくて、それは払われる賃金という形で、目に見える形で具体的に示されているわけです。男性の方から見ると、漠然と自分と同じ仕事をしながら、その人のことを対等な人間であると認識するのは非常に難しいわけですね。そういう大きな違いがあると。

現在日本の女性の平均賃金の男性に対する割合というのは大体六割ぐらいと言われておりますから、どんなふうに考えても一〇〇対六〇というぐらいの価値しかないというふうに思われてしまうわけです。

公務員職場のセクシュアル・ハラスメントの報告について私がびっくりしたのは、つまり公務員職場というのは、通常は今みたいな性別による賃金格差はないわけですね、そういう意味では民間のいろんな職場が持っているセクシュアル・ハラスメントを発生させやすい土壌がないにもかかわらず、

職場にみられるセクシュアル・ハラスメント

これだけ高い率でセクシュアル・ハラスメントがあるということになってくると、今申し上げました非常に大きな賃金格差があるような民間では、もっと多くのかつ深刻なセクシュアル・ハラスメントがあるであろうということが容易に推測できるのではないでしょうか。

民間については、こういう大がかりな報告がありませんので、何とも言えないんですけれども、この公務員職場の実態報告というのは、そういうことを推測させるに十分ではないかと思いました。

それで、先ほどの均等法二一条の話に戻るんですけれども、ガイドラインを出しましたね。どういうことをしなければいけないのかということをやや具体的に示して、来年の四月からその法律が適用されるということで、実は企業の間でもさまざまな変化が起きております。

一つは、この大学のようにセクシュアル・ハラスメントに反対する政策といいますか、ポリシーをちゃんと作るということ、あるいは就業規則の中にセクシュアル・ハラスメントについて対応するものを盛り込むということ、あるいは研修会をするというようなことが始まっております。

新聞を見ておりますと、大きな会社で研修会が行なわれたりしますと、それが報道されております。

ところが、実際に女性がどこで働いているかということを考えたときに、圧倒的に小さな企業に集中しているわけです。だから、セクシュアル・ハラスメントについて、我が社はこんなすばらしい方針を持っていますとか、こういう対応策を作りましたとかいうことを言えるような会社で働いている女性というのは、働いている女性全体から見たらそんなに多くない。むしろごく少数、一部の人なわけです。大多数の人は、中小企業、小企業あるいは、零細企業で働いているわけです。しかも、その身

第1部　セクハラに対する取り組みと課題

分は正社員ではなくてパートなどの不安定雇用の人が多いわけです。

均等法二一条のガイドラインができて、それに合わせて、企業は何かやっているというふうに報道されているんですけれども、実はほとんどの女性が働いている職場は小さな職場だと考えると、そこまでこの変化の波が行くのにはまだまだ時間がかかるんではないかと思います。

それからもう一つ、多くの女性が現実に働いている小さな職場でのセクシュアル・ハラスメント撲滅といいますか、やめたら、あんた行くとこないでしょうと言う、言わなくても客観的にもそうなわけですね。そうなってくると、セクシュアル・ハラスメントを受けても、敢然と何かするとかいうことが非常にむつかしくなると予測されます。もう再就職先がないという状況を人質にとられて、セクシュアル・ハラスメントが起きても、そこで屈伏せざるを得ないような状況が起きてきているわけです。

今の経済状況です。そのことをいいことにといいますか、こんな状況なんだから、特に中年の女の人に対して、やめたら、あんた行くとこないでしょうと言う、言わなくても客観的にもそうなわけです

女性が被害を受けないようにするためには、大変難しい状況になってきているのは

さらに企業の方が、もちろん全部ではないんですけれども、こんなふうなご時世だからということで、人権とかセクシュアル・ハラスメントとか、そんなことを言っている暇はないというふうに、女のことなんか一々考えている暇はないというふうな考えで、この状況を味方にして、そういうふうに言ってしまうことが許されてしまうような雰囲気ができてきているということがあります。均等法二一条という、ちょっと進歩したようなことが起きてきても、実際にはそれがどんなふうに適用されて、どう効果を上げるかということは前途多難ではないかと思っております。

それから先ほど上野さんも触れられたんですけれども、会社で、例えば就業規則を変えるとか、セ

56

職場にみられるセクシュアル・ハラスメント

クシュアル・ハラスメントに対するポリシーを作るとか、いろいろやるんですけれども、問題は、その先、それをどう実際に運用するかということなんです。それは大学が抱えている問題とも同じ問題になると思うんですけれども、ガイドラインに沿ってポリシーを作るとか、パンフレットを作るとこまでぐらいまではそんなに難しくなくできるんですけれども、本当はその先どうやるかということがごく難しい問題です。

ところでアメリカの三菱自動車のセクシュアル・ハラスメントは日本でも報道されたからご存じでしょう。そこでアメリカの三菱自動車がその問題に対応するために、アメリカの、元労働大臣に当たるような女性を雇って、会社の中でのさまざまな人権問題、セクシュアル・ハラスメントの周辺のというかその発生土壌の問題を解決するためにどういう改善をしたらいいかということを彼女にいろいろ提言をしてもらったということがありました。

その中で一つ非常に重要なこととして挙げられているのは、セクシュアル・ハラスメントというのはもちろん当面の問題ではあるけれども、その職場全体の一般的な状況をもっとよくしなければいけないということです。一言で言ってしまえば、先ほど人権という言葉はどうかというお話がありましたけれども、そこで働いている人たちすべての労働条件をどれだけよくするか。そこでの人権のレベルというか、働く権利がどれだけ保障されるかという、そういう一般的な土壌のところの問題をきちんとやらないと、セクシュアル・ハラスメントと、目につくようなことだけを取り上げて、例えば日本でよくやる、べからず集を作るみたいなことではほとんど問題は解決しないということが指摘されております。つまり、セクシュアル・ハラスメントは何故起こるのかと、どういう土壌から発生する

第1部 セクハラに対する取り組みと課題

のかということまできちんと見据えた上で、セクシュアル・ハラスメント対策ということをやらないと、あまり意味がないんではないかということを言っております。

そういう意味では労働省の出したガイドラインも表面的なところで終わっているのではないでしょうか。細かいことではアフターファイブを「職場」の範ちゅうに入れないのは非常識も甚だしいんですね。判決で認められている例というのはアフターファイブ以降というのは非常にたくさんあるわけですから。どこでセクシュアル・ハラスメントが実際には起きているかという分析も含めて、もっと根本的な問題にまでたちかえって考えないと、職場のセクシュアル・ハラスメントというのは、対策として成立していかないんではないかと私は思っております。（拍手）

［宮田］　ありがとうございました。最後になります。時間の方がちょっと押してまいっておりますけれども、本学法学部教授、萩原玉味先生より、「大学におけるセクシュアル・ハラスメント」と題してお話をしていただきます。先生は女性への犯罪、および女性自身の犯罪、また児童虐待ということを専門に研究されています。

大学におけるセクシュアル・ハラスメント

明治学院大学法学部教授 萩原 玉味

　これまでのお話を大変興味深くうかがわせていただきました。特に上野先生から、この私どもの作りましたセクシュアル・ハラスメントのガイドラインをめぐって、結論から申しますと、大学の組織防衛のために役立っているのじゃないかという御指摘がありました。この点については、後で、お話をさせていただきたいと思います。

　きょうはセクハラがどういうことを意味しているのかよくわからずに出席しておられる学生さんもたくさんいらっしゃいますので、はじめに「大学におけるセクシュアル・ハラスメント」の概念について少し説明をしたいと思います。きょうのシンポジウムは、法律学と、それから社会学の視野から分析してみようという企画でございました。そこで、私は、法的な面からお話をしていきたいと思います。

　まずセクシュアル・ハラスメントというのは既に御存知のように、職場におけるセクシュアル・ハラスメントと、教育の場におけるセクシュアル・ハラスメントに分けることができます。

　教育の場におけるセクシュアル・ハラスメントといいますと、本当は幼稚園、小・中学校、高等学

第1部 セクハラに対する取り組みと課題

校などにおける教師の子供に対するセクシュアル・ハラスメントも含まれております。しかし、キャンパス・セクハラと普通言われておりますものは、大学におけるセクシュアル・ハラスメント、被害者は学部の学生とか大学院生、助手、教員、職員、そういった方々であり、加害者がゼミの指導教授であったり、あるいは教務課とか就職課、いろいろな課がございますが、そういうところの職員であったり、あるいは職場の上司である場合など様々な態様が考えられます。また、学生さん方の入っているクラブやサークルなどの先輩、後輩の間柄、あるいは男女の同僚の間でも、セクハラはあり得ます。

しかし、このすべてをここで取り上げることはできませんので、きょうは典型的な大学教授と学生、大学院生、助手などの間でのセクハラ、セクシュアル・ハラスメントをセクハラというふうに省略させていただきますが、セクハラについて述べることといたします。その場合は、「指導者という地位と権力を利用して」云々ということになろうかと思います。

まず、対価型、既に渋谷先生の方から対価型と環境型があるというお話がございましたけれども、キャンパス・セクハラの中での対価型といいますと、例えば君は六十点以下だけれども、性的要求に応じるならば単位をあげるよというような、教員と学生の間で何らかの優遇を条件として、性的関係を強要したり、あるいは、学生が拒否したときには単位がもらえないという場合をいいます。被害者が身体的な侵害や精神的な侵害を被るような加害者の行為は、ときには犯罪にかかわることがあります。

環境型といいますと、これは不特定多数の女性に向けられるものと、特定の女性に向けられるもの

［レジュメ］ 大学におけるセクシュアル・ハラスメント

　　　　　　　　　明治学院大学法学部教授　　萩原玉味

1　はじめに

2　キャンパス・セクシュアル・ハラスメントの定義
　「相手方の意に反した性的な性質の言動を行い、それに対する対応によって学業を遂行するうえで一定の不利益を与えたり、又は、それを繰り返すことによって、就学の環境を著しく悪化させること」をいう。
　①対価型セクシュアル・ハラスメント
　②環境型セクシュアル・ハラスメント
　ジェンダー・ハラスメント
　アカデミック・ハラスメント

3　キャンパス・セクシュアル・ハラスメントの本質
　①権力を利用すること
　②性的言動の繰り返しによって悩ませたり、困らせたりすること
　③性的言動が教育上の利益・環境・機会の享受を妨げ、侵害する結果
　　を生ぜしめること、また、その危険性ある行為であること
　問題点
　①対価型において、加害者の意図は明示的であることを要するか。
　　冗談だったという言い逃れは許されるか。
　②環境型において、被害者が嫌だと思えばすべてセクシュアル・ハラ
　　スメントになるのか。
　指導者の職業上の倫理
　これまで寛大に扱われてきた理由

4　キャンパス・セクシュアル・ハラスメントへの対応
　「女性学教育ネットワーク」の有志が行なった調査結果

第1部　セクハラに対する取り組みと課題

第1表　被害者（大学生）の対処の仕方（事件の発生場所別）

	総　数	授業／行事	コンパ／合宿	課外活動
総数	87	37	31	19
拒否／抗議（相手に分かるように拒否や抗議を態度で示した）	19	8	4	7
相談（友達、仲間、家族、先輩、周りの人、先生に相談した）	33	15	13	5
回避（加害者や場所を避けた。加害者を無視した）	5	2		
何もしない（何もしなかた。何もできなかった。一人で悩んだ）	21	10	9	2
やめる（クラブなどを退部する）	2			2
無記入	7	2	5	

第2表　被害者（大学生）の対処の仕方（加害者別）

加害者	総　数	指導教員	他の部員	部の監督	学外者	先　輩	同級生	他の学生	無記入
総数	87	27	6	1	6	25	19	2	1
拒否／抗議	19	4	3		3	3	6		
回避	5	2				1	2		
相談	33	11	2	1	1	12	5	1	
何もしない	21	9			1	5	2	1	
やめる	2					2			
無記入	7	2	1			2	1		1

第3表　被害者（大学院生）の対応（加害者別）

	総数	抗議	相談	回避	何もせず	不明
指導教官	10	3	2	2	2	1
他の教員	12	5	5	1	1	—
院生・留学生	10	3	3	3	2	—
店　長※	1	1	—	—	—	—
無　記　入	2	—	—	—	1	1
計	35	11	10	6	6	2

※店長とあるのは、アルバイト先でての被害も含めているからである。

大学におけるセクシュアル・ハラスメント

第4表 被害者（大学院生）の対応（被害内容別）

	総数	抗議	相談	回避	何もせず	不明
からだ	16	6	5	4	1	—
圧　　力	1	—	—	—	1	—
こ と ば	13	3	2	2	4	2
ジェンダー	3	1	2	—	—	—
環　　境	2	1	1	—	—	—
計	35	11	10	6	6	2

渡辺和子、女性学教育ネットワーク編著
「キャンパス・セクシュアル・ハラスメント」63、64、125、126pより。

5 キャンパス・セクシュアル・ハラスメントへの対策

現状、各大学の取り組み

学校・学部名	98年4月現在全国ネット事務局が把握しているもの。
北海道教育大学岩見沢分校	オンブズマン制度（96年2月）
法政大学	学生向けリーフレット（97年11月）
城西国際大学	教員向け注意文書
和光大学	ガイドライン（98年3月）
東京経済大学	ガイドライン（97年11月）
国際基督教大学	ガイドライン（98年6月予定）
名古屋大学	相談窓口（97年9月）
	学生便覧（97年4月）
名古屋大学国際開発研究科	セクシュアル・ハラスメント相談窓口（97年7月）
三重大学	相談窓口（97年12月）
	全学向けパンフレット（97年12月）
東邦学園短期大学	ガイドライン（98年2月）
	相談窓口（98年4月）
愛知学泉大学コミュニティ政策学部	相談窓口（98年4月）
愛知淑徳大学	学生便覧（98年4月）
京都大学文学部	ガイドライン（97年9月）
	性差別相談窓口（95年、97年改定）
高知大学	ガイドライン（97年5月）
	女性の人権委員会
	相談窓口・調査委員会（97年5月）
鳴門教育大学	ガイドライン（98年2月）
鳥取大学工学部	ガイドライン（97年3月）

キャンパス・セクシュアル・ハラスメント全国ネットワーク編
「キャンパス・セクシュアル・ハラスメント」54Pより

第1部　セクハラに対する取り組みと課題

明治学院大学の場合（配布資料参照）

6　今後の課題

とに分けることができます。不特定多数といいますと、例えばヌードポスターを貼るといった、環境汚染行為であります。特定の女性に対してという場合は、また、これを二つに分けることができます。一つは、身体の攻撃型、これは腰とか胸とか、あるいは髪や肩をやたらとしつこくさわる。もう一つは精神攻撃型といいまして、性的にふしだらだというような噂をする、中傷。それからまた性的経験や容姿などに関することを聞いたりするということであります。

対価型というのは割とはっきりと分かりますけれども、分かりにくいのはこの環境型であろうと思います。環境型の判断は難しい。例えばいやらしい冗談を一回言って、即セクハラだということでありません。セクハラとなるためには、大体三つの内容を持っていなければなりません。一つは、その行為が繰り返し行われるということ、第二は、その場合に、まず自分が不快だということを相手の加害者にしらせなければなりません。十人中九人のものが、この程度のことはどうっていうこともないというふうに思っていたとしても、そのうちの一人が不快ですという、その感情を示し、そしてそれがなおもしつこく繰り返されるとすれば、これはセクハラということになります。第三は、キャンパス・セクハラということになりますと、相手の意思に反する性的言動が具体的教育条件に結び付いているということです。女性がいやな思いをしたという感情だけでは、それは不十分でありまして、その結果、勉強の意欲をなくして勉強ができなくなってしまったというような、そういったことが必要であろうかと思います。

64

大学におけるセクシュアル・ハラスメント

ところで、先ほど上野先生が、セクシュアル・ハラスメントをセクシュアルな場合に限定することは非常に危険だということをおっしゃいましたけれども、人事院のセクハラの防止報告書を初めとして、いろいろなところから出ているマニュアル、これは社会学的な見地から、ジェンダー・ハラスメント、アカデミック・ハラスメントなども含んでおります。

法律の分野からですと、もっと狭く解釈をいたしまして、いわゆる性的行為、性欲に多かれ少なかれ関連する場合に限定いたしまして、ジェンダー・ハラスメント、アカデミック・ハラスメントは除外するのが通常ではないかと思います。

ただ、この中には司法的救済の対象となる違法性を有する行為と、そこまではいかない、法との関連性ということでは弱い、軽微な行為が含まれると思います。司法的救済の対象となる法的概念ということになりますと、これは民事裁判で損害賠償の請求ができたり、刑事裁判で犯罪の成立が認められるというような、法的規制を加えるに値する違法性を持った行為であり、法との関連性という点では弱い、軽微な行為は、大学のルールで規制していかなければならないものではないかと思います。

キャンパス・セクハラの背景でありますが、これは先ほどお話に出ました江原先生の分析のとおり、一言で言えば「大学組織構造の特殊性」すなわちまず男性優位があり、さらにそこに立場上の優位、しかもこの優位というのは普通の会社などの企業などでは見られない強力な権力構造があるという、この二重の権力構造が背景になっていると思います。

なぜキャンパス・セクハラを問題にするのか。これははじめに述べましたように、女性の性的自己決定権とか、性的プラ権に目覚めてきた証拠であります。キャンパス・セクハラは、女性が人

第1部 セクハラに対する取り組みと課題

イバシー権などの人格権の侵害を通して行われる教育を受ける権利の侵害であり、そして名誉毀損、プライバシー侵害など精神面に対する侵害行為でもあります。もちろん身体的な侵害の場合もあり、最終的には学問意欲を低下せしめ、学問を放棄させることになります。

こういったようなキャンパス・セクハラがなぜ寛容に扱われてきたのかということでありますが、やはりこれまでは、一般の社会的傾向として、密室において、閉鎖社会において、権力の利用は当然あるべき姿として容認されているからであります。特に大学は加害者である教授をかばう傾向があります。これはまた大学の教授間での権力関係というものも影響しているかと思います。

そして、さらに被害者である女子学生に対しても、低いグレードを与えられたから指導者に対しての仕返しなんだろうとか、あるいは指導者の性的関心に対して、女子学生の方が実は挑発したんじゃないかというような、そういった見方があるからです。

また、被害者の学生さんの立場から言いましても、これはほとんどが泣き寝入りです。告訴の手続きについての知識の欠如は勿論のこと、訴えても加害者を刺激するだけではないか。結局、卒業させてもらえないと困るのは自分なんだ。そういうことを言っても、結局、信じてもらえないだろう。そういうことを言えば、自分がむしろ悪いことをしたんだというふうに自分の非を責められるのではないか。このような被害者意識が、被害者の方にもあるからであります。

キャンパス・セクハラの場合に、特に対価型について被害者が訴えた場合、加害者は必ずと言っていいほど、まず事実関係を否定いたします。ときには、酔ったうえでの行為であり、記憶がないという言い逃れもあります。ここにまず加害者、被害者、両者の主張の矛盾が出てきます。先ほどドイツ

大学におけるセクシュアル・ハラスメント

の例を申しましたけれども、実はドイツで起きました、ある大学でのケースでも、これは動物学の教授が助手に対してセクハラ行為をした事件でありますけれども、最初は全然やっていない。そんなことはしていないと加害者は、まず事実関係を否定しました。

次に、事実を認めざるを得なくなりますと、それは合意であったというわけであります。この種の裁判では、これは角田先生がお詳しいんですが、逃げたり声を挙げたりしなかったということを理由に被害者の供述の信用性を否定する例が多いのでありまして、女性が抵抗するのは当然である、抵抗しないというのは、それは合意があったんだ、こういう考え方が根底にありますので、合意の上だということを加害者は平気で主張するわけです。しかし、大学のセクハラの場合には、権力関係があり、ノーと言えない状況にあることを忘れてはなりません。

また、事実を認めながらもセクハラの問題ではないという主張がなされます。ドイツの事件では、実は動物学の教授が助手を連れて森に鳥の巣を探しに行ったのですが、奥へ奥へと行った。そのときに、その森の中で抱きしめるという行為をしたのですが、確かに抱きしめたけれど、それは鳥の巣を見つけてよかったねという喜びの情を表したものだというふうに言い逃れをしたわけであります。こういったセクハラではないという加害者の主張は、特に、キャンパス・セクハラ事件に多く見られるのではないでしょうか。

また、教授側にはプライドがありますから、女性に訴えられると、京都大学の事件もそうですけれども、名誉毀損であるとして逆に訴えるというような状況も、キャンパス・セクハラの事件の特徴ではないかと思います。

67

第1部 セクハラに対する取り組みと課題

次に、大学の教授の責任ということなんですけれども、教授の行為は、明示的であると、黙示的であるとを問いません。

例えばアメリカの一つの例として、これは大変おもしろいケースだと思うんですけれども、或る女性の大学院生が指導教授から再三デートに誘われておりました。その指導教授がキスをしたり、デートの申し込みをしたりするんですけれども、その院生は、できる限り丁重に断りながら最終試験に臨んだわけであります。指導教授はその前に一冊の本を読むようにということを指示しました。ところが、その一冊の本というのは絶版で手に入れることができない。院生は助けを求めるべく、またその指導教授のオフィスに引き返しまして、図書館にその本がないので、その本をぜひ見せてほしいとまた一緒にデートしようというふうに外へ誘い出すことを試みました。女性は、勉強を理由にその要求を退け、一生懸命勉強して、最終テストに臨んだわけです。初めの三ページは満点をとりました。ところが、四ページ目からは三つのエッセイと、彼がこの本を読んでおくようにと言った、その本から多くの短答式の問題が出ていたのです。もちろんそれは本を読んでおりませんからできませんでした。彼は、試験の後、電話をかけてまいりまして、最後の部分が重視されるので、あなたは失敗したんだというふうに申しました。そこで、夕方、その院生は急いで指導教授の家に行き、そして彼の誘いに応じました。その後、指導教授は、あなたはグレードBに値する有能な学生だと言ってくれたのであります。

この例などは、あなたは自分の誘いに応じなければ最終試験に合格させないと初めから、明示的に言ったわけではありませんけれども、被害者の方は、そう信じるに十分な理由を持っていたのであり

大学におけるセクシュアル・ハラスメント

ます。

そうしますと、冗談の場合もそうですけれども、指導者の行動が学生によってどのように認識されるのかということが非常に重要な問題であります。ですから冗談にしろ、学生が真に受けて悩むかもしれないということ、そういうことを注意できなかったという点、その点に指導者の落ち度があるというふうに考えるべきではないかと思います。

指導者というのはやはり知能面の発達を促進させるような環境の下で、クラスの学生らが勉強できる状況を作る義務を負わされており、彼らの知能面の発達の抑圧として学生に受け取られるような行為、こういったことは絶対にしてはならないというのが指導者の職業上の倫理であろうと思います。

キャンパス・セクハラの実態につきましては、いろいろ報告されておりますので、ここでは省略させていただきまして、対策の問題に入らせていただきます。

全国の女子学生や大学教職員で作るキャンパス・セクハラ全国ネットワークでは、昨年の十一月に文部省に要請書を提出しております。まずそれが運動の第一歩です。そしてセクハラの実態が認識されるにつれまして、ガイドラインを作ったり、パンフレットを作成したり、あるいはオンブズマン制度を設けるなど、自主的に啓発活動を行う大学が出てきております。

各大学の取り組み状況はレジュメに書いておきましたけれども、これはキャンパス・セクハラの全国ネットワーク編から出ております「キャンパス・セクシュアル・ハラスメント」から引用したものでありまして、その後、福島大学とか岡山大学などからもガイドラインが出ているようであります。

しかし、十月二十一日の日経新聞に出ておりましたが、大学、短大、高等専門学校等の千二百三十

69

第1部　セクハラに対する取り組みと課題

二校を対象として、昨年十二月からことし一月にかけて文部省が実施した調査によりますと(第二部参考資料3参照)、まだ、こういった対策機関を設置しているのは大学が六・六％、短大が八・〇％、大学の内訳は国立大学が一三・三％、それから公立、私立の大学では五％台に止まっているということでございます。明治学院大学では、先ほど紹介いたしましたような「相談の手引き」を作成いたしまして、四月から早速活動を始めました。

次に、大学のセクシュアル・ハラスメントにつきまして、予防と、それから、起きてしまった場合の事後処理と、この二つに分けて考えてみたいと思います。

まず予防でありますけれども、これはもう啓発活動に尽きます。教員、学生に対してセクシュアル・ハラスメントの認識を高めるために努力するということ、男女の意識改革ということをまず考えなければならないと思います。例えば他人が嫌がることはしない、言わないというのが、もうこれは当然のルールであるのに、「やめてください」と言っても、「かたいなあ、そんなんじゃ大人になれないよ。」と言ってみたり、あるいは「女はかわいいのが一番だよ。そんなに目くじら立てないでよ。」というような、そういった言葉が平気で飛び出してくる、女性を見下ろすという気持ち、性的な対象として見るという、そういった男性の意識の改革をまずしていかなければなりません。

もちろん学問的にも人格的にもすぐれた先生はいらっしゃいますけれども、学問的にすぐれた人はすべて人格者であるとは断言できません。悪用して女性を無防備、無警戒な状況に誘い込んで、あたかもそれが女性との合意であるかのように装って行われるのがキャンパス・セクシュアル・ハラスメントの最大の特徴であります。もちろんす

大学におけるセクシュアル・ハラスメント

ばらしい先生もいらっしゃいますから、これはセクシュアル・ハラスメントを起こすような先生に関してでありますが。

それから大学関係者の認識の改革であります。これは上下関係が厳しい大学では、たとえ問題だと思っても組織防衛や自己保身のために傍観したり、あるいは隠そうとして秘密に処理しようとする。そういったことが大学関係者において、まず改めなければならない問題であろうと思います。

このように予防策を講じても、もし事件が起きてしまったときにどうするのか。この点に関しては、私ども人権委員会でも勉強会をしておりまして、他大学の例などもお聞きしながら、どういうふうにしたら一番よいかを研究しております。

まず人権委員会の権限と機能を強化することです。そして、事件が起きたという場合には学生さんからの訴えがありますので、ただちに、人権委員会の活動を開始いたします。その場合に深刻な問題であると考えた場合には調査委員会を組織いたしまして、調査委員会で事実の確認に入ります。この場合に問題なのは、どのようにして真実を究明するかということであります。密室での出来事でありまして、当事者の陳述以外に他からの協力が得にくいということであります。先ほど言いましたように、加害者である教授の同僚、こういった人たちはやはり彼をかばおうとするでしょうし、大学の組織自体も、あのような先生がそんなことをするわけはない、女性の誤解だというふうに、むしろ女性の方を納得させるような方向に持っていこうとします。

そして、さらに問題なのは調査委員会の権限の限界であります。例えば、ある事件が起きたという場合に、警察官ならば警察手帳を示して、いろいろと聞き取り捜査をすることができるでしょうけれ

71

第1部 セクハラに対する取り組みと課題

ども、私たち人権委員が大学の教授であるという名刺を持っていって聞き取り捜査をすることができるでしょうか。両者の言い分が食い違ったような場合には当然事実関係を確認しなければならないのに、その肝心なところで警察官まがいのことができないという難問にぶつかります。

この場合は、やはり外部から弁護士の方をお願いするということが必要になってくるかと思うんですけれども。しかし、この人権委員会というのは、大学の中で何とかして処理したいという存在意義があるわけですから、そこが非常に苦しいのです。

そして、最も重要なことは、如何なる場合にも、被害者のプライバシーを保護しなければならないということであります。聞き取り捜査などをしたり、あるいは聞き取り捜査をしないまでも、いろいろな関係者から様子を聞くということになりますと、今一体だれが問題になっているのか、当然被害者の名前が出てくるでしょうし、そうすると、その被害者のプライバシーを侵害してしまいます。ここにも私ども人権委員会の機能の限界を感ぜざるを得ません。

最後に、先ほど上野先生が、セクシュアル・ハラスメント人権委員会は、大学の組織防衛のために、しょせん、役立っているのではないかとおっしゃいましたけれども、私たち人権委員は少なくともそのようには考えておりません。やはり女性の人権（男性が被害者となる場合も考えられないわけではありませんが）、あくまでも女性の人権を擁護するという立場から、できるだけよい教育環境を作っていくために一助となるということを考えております。

そのために、これからも人権委員のメンバーはセミナーなどにも積極的に参加しながら、明るいキャンパスの環境実現を目指して努力したいと思っております。（拍手）

コメント／討論

明治学院大学社会学部助教授

加藤 秀一

[宮田] 四人の先生のお話をいただいたところでちょうど予定の八時になってしまいました。進行がうまくいかなくて申しわけございませんが、できましたらこのままディスカッションの方を続けさせていただきたいと思いますが、よろしいでしょうか。（拍手）

なお、質問等がございましたら、今、この時間に受け付けたいと思います。係の者が参りますのでお渡し下さい。質問等を書いていただければ、こちらの方で次のディスカッションの中に入れさせていただきたいと思います。

では加藤先生から、コメントを各先生にしていただきたいと思います。加藤先生はジェンダーやセクシュアリティーをめぐるさまざまな問題について研究をされていまして、最近の著書として『性現象論』がございます。

[加藤] 加藤です。時間が押していますので、あまり慌てないでやりたいとは思っていますが、あまり長くもなり過ぎないようにしたいと思います。

それで、まず最初に会場の皆さんからいただいたご質問、特にあて先のないものもありますし、何々

73

第1部 セクハラに対する取り組みと課題

 先生に質問という形でお寄せいただいたものもありますけれども、それらについて、すべて詳しくお答えする、またお答えしていただくということは時間の都合上できないということはご了承ください。また、各パネラーの方々のご専門の深いところからいただいたお話、また現在の活動からいただいたお話を受けて、まとめて、なおかつ皆さんからいただいたこの広範囲にわたる質問をすべて取り入れて、今、この場でいきなり考えて整理して話すということは私には不可能ですので、時間の範囲内で、あと私の能力の範囲内でかいつまんで、こういうことを強調しておきたいと思ったことだけを簡単にコメンテーターとして述べさせていただきます。

 きょうは法学畑と社会学畑それぞれからの報告者を立てたということですが、私は社会学畑からということになるわけで、上野さんのお話と重なってくるところもやはりあるのではないかと思んですが、ここでまず強調しておきたいのは、セクシュアル・ハラスメントというのはどういう問題なのかという、その核心をつかんでいくときに、それが広い分脈における、つまり社会、平たく言えば世の中全体における性差別、もっと言えば女性に対する差別ですね、男女間の不平等、不均衡、そしてもう少し限定すると性暴力と構造的に結び付いているということです。

 渋谷先生が憲法学的な観点から問題を整理されて、男女差別、性別分業、性的言動という三つを区別され、それぞれの固有性をあげられたことを受けて今のことを言っているわけですけれども。その渋谷先生の憲法学的なアプローチからの整理と私の言っていることは全然矛盾しないと思うんです。渋谷先生の整理では、セクシュアル・ハラスメントというのを性的言動に主にかかわる問題として位置付けると。自分流に要約してしまいますと、本来、セクシュアルなことが大っぴらになるべきで

コメント／討論

はない、そういうことをすべきではない場、典型的には職場であるとか学校であるとかという場に、そもそもセクシュアリティーを持ち込むということ自体がセクシュアル・ハラスメントの本質的な問題なんだということですね。

セクシュアル・ハラスメントという出来事の固有性、特徴というのを考えるという方向で考えていく限り、それはそのとおりだと私も思います。ただし、どんな問題でもそうですけれども、セクシュアル・ハラスメントというのはこの世界の中に純粋セクハラとして現れるわけではないですから、必ず複雑な背景をもった現実の問題として現れてくるわけですから、そのとき、そういうふうに概念上で区別していったものどうしを、もう一度結び付けて関連性を考えるというアプローチを特に社会学畑の人間はとるわけです。

そういう観点から言えば、本来、性的なものを持ち込んではいけない場に性的なものを持ち込み、相手が嫌と言ってもやめないということに、背景を考える必要がある。背景というのは何かというと、要するに権力関係ということです。セクハラとは、権力の強いものが弱いものに対して行うわけです。権力の弱いものが強いものに対してそういうことを行えるはずがないわけです。

職場であれば、それは上司が部下に対して、雇用者が被雇用者に対してということになるわけです。そのことと、昇進において男性が有利であり、したがって、上司に男性が多く、部下に女性が多いという、一見別の分脈にある、つまり労働条件という別の分脈にあると思われる性差別の問題というのが、密接に切り離しがたく結び付いている。そういう状況を見落とすことはできない以上、セクシュアル・ハラスメントを性差別の問題として考えるということが非

第1部 セクハラに対する取り組みと課題

常に重要になってくると思います。

このときの性差別という問題で、会場からのご質問の中にも出てきていますが、男性の女性に対するセクシュアル・ハラスメントだけではなくて、女性の男性に対するハラスメントというのはどうなのかということですが、原理的にはあり得るし、実際に起きている。

しかし、それが起きる条件は、今言ったことを思い返していただければ分かるように、行うものが権力を持つ、セクシュアル・ハラスメントはセクハラをやるやつが権力を持っていて、やられる被害者は権力がないわけですから、女性が権力を持っている、あるいは多数派であって、男性には権力がない、あるいは少数派であるという場面、分脈においてしか行われえない。そして、それは日本の企業社会のあり方、それから上野さんのおっしゃった大学、アカデミックな社会のあり方を考えれば例外的であるわけです。

したがって、もちろん原理的には男性に対する女性のセクハラはあり得ますし、それはそれとして、もちろん重要な問題として考える必要があるけれども、しかし、セクシュアル・ハラスメントということを語っていくときには、現実には、やはりそれは女性差別の問題という背景と切り離しては論じられないということです。つまり男性が女性に対して上司であり、権力であり、多数派であるという状況の中で、男性がそういうことを背景にして、職場あるいは大学等において、学校等において、そういう組織を背景にして、部下であり、権力が弱く、少数派である、不安定なポジションにある女性に対して行うものがセクハラの大部分であるということです。

76

コメント／討論

それから、質問の中にあったことで、私ももともと少し補足しようと思っていたことですけれども、この場合の男性というのは異性愛者の男性ということです。こういうときに性愛、愛という言葉を入れていくと何となく問題がぼやけるような気がしますので、異性欲者と同性欲者とでも言った方がいいのかもしれませんけれども、いわゆる異性愛者の男性が女性に対してセクハラをするわけです。加害者が同性愛者であれば別の事態になるでしょう。つまり男性から男性に対するハラスメントも当然あり得るし、現実にも起きてきているだろう。日本ではまだ表面化していないだけだと思います。数は少ないかもしれませんし、まだ具体的な裁判というのは挙がってきていないかもしれませんけれども、個別の問題としての重みにおいては、それも全く変わらない。女性から女性に対する同じような同性愛を背景にしたセクシュアル・ハラスメントというのも当然あり得ると思います。多い、少ないという、現実がそうであるということの確認ですから、どれが重いとか、どれが先にやるべきで、どれは放っておいてもいいとか、そういうことではないということは理解していただきたいと思います。

ほかにも具体的なご質問はいろいろあるんですけれども、それらを逐一答えていくことは私にはできないんですが、各パネラーの方々はかなり具体的な、またその専門領域に立ち至ったお話をされましたので、私は抽象的な原理原則を少し角度を変えてみると、性別役割分業と言っていいような構造が世の中に蔓延している、支配しているということがまず大きな枠組みとしてあるわけです。今言ったように性差別、あるいは女性差別ないしは少し角度を変えてみると、性別役割分業と言っていいような構造が世の中に蔓延している、支配しているということがまず大きな枠組みとしてあるわけです。今言ったように性差別、あるいは女性差別ないしは少しセクハラの被害者となるという事例は少ないわけです、現実に。もちろん起これば問題としては重いけれども、現実に少ないというのは事実としてあるわけです。

第1部　セクハラに対する取り組みと課題

そして、その女性差別のさまざまな表れの中で、性暴力すなわちセクシュアリティと暴力が結び付くという場合がある。一番簡潔に定義すれば、性的な関係を強制することというのが性暴力の定義になるだろうと思います。

その中にもいろいろグラデーションがあり得て、例えば物理的な暴力、これは細かい話をし出すと難しくなりますけれども、大ざっぱに言って、物理的な暴力を振るったり、あるいは殴るぞとか言って脅して行われるものがレイプ、強姦である。組織内の権力関係を背景にして強制される、性的関係を強制される場合がセクハラであるというような分類は一応可能です。

ただし、さっきも強調しましたように、分類するというのはそれらが全然別のことであるという意味ではないですから、同時に二つ以上のことが行われる。セクシュアル・ハラスメントであると同時にレイプである、強姦であるという事例も当然あり得るし、現実にあるわけです。組織内において、なおかつ物理的な暴力、殴るとか肉体的に脅すとかということと同時に結び付いて行われる場合もある。それは強姦であり、同時にセクシュアル・ハラスメントです。これは二者択一の、別々の概念というわけではない。そういうふうになっているだろうと思います。

ややこしいのは、今、セクハラは組織を背景にした性暴力だと言いましたけれども、その組織の質のあり方によってハラスメントのあり方も変わってくるということです。お話の中にもあったように、企業、それから学校、大学では違う。大学と高校でも違うでしょう。中学でも違うでしょう。対応を進めていくためには、そうした違いを見極めていく必要があるだろうということです。

こういう性差別の構造があって、その中で性暴力があって、セクシュアル・ハラスメントはそうい

コメント／討論

う構造を背景にして支えられて、まかり通ってきた。そして、それに対する告発がこれまでも起きてきた。起きてこなかったわけではない。性暴力、性犯罪はいろいろな分脈で裁判にも上がってきているし、社会的な告発もされてきている。しかし、難しいのは、そういう告発や、問題を問題として浮かび上がらせることそのものを封じるような構造というか、システムが世の中にあるということです。
　つまり、例えばもう各先生方のお話の中にもありましたけれども、女性がセクハラの告発をすると、自分から誘ったんじゃないかとかいうふうにすぐ言われてしまう。告発がいつの間にか無効化されていく。それどころか、ひどい場合には被害者の方が何だか加害者みたいに言われてしまうというよう な逆転がなされるわけです。加害者と被害者の逆転が行われてしまう。そういう構図がセクハラ、または性暴力全般、あるいはもっとそれ以外の性差別にかかわるいろんな問題全般にはびこっているわけです。
　そういうところで個々の事例が差別かどうかということをそれだけ切り離して論じるということは不可能で、そういう差別の構造の中に個々の事例を位置づけていかないと個々の事例の意味が分からないわけです。個々のセクハラの事例の背景を見ていったときに何が浮かび上がってくるもの、それが構造的な性差別また構造的な性暴力であるということ。このことは何度繰り返して確認し直しても足りないぐらい非常に重要なことだと思います。
　このことを忘れなければ、かなりのところまで具体的な疑問にも答えることができるのではないかと思うんですが。そろそろ少しほかのパネラーの方々にも振らないといけないですね。じゃあ角田さんへというご質問がありますので、御紹介しましょう。以前、角田さんの対談を読まれた方からな

79

第1部　セクハラに対する取り組みと課題

ですけれども、法律自体が男性の原理で構成されているため、被害者の声や証言が通りにくくなっているというお話を、以前、雑誌でなされていたと思うのですが、そのあたりに関して具体的な事例などを挙げて詳しくお話ししていただけないでしょうかというご質問です。法律に頼ってセクハラを告発していくんだけれども、いくしかないんだけれども、法律そのものが男性の原理で構成されて、男性に都合よく構成されているような場合というのはあるのか。また、そうだとしたら、どういうふうに取り組むのかということだと思うんですが、いかがでしょうか。

[角田]　日本の法律というのは、憲法は別ですけれども、民法（家族法と相続法は別にして）にしろ、あるいはセクシュアル・ハラスメントの関係で問題になってくる刑法の性暴力に関する規定そのものも百年前にできたままなんですよね。つまり明治年代にできて、そのまんまなのです。日本が今の憲法を持つまでの間、女性の裁判官もいないし、大体大学の法学部で女性が学ぶということも非常に例外的だったわけですよね。非常に長いこと、性暴力についての法律を作った人も男性ですし、それからそれを解釈してきた人たち、裁判官であるとかも全部男だったわけです。そうすると、一体それはだれの目から見て、何が性暴力と、あるいは強姦でもいいんですが、考えるかということ。そして、ある具体的な事実について、それが強姦に当たるかどうかという認定をするときに、ずっと被害者になる女性の視点というのは全くなかったのです。

戦後、五十年、一応そのシステムは変わって、男女平等に参加できることになっておりますけれども、実際には裁判官の中でも女性の比率は非常に少ないです。法曹三者の中で一番高いと言われても一〇％ちょっとだと思います。検察官は一〇％を欠いておりますし、弁護士は多いとお思いでし

80

コメント／討論

ょうが、これも一〇％いないんです。だから、ほとんど日本の法律の世界を構成しているのは九〇何％、みんな男だという構造があるわけです。

そうしますと、法律の規定そのものには別に性差別的な言葉では書いてなくっても、そこで出てくる解釈というのは極めて性差別的というか、男性の頭の中で考えていることが、つまり法の解釈としてまかり通っているということなんです。その非常に具体的な例が、性暴力の被害者について、性暴力の被害に遭ったら、女は時代劇のお姫様みたい、あれー、助けてっていうんじゃないんですけれども、もうギャーとなって、わめいて逃げるか、あるいは頭が真っ白になって何も判断できなくて、そこでなんかものを考えて、自分の考えた、つまり危機管理状況に従って女が行動するなんていうのはあり得ないという発想で、とらえてしまうのです。これは昔の話でなくて今なんですね。現実の、現在の裁判所で、まだそういう観点で、被害者について、女性の現実の被害者の状況と全く関係なく、男性たちが勝手に頭の中で考えていた、"あらまほしき被害者像"という、ステレオタイプ化された被害者像によって判断するわけです。

ですから、セクシュアル・ハラスメントの裁判でも、その裁判官が考えた被害者像に当たらなかった女性というのは今まで裁判で負けてきているんです。私が今担当していて、判決を待っている秋田の事件もそうなんです。それをひっくり返そうと思って、今、いろいろやっているわけなんですが。

そういう状況は非常に顕著にあります（注、秋田事件は九八年二月一〇日、被害女性の言い分が一〇〇％認められて逆転勝訴した）。

ただ、最近では被害者の実態というのはそんなもんじゃないよということを女性の研究者たちがい

第1部　セクハラに対する取り組みと課題

ろいろ裁判所に提出して、彼等に事実を見せることによって、その判断は少しずつ変化してきているんですけれども、基本的には、とりわけ性暴力の問題に関しては、男性だけの世界の話として、女性が発言権もなく裁かれてきているということはまだまだ本当はたくさんあるというふうに思っております。

法律の規定自体は一応ニュートラルにできているんですけれども、問題は、だれがそれをどう解釈するかというところだと思います。

[加藤]　ありがとうございました。それから、私がさっきの短い話で原則的には答えたと思っているんですが、何通かある質問ですので、もう少し回答していただこうかと思います。男性が被害を受けているケースも一緒に議論することが必要ではないのかという趣旨のご質問があります。幾つか出していただいております。
そうですね、上野さん、いかがですか。東大の女性研究者懇話会では、当然、女性に対するアカデミック・ハラスメント、差別、そしてセクシュアル・ハラスメントという観点でやっていると思うんですけれども、その中で同様の質問等が寄せられたようなことがあるのではないかと推測するんですけれども。

[上野]　こういう問いはしょっちゅう聞かれるんですけれども、私は、質問者の意図が知りたいですね。何を知りたいんでしょうね。逆セクハラもあるでしょう。だからどうだっていうんでしょう。例えば男が加害者のセクハラの割合が九九％で、逆のケースが一の割合であった場合に、それで相殺されるのでしょうか。バランスの問題じゃなかろうと思うんですが。と前置きを言った上で、もちろ

コメント／討論

ん男性が被害者になるケースもあります。その場合でも、女性が加害者になるケースは極めて少ないです。なぜかというと、男性が被害者になるケースの場合でも、加害者はやはり男性のケースが多いです。つまり、権力状況の上で優位に立つ女性が圧倒的に母集団として少ない現実の中で、逆セクハラは例外的にしか生じません。

性的な差別に限らなければ、地位の低い男性研究者に対する男性の教授、上司によるアカハラは蔓延しています。助手、院生などの男性も非常に厳しい差別を受けています。強制退職勧奨のような問題が助手の地位をめぐって起きていることは男女を問わないんですけれども、なぜそれが女性において一層厳しくなるかというと、助手の任期って大体内規で三年っていう口約束があるんです。公式には規定で任期を決めることはできません。本人がイヤって言えば、定年まで助手のまま居座るケースだってあります。けれども、問題は内規で三年というとき、男は転職先があるんです。つまり、大学という異動を伴う職場の中で、男性は異動のルートを確保しやすいのに対し、いったん女性が助手のポストを得たとしても、その後、はけていく先がない。その問題が女性助手の在職の長期化につながり、それが退職勧奨につながるという、学界内部での非常に根深い構造的な性差別が背景にあります。

逆セクハラは事実あります。あるけれども、蓋然性は低い。それはやはり現在のような構造的な性差別状況が大学の内外にわたって蔓延しているからです。これがお答えです。

【加藤】ありがとうございました。あと各先生方に対する質問がかなりあるんですが、具体的にこれこれこういう場合はセクハラになるのかならないのかという質問がかなりあるんですが、それも全部お答えしているわけにはいかないので、一つだけ取り上げてみます。なぜか非常に具体的な例なんですが、

第1部 セクハラに対する取り組みと課題

例えば教員が個人的な雑用を強いると。断れない状況で雑用を強いる、例えば女性の院生とか学生にということだと思うんですが、そのお礼だと言って夜、食事に誘う。また、留学先に訪ねてきて、ここは外国だから挨拶にキスしようとか、腕を組んで歩こうとか言ったりすることはセクハラとは言わなくてもいいのでしょうか、という御質問です。

他にも、この場合はどうなんでしょうという質問がいろいろあるんですが、私のみるところ、それらの質問に挙がっているすべての例は、状況によっては当然セクハラになり得ると思いますね。また状況によっては刑法犯として強制わいせつ等で刑事事件にもすぐになり得るとお答えするしかないような気がします。

それはすべての状況でそうなるということではない。ということは、もう四名の方々のお話から明らかだと思いますので、そこのところはもう一度お話を思い出していただくしかないですけれども。恐らくご質問いただいているような数々の例というのはどれもセクハラになり得るし、セクハラと呼ぶべきであるような分脈を伴っている可能性が非常に高い例ばかりだと思います。

さて、じゃあいくらのんびりやろうと言っても八時半になってしまいましたので、そろそろ締めなくてはなりません。それで最後に、ほかに多かった質問として、この明治学院の、まだ生まれたばかりで形成途上のシステムなんですけれども、明治学院のセクハラに対する対応のシステムについてのご質問がかなりありましたので、それをどうしましょうか、宮田先生。

［宮田］ セクハラ人権委員会の窓口の対応、その後の相談の仕方、その他についての疑問や質問がございましたので、委員長からまとめて説明させていただきます。

コメント／討論

[萩原] 四月に人権委員会がまだ発足したばかりでございまして、今、いろいろと研究をしながら進めている最中でございます。質問につきまして、まずセクハラ事件の相談員の専門的な研修とはどんなものでしょうかということでございますけれども、これはセクハラ事件が起きて、そして他大学に先駆けてガイドラインをお作りして講師をお招きして、その実例、そしてどのようにしてガイドラインができ、どういうような対応をしておられるのか、それが実効性があるのか、そういったことなどの勉強会をいたしました。また、外部のセミナーなどに、委員が参加をするという形で研鑽を積んでおります。人権委員の中にお一人、心理学の先生がいらっしゃいますので、対応の仕方についての勉強会も致しました。

それから、委員は心理学の専門家で構成されているかというご質問ですが、うちの大学には、学生相談センターというのがあります。この学生相談センターは専門のカウンセラー、心理学を勉強されたカウンセラーが常駐しておりまして、この相談センターと、私ども人権委員会とどういうふうに仕事を分担していくかということが問題になりました。結局、セクシュアル・ハラスメント事件が起き、そして学生から訴えがあった場合に、事実関係を確認して、これを取り上げるかどうかをまず人権委員会で検討し、そして事実の調査をした結果で、心理的なケアを必要とするようなケースだということになれば、学生相談センターの専門のカウンセラーにお願いをするということになりました。また、とにかく事実の調査をしていただいておりまして、外部の専門のカウンセラーにお願いした方がいいという場合はさらにそちらの方大学の方から予算をつけていただいておりまして、外部の専門のカウンセラー、例えば東京医科歯科大学にいらっしゃるような専門のカウンセラーにお願いするということになっており、私ども人権委員は特に臨床心理学の専門家で構成されているにお願いするということになっております。

85

第1部 セクハラに対する取り組みと課題

というわけではありません。人権委員会で協議をした結果、どうすべきかということを相談して、その道の専門家にお願いするというような形をとることにしております。

それから人権委員会のメンバーについてのご質問ですが、これは学長の指名で決まっております。どういう基準でお選びになっているかということは分かりませんけれども、まだ発足して七ケ月しか経っておりませんが、非常に懸念しておられます人権委員の人格の問題、人権委員は秘密を遵守できるか、とか、信頼できるかといったことについては、今のところはまだ問題は起きていません。

私どもといたしましては、やはり学長から指名を受けました以上は、絶対にプライバシーを侵害しないように、秘密を遵守しながら、先ほども言いましたように、よい教育環境を作っていくために努力しようと思っております。

それから、実際にセクハラが起こったとき、加害者はどのような処分を受けましたか、プライバシーにかかわらない限度で答えて下さい、ということでございますけれども、この人権委員会ができる、そのきっかけとなりましたケースにつきましては、もう皆さん方、ご存じだと思いますが、たしか学長が退職を勧告して、ご自身から退職されたと思います。これは実はまだ人権委員会ができる前の事件でした。

次は、訴えは相談窓口で委員全部で対応するのでしょうかというご質問ですが、委員は各学部から二名ずつ出ておりますが、別に法学部だから法学部の先生という規則はございませんので、自分の相談したい先生のところに相談をしに行けばよく、委員全員が別にどこかに常駐して、いつもそれに対応するという形ではありません。

コメント／討論

ただ、学生相談センターがありますので、恐らくそこへ相談に行くかと思いますので、そのときはそこにマニュアルが置いてありまして、もしセクシュアル・ハラスメントに関することであれば、こういう先生が委員としていらっしゃるので、そこに相談に行きなさいという指示をしてくださると思います。そして、相談を受けた委員は、そのケースについて人権委員会に報告をし、必要とあれば、調査委員会を設置するという手順となります。

それから過去の問題についてもどの程度かかわってもらえるのかという質問でございますが、卒業するまでは自分の卒業がかかっておりますから、そういうことを言いにくい。しかし、卒業してしまったら、今後自分と同じような被害者が出ないようにと思い、絶対に訴えたいという場合もあると思います。そういったときのことを考えまして、卒業してからでも、人権委員会に訴えることができるようになっています。ただ、何年ぐらい遡っていいかということは、人権委員会でも検討いたしましたが、結局は、もう証拠が散逸しており、真実発見が大変難しいということであれば、かかわることができませんので、人権委員会で、その都度、事件が出てきたときに取り上げるべきかどうかは検討しましょうというところで落ちついております。

［宮田］　以上でディスカッションを終わりにさせていただきたいと思います。

最後になりますけれども、法学部立法研究会代表、法学部長の京藤哲久先生より一言ご挨拶させていただきます。

［京藤］　本日はどうもありがとうございました。私もセクハラの問題には非常に関心があり、日頃から勉強したいと思っておりましたので、このシンポ参加させていただき大変ありがたく思っており

第1部　セクハラに対する取り組みと課題

ます。今日のシンポの内容を本にして、多くの方々がこの問題を考えるきっかけになればと思っております。これまでも様々なテーマのシンポの成果を明治学院大学法学部立法研究会で編集して出版してきた経緯もあり、その方式で出版することを考えております。

あまり内容のないことばかり申しておりますとつまらないですし、これだけおもしろい議論を聞かせていただいた後なので、多少、リスポンスをしたくなります。私は現在、法学部長の職にあります。ある意味では権力の側からものを見るというような立場におかれていると思われます。そういう位置からはどういうふうにものが見えるかということを少しお話ししてみたいと思います。

学部長という大学の執行部の側におりますと、正直に申し上げて、大学の組織防衛という問題もやはり考えてしまいます。セクハラの問題が発生した場合、正直に申して、今どうせざるを得ないかと考えると、教員をかばうというよりは、そういう問題が起こった場合にはその教員を切るという形で処理することが組織を防衛するための最善の策ということになるのではないかと思っております。ですから、教授会では、そういう問題が起こったときに私は先生方をかばうことはしませんので、セクハラ問題を起こさないようにしてくださいとお願いしております。

この問題に対する捉え方は時代の流れとともに変わってくるだろうと思いますが、今日の話で、心に留めておくべきだと思ったことがありました。教員に辞めてもらって解決するとしても、それは結局は組織を守るという意味合いにおいてでありましょう。しかし実際に起こっているセクハラの問題というのは、背景に組織というものがあって、あるいは、そこに存する権力に支えられて起こっているのだとすると、問題をおこした当人を切っただけでは問題は解決しない問題があるのだということ

88

コメント／討論

は心に留めておかねばならないということは、お話を伺っていてつくづく感じました。今日は本当に有益で楽しい話をありがとうございました。(拍手)

[宮田]　以上をもちまして本日のシンポジウム、「セクシュアル・ハラスメントを考える」を終わらせていただきます。最後に、五人の先生方に盛大な拍手をお願いいたします。(拍手)

第2部　参考資料及び文献リスト

参考資料
　資料1　雇用の分野における男女の均等な機会及び待遇の確保等女子労働者の福祉の増進に関する法律（付　労働大臣指針）
　資料2　文部省通達
　資料3　大学、短期大学、高等専門学校におけるセクシュアル・ハラスメント防止のための取り組みについて
　資料4　各種官公庁資料
　資料5　セクシュアル・ハラスメント裁判例一覧表
　資料6　日本のガイドライン（各大学における例）
　資料7　海外のガイドライン（各大学における例）
文献リスト

資料1　雇用の分野における男女の均等な機会及び待遇の確保等女子労働者の福祉の増進に関する法律

（職場における性的な言動に起因する問題に関する雇用管理上の配慮）

第二十一条　事業主は、職場において行われる性的な言動に対するその雇用する女性労働者の対応により当該女性労働者がその労働条件につき不利益を受け、又は当該性的な言動により当該女性労働者の就業環境が害されることのないよう雇用管理上必要な配慮をしなければならない。

2　労働大臣は、前項の規定に基づき事業主が配慮すべき事項についての指針（次項において「指針」という。）を定めるものとする。

3　第四条第四項及び第五項の規定は、指針の策定及び変更について準用する。この場合において、同条第四項中「聴くほか、都道府県知事の意見を求める」とあるのは、「聴く」と読み替えるものとする。

（要旨）　職場における性的な言動に起因する問題に関する事業主の雇用管理上の配慮義務を規定するとともに、事業主が配慮すべき事項についての指針を労働大臣が定めることとしたものである。

（説明）　1　第一項は、事業主は、職場において行われる性的な言動に対する女性労働者の対応により女性労働者がその労働条件につき不利益を受け、又は性的な言動により女性労働者の就業環境が害されることのないよう雇用管理上必要な配慮をしなければならないこととしたものである。

2　第二項は、事業主が配慮すべき事項についての指針を、労働大臣が定めることとしたものである。

3　第3項は、指針の策定及び変更に当たっては、あらかじめ、政令で定める審議会の意見を聴くこととするとともに、指針を定めたときは、遅滞なく、その概要を公表することとしたものである。

（参考）　労働大臣指針
○労働省告示第二十号

資料1　雇用の分野における男女の均等な機会及び待遇の確保等女子労働者の福祉の増進に関する法律

　雇用の分野における男女の均等な機会及び待遇の確保等に関する法律(昭和四十七年法律第百十三号)第二十一条第二項の規定に基づき、事業主が職場における性的な言動に起因する問題に関して雇用管理上配慮すべき事項についての指針を次のように定め、平成十一年四月一日から適用することとしたので、同条第三項において準用する同法第四条第五項の規定に基づき、告示する。
　平成十年三月十三日

　　　　　　　　　　　　　　　　　　　　　労働大臣　伊吹　文明

事業主が職場における性的な言動に起因する問題に関して雇用管理上配慮すべき事項についての指針

1　はじめに

　雇用の分野における男女の均等な機会及び待遇の確保を図るためには、職場において行われる性的な言動に対する女性労働者の対応により当該女性労働者がその労働条件につき不利益を受け、又は当該性的な言動により女性労働者の就業環境が害されること(以下「職場におけるセクシュアルハラスメント」という。)がないようにすることが必要である。

　しかしながら、現状では、職場におけるセクシュアルハラスメントの内容についての事業主や労働者の理解が十分ではなく、その防止のための措置を講じている事業主が少ない状況にある。また、職場におけるセクシュアルハラスメントに係る状況等が多様であることから、事業主が職場におけるセクシュアルハラスメントが生じないよう雇用管理上配慮をするに当たっては、その状況等に応じて最も適切な措置を講ずることが重要である。

　この指針は、こうしたことを踏まえ、職場におけるセクシュアルハラスメントの内容を示すとともに、事業主が雇用管理上配慮すべき事項を定めるものである。

2　職場におけるセクシュアルハラスメントの内容

(1)　職場におけるセクシュアルハラスメントには、職場において行われる性的な言動に対する女性労働者の対応により当該女性労働者がその労働条件につき不利益を受けるもの(以下「対価型セクシュアルハラスメント」という。)と、当該性的な言動により女性労働者の就業環境

第2部 参考資料及び文献リスト

が害されるもの(以下「環境型セクシュアルハラスメント」という。)がある。

(2) 「職場」とは、事業主が雇用する労働者が業務を遂行する場所を指し、当該労働者が通常就業している場所以外の場所であっても、当該労働者が業務を遂行する場所については、「職場」に含まれる。例えば、取引先の事務所、取引先と打合せをするための飲食店、顧客の自宅等であっても、当該労働者が業務を遂行する場所であればこれに該当する。

(3) 「性的な言動」とは、性的な内容の発現及び性的な行動を指し、この「性的な内容の発言」には、性的な事実関係を尋ねること、性的な内容の情報を意図的に流布すること等が「性的な行動」には、性的な関係を強要すること、必要なく身体に触ること、わいせつな図面を配布すること等が、それぞれ含まれる。

(4) 「対価型セクシュアルハラスメント」とは、職場において行われる女性労働者の意に反する性的な言動に対する女性労働者の対応により、当該女性労働者が解雇、降格、減給等の不利益を受けることであって、その状況は多様であるが、典型的な例として、次のようなものがある。

① 事務所内において事業主が女性労働者に対して性的な関係を要求したが、拒否されたため、当該女性労働者を解雇すること。

② 出張中の車内において上司が女性労働者の腰、胸等に触ったが、抵抗されたため、当該女性労働者について不利益な配置転換をすること。

③ 営業所内において事業主が日頃から女性労働者に係る性的な事柄について公然と発言していたが、抗議されたため、当該女性労働者を降格すること。

(5) 「環境型セクシュアルハラスメント」とは、職場において行われる女性労働者の意に反する性的な言動により女性労働者の就業環境が不快なものとなったため、能力の発揮に重大な悪影響が生じる等当該女性労働者が就業する上で看過できない程度の支障が生じることであって、その状況は多様であるが、典型的な例として、次のようなものがある。

資料1　雇用の分野における男女の均等な機会及び待遇の
確保等女子労働者の福祉の増進に関する法律

> ① 事務所内において事業主が女性労働者の腰、胸等に度々触ったため、当該女性労働者が苦痛に感じてその就業意欲が低下していること。
> ② 同僚が取引先において女性労働者に係る性的な内容の情報を意図的かつ継続的に流布したため、当該女性労働者が苦痛に感じて仕事が手につかないこと。
> ③ 女性労働者が抗議をしているにもかかわらず、事務所内にヌードポスターを提示しているため、当該女性労働者が苦痛に感じて業務に専念できないこと。
>
> 3　雇用管理上配慮すべき事項
> 　職場におけるセクシュアルハラスメントを防止するため、事業主は、雇用管理上次の事項について配慮をしなければならない。
> (1) 事業主の方針の明確化及びその周知・啓発
> 　事業主は、職場におけるセクシュアルハラスメントに関する方針を明確化し、労働者に対してその方針の周知・啓発をすることについて配慮をしなければならない。
> (事業主の方針の明確化及びその周知・啓発について配慮をしていると認められる例)
> 　① 社内報、パンフレット等広報又は啓発のための資料等に職場におけるセクシュアルハラスメントに関する事項を記載し、配布すること。
> 　② 含む条の規律を定めた文書に職場におけるセクシュアルハラスメントに関する事項を記載し、配布又は提示すること。
> 　③ 就業規則に職場におけるセクシュアルハラスメントに関する意識を啓発するための研究、講習等を実施すること。
> 　なお、周知・啓発をするに当たっては、職場におけるセクシュアルハラスメントの防止の効果を高めるため、その発生の原因や背景について労働者の理解を深めることが重要である。
> (2) 相談・苦情への対応
> 　事業主は、相談・苦情への対応のための窓口を明確にすることについて配慮をしなければならない。また、事業主は、相談・苦情に対し、

その内容や状況に応じ適切かつ柔軟に対応することについて配慮をしなければならない。

(相談・苦情への対応のための窓口を明確にすることについて配慮をしていると認められる例)

① 相談・苦情に対応する担当者をあらかじめ定めておくこと。
② 苦情処理制度を設けること。

(相談・苦情に対し、その内容や状況に応じ適切かつ柔軟に対応することについて配慮をしていると認められる例)

① 相談・苦情を受けた場合、人事部門との連携等により円滑な対応を図ること。
② 相談・苦情を受けた場合、あらかじめ作成したマニュアルに基づき対応すること。

なお、事業主は、職場におけるセクシュアルハラスメントが現実に生じている場合だけでなく、その発生のおそれがある場合や、職場におけるセクシュアルハラスメントに該当するか否か微妙な場合であっても、相談・苦情に対応することが必要である。

(3) 職場におけるセクシュアルハラスメントが生じた場合における事後の迅速かつ適切な対応

事業主は、職場におけるセクシュアルハラスメントが生じた場合において、その事案に係る事実関係を迅速かつ正確に確認することについて配慮をしなければならない。また、事業主は、その事案に適正に対処することについて配慮をしなければならない。

(事実関係を迅速かつ正確に確認することについて配慮をしていると認められる例)

① 相談・苦情に対応する担当者が事実関係の確認を行うこと。
② 人事部門が直接事実関係の確認を行うこと。
③ 相談・苦情に対応する担当者と連携を図りつつ、専門の委員会が事実関係の確認を行うこと。

(事案に適正に対処することについて配慮をしていると認められる例)

① 事案の内容や状況に応じ、配置転換等の雇用管理上の措置を講ずること。

資料1　雇用の分野における男女の均等な機会及び待遇の確保等女子労働者の福祉の増進に関する法律

　　②　就業規則に基づく措置を講ずること。
4　その他
 (1)　事業主は、職場におけるセクシュアルハラスメントに係る女性労働者等の情報が当該女性労働者等のプライバシーに属するものであることから、その保護に特に留意するとともに、その旨を女性労働者等に対して周知する必要がある。
 (2)　事業主は、職場におけるセクシュアルハラスメントに関して、女性労働者が相談をし、又は苦情を申し出たこと等を理由にして、当該女性労働者が不利益な取扱いを受けないよう特に留意するとともに、その旨を女性労働者に対して周知する必要がある。

第2部　参考資料及び文献リスト

資料2　文部省通達

別　添

文人審第115号
平成11年3月30日

総　務　審　議　官
官　房　三　課　長
文　教　施　設　部　長
各　　　局　　　長
各　国　立　学　校　長
各大学共同利用機関長　　殿
大学入試センター所長
学　位　授　与　機　構　長
国立学校財務センター長
文部省各施設等機関長
日　本　学　士　院　長

文部省大臣官房人事課長

田　中　壮一郎

文部省高等教育局長

佐々木　正　峰

**文部省におけるセクシュアル・ハラスメント
の防止等に関する規程の制定について（通知）**

　文部省において、別添のとおり「文部省におけるセクシュアル・ハラスメントの防止等について」が定められ、平成11年4月1日より実施されることになりました。ついては、各機関におかれましても、下記事項に留意の上、遺漏のないようお取り扱いいただき、セクシュアル・ハラスメントの防止等に積極的に取り組んでいただくようお願いします。

資料2　文部省通達

記

第2条関係
1 「職員」とは、教員、事務職員、技術職員、非常勤職員、委託契約職員等をいう。
2 「学生等」とは、児童、生徒、学生、聴講生、研究生等、国立学校等において修学する者をいう。
3 「関係者」とは、学生等の保護者、関係業者等の職務上の関係を有する者（職員及び学生等を除く。）をいう。
4 「性的な言動」とは、性的な関心や欲求に基づく言動をいい、性別により役割を分担すべきとする意識に基づく言動も含み、職場の内外を問わない。
5 「セクシュアル・ハラスメントのため職員の就労上の又は学生等の修学上の環境が害されること」とは、セクシュアル・ハラスメントを受けることにより、職務に専念することができなくなる程度に就労上の環境が不快なものになること又は学業に専念することができなくなる程度に修学上の環境が不快なものになることをいう。
6 「セクシュアル・ハラスメントへの対応」とは、就労上又は修学上の地位を利用した交際又は性的な関係の強要等に対する拒否、抗議、苦情の申出等の行為をいう。
7 「不利益」には次のようなものを含む。
　一 昇任、配置換等の任用上の取扱いや昇格、昇給、勤勉手当等の給与上の取扱い等に関する不利益
　二 進学、進級、成績評価及び教育研究上の指導を受ける際の取扱いにおける不利益
　三 誹謗中傷を受けることその他事実上の不利益
第3条関係
　第3条の指針は、別紙1のとおりとする。
第4条関係
　「職員を監督する地位にある者」には、他の職員を事実上監督していると認められる地位にある者を含む。
　（例：係長、教頭、看護婦長又はこれらと相当の職以上の職にある者。）

第2部　参考資料及び文献リスト

第5条関係
　「国立学校等」には、大学共同利用機関、大学入試センター、学位授与機構、国立学校財務センター、文部省施設等機関、日本学士院を含む。
　なお、第5条に関連して、国立学校等の長は、セクシュアル・ハラスメントの防止等のため、当該国立学校等の学生等に対しても、必要に応じ、啓発活動を実施するなど、学生等の心身の発達段階等を考慮し、適切な配慮をするものとする。

第6条関係
1　「苦情相談」には、セクシュアル・ハラスメントによる被害を受けた本人からのものに限らず、次のようなものも含まれる。
　一　他の者がセクシュアル・ハラスメントをされているのを見て不快に感じる職員からの苦情の申出
　二　他の者からセクシュアル・ハラスメントをしている旨の指摘を受けた職員からの相談
　三　部下等からセクシュアル・ハラスメントに関する相談を受けた監督者からの相談
2　苦情相談には複数の職員で対応するとともに、苦情相談を行う者と同性の相談を受ける職員が同席できるような体制を整備するものとする。
3　相談員等の中には、部局長あるいは人事担当課長相当職以上の職員を含む。
　なお、第6条に関連して、学生等又は学生等の保護者から、職員のセクシュアル・ハラスメントについて苦情相談がなされた場合においても、適切に対応することができるよう、苦情相談に当たって、学生等の心身の発達段階等を考慮し、必要に応じ、その体制を整備するなど、適切な配慮をするものとする。

第7条関係
1　第7条第1項の指針は、別紙2のとおりとする。

資料2　文部省通達

(別紙1)

セクシュアル・ハラスメントの防止等のために
文部省職員が認識すべき事項についての指針

第1　セクシュアル・ハラスメントを行うために職員が認識すべき事項

1　意識の重要性

セクシュアル・ハラスメントをしないようにするために、職員は他の職員、学生等及び関係者と接するに当たり次の事項の重要性について十分認識しなければならない。
(1)　お互いの人格を尊重しあうこと
(2)　お互いが大切なパートナーであるという意識を持つこと
(3)　相手を性的な関心の対象としてのみ見る意識をなくすこと
(4)　異性を劣った性として見る意識をなくすこと

2　基本的な心構え

職員は、セクシュアル・ハラスメントに関する次の事項について十分認識しなければならない。
(1)　性に関する言動に対する受け止め方には個人間や男女間、その人物の立場等により差があり、セクシュアル・ハラスメントに当たるか否かについては、相手の判断が重要であること。
　　具体的には、次の点について注意する必要がある。

> ①　親しさを表すつもりの言動であったとしても、本人の意図とは関係なく相手を不快にさせてしまう場合があること
> ②　不快に感じるか否かには個人差があること
> ③　この程度のことは相手も許容するだろうという勝手な憶測をしないこと
> ④　相手との良好な人間関係ができていると勝手な思い込みをしないこと

(2) 相手が拒否し、又は嫌がっていることが分かった場合には、同じ言動を決して繰り返さないこと。
(3) セクシュアル・ハラスメントであるか否かについて、相手からいつも意思表示があるとは限らないこと。

> セクシュアル・ハラスメントを受けた者が、上司、指導教官等との人間関係を考え、拒否することができないなど、相手からいつも明確な意思表示があるとは限らず、拒否の意思表明ができないことも少なくないが、それを同意・合意と勘違いしてはならない。

(4) 勤務時間内又は職場内におけるセクシュアル・ハラスメントにだけ注意をするのでは不十分であること。

> 例えば、職場の人間関係がそのまま持続する歓迎会、ゼミナールの酒席等の場において、職員が他の職員、学生等にセクシュアル・ハラスメントを行うことについても同様に注意しなければならない。

3 セクシュアル・ハラスメントになり得る言動

セクシュアル・ハラスメントになり得る言動として、例えば、次のようなものがある。

(1) 職場内外で起きやすいもの
  ① 性的な内容の発言関係

> ○ 性的な関心、欲求に基づくもの
>   ・スリーサイズを聞くなど身体的特徴を話題にすること
>   ・聞くに耐えない卑猥な冗談を交わすこと
>   ・体調が悪そうな女性に「今日は生理日か」、「もう更年期か」などと言うこと
>   ・性的な経験や性生活について質問すること
>   ・性的な風評を流したり、性的なからかいの対象とすること
> ○性別により差別しようという意識等に基づくもの

資料2　文部省通達

- 「男のくせに根性がない」、「女には仕事を任せられない」、「女性は職場の花でありさえすればいい」、「女は学問などしなくても良い」などと発言すること
- 成人に対して、「男の子」、「女の子」、「僕、坊や、お嬢さん」、「おじさん、おばさん」などと人格を認めないような呼び方をすること

② 性的な行動関係

○ 性的な関心、欲求に基づくもの
- ヌードポスター等を職場に貼ること
- 雑誌等の卑猥な写真・記事等をわざと見せたり、読んだりすること
- 職場のパソコンのディスプレイに猥褻な画像を表示すること
- 身体を執拗に眺め回すこと
- 食事やデートにしつこく誘うこと
- 性的な内容の電話をかけたり、性的な内容の手紙、Eメールを送りつけること
- 身体に不必要に接触すること
- 不必要な個人指導を行うこと
- 浴室や更衣室等をのぞき見すること

○ 性別により差別しようとする意識等に基づくもの
- 女性であるというだけでお茶くみ、掃除、私用等を強要すること
- 女性であるというだけの理由で仕事や研究上の実績等を不当に低く評価すること

(2) 主に職場外において起こるもの

○ 性的な関心、欲求に基づくもの
- 性的な関係を強要すること
- 職場やゼミナールの旅行の宴会の際に浴衣に着替えることを強

第2部　参考資料及び文献リスト

> 　　要すること
> - 出張への同行を強要したり、出張先で不必要に自室に呼ぶこと
> - 自宅までの送迎を強要すること
> - 住居等まで付け回すこと
> ○　性別により差別しようとする意識等に基づくもの
> - カラオケでのデュエットを強要すること
> - 酒席で、上司、指導教官等のそばに座席を指定したり、お酌やチークダンス等を強要すること

4　懲戒処分

　セクシュアル・ハラスメントの態様等によっては信用失墜行為、国民全体の奉仕者たるにふさわしくない非行等に該当して、懲戒処分に付されることがあることを十分認識すること。

第2　就労上又は修学上の適正な環境を確保するために認識すべき事項

　就労上又は修学上の環境は、職員、学生等及び関係者の協力の下に形成される部分が大きいことから、セクシュアル・ハラスメントにより就労上又は修学上の環境が害されることを防ぐため、職員は、次の事項について積極的に意を用いるように努めなければならない。

1　セクシュアル・ハラスメントについて問題提起をする職員、学生等及び関係者をいわゆるトラブルメーカーと見たり、セクシュアル・ハラスメントに関する問題を当事者間の個人的な問題として片づけないこと。

> 　ミーティングを活用することなどにより解決することができる問題については、問題提起を契機として、就労上又は修学上の適正な環境の確保のために皆で取り組むことを日頃から心がけることが必要である。

2　セクシュアル・ハラスメントに関する問題の加害者や被害者を出さないようにするために、周囲に対する気配りをし、必要な行動をとること。

資料2　文部省通達

具体的には、次の事項について十分留意して必要な行動をとる必要がある。
(1) セクシュアル・ハラスメントが見受けられる場合は、注意を促すこと。

> セクシュアル・ハラスメントを契機として、就労上又は修学上の環境に重大な悪影響が生じたりしないうちに、機会をとらえて注意を促すなどの対応をとることが必要である。

(2) 被害を受けていることを見聞きした場合には、声をかけて相談に乗ること。

> 被害者は「恥ずかしい」、「トラブルメーカーとのレッテルを貼られたくない」、「仕返しが怖い」などの考えから、他の人に対する相談をためらうことがある。被害を深刻にしないように、気が付いたことがあれば、声をかけて気軽に相談に乗ることが大切である。

3　職場においてセクシュアル・ハラスメントがある場合には、第三者として、気持ちよく就労や修学ができる環境づくりをするために上司等に相談するなどの方法をとることをためらわないこと。

第3　セクシュアル・ハラスメントに起因する問題が生じた場合において職員に望まれる事項

1　基本的な心構え

職員は、セクシュアル・ハラスメントを受けた場合にその被害を深刻にしないために、次の事項について認識しておくことが望まれる。
(1) 一人で我慢しているだけでは、問題は解決しないこと。

> セクシュアル・ハラスメントを無視したり、受け流したりしているだけでは、必ずしも状況は改善されないということをまず認識することが大切である。

(2) セクシュアル・ハラスメントに対する行動をためらわないこと。

「トラブルメーカーというレッテルを貼られたくない」、「恥ずかしい」などと考えがちだが、被害を深刻なものにしない、他に被害者をつくらない、さらにはセクシュアル・ハラスメントをなくすことは自分だけの問題ではなく就労上又は修学上の適正な環境の形成に重要であるとの考えに立って、勇気を出して行動することが求められる。

2　セクシュアル・ハラスメントの被害を受けたと思うときに望まれる対応

職員はセクシュアル・ハラスメントを受けた場合、次のような行動をとるよう努めることが望まれる。

(1) 嫌なことは相手に対して明確に意思表示をすること。

セクシュアル・ハラスメントに対しては毅然とした態度をとること、すなわち、はっきりと自分の意思を相手に伝えることが重要である。しかし、背景に上下関係等が存在する場合には直接相手に言いにくい場合が考えられ、そうした場合には手紙等の手段をとるという方法もある。

(2) 信頼できる人に相談すること。

まず、同僚や友人等身近な信頼できる人に相談することが大切である。そこで解決することが困難な場合には、内部又は外部の相談機関に相談する方法を考える。なお、相談するに当たっては、セクシュアル・ハラスメントが発生した日時・内容等について記録したり、第三者の証言を得ておくことが望ましい。

第4　学生等への指導

国立学校等における学生等が対象となるセクシュアル・ハラスメント

資料2　文部省通達

の防止等のためには、学生等が本指針の趣旨を理解するよう努める必要があるが、その際、学生等の心身の発達段階等を考慮し、実情に応じた適切な指導を行い、必要かつ適正な教育活動が確保されるよう、適切な配慮が望まれる。

　なお、学生等の間のセクシュアル・ハラスメントについてもその防止等に努める必要がある。

(別紙2)

セクシュアル・ハラスメントに関する苦情相談に
対応するに当たり留意すべき事項についての指針

第1　基本的な心構え

　職員からの苦情相談に対応するに当たっては、相談員等は次の事項に留意する必要がある。
(1) 被害者を含む当事者にとって適切かつ効果的な対応は何かという視点を常に持つこと。
(2) 事態を悪化させないために、迅速な対応を心がけること。
(3) 関係者のプライバシーや名誉その他の人権を尊重するとともに、知り得た秘密を厳守すること。

第2　苦情相談の事務の進め方

| 1　苦情相談を受ける際の体制等 |

(1) 苦情相談を受ける際には、原則として2人の職員で対応すること。
(2) 苦情相談を受けるに当たっては、同性の職員が同席するよう努めること。
(3) 相談を受ける職員は、苦情相談に適切に対応するために、相互に連携し、協力すること。
(4) 実際に苦情相談を受けるに当たっては、その内容を相談を受ける職員以外の者に見聞きされないよう周りから遮断した場所で行うこと。

第2部　参考資料及び文献リスト

| 2　相談者から事実関係等を聴取するに当たり留意すべき事項 |

　苦情相談を行う職員（以下「相談者」という。）から事実関係等を聴取するに当たっては、次の事項に留意する必要がある。
(1)　相談者の求めるものを把握すること。

> 　将来の言動の抑止等、今後も発生が見込まれる言動への対応を求めるものであるか、又は喪失した利益の回復、謝罪要求等過去にあった言動に対する対応を求めるものであるかについて把握すること。

(2)　どの程度の時間的な余裕があるのかについて把握すること。

> 　相談者の心身の状態等を鑑み、苦情相談への対応に当たりどの程度の時間的な余裕があるのかを把握する。

(3)　相談者の主張に真摯に耳を傾け丁寧に話を聞くこと。

> 　特に相談者が被害者の場合、セクシュアル・ハラスメントを受けた心理的な影響から必ずしも理路整然と話すとは限らない。むしろ脱線することも十分想定されるが、事実関係を把握することは極めて重要であるので、忍耐強く聴くよう努める。

(4)　事実関係については、次の事項を把握すること。なお、これらの事実を確認する場合、相談者が主張する内容については、当事者のみが知り得るものか、又は他に目撃者がいるのかを把握すること。

> ①　当事者（被害者及び加害者とされる者）間の関係。
> ②　問題とされる言動が、いつ、どこで、どのように行われたか。
> ③　相談者は、加害者とされる者に対してどのような対応をとったか。
> ④　監督者等に対する相談を行っているか。

(5)　聴取する事実関係等を相談者に確認すること。

資料2　文部省通達

> 聞き間違えの修正並びに聞き漏らした事項及び言い忘れた事項の補充ができるので、聴取事項を書面で示したり、復唱するなどして相談者に確認する。

(6) 聴取した事実関係については、必ず記録にとっておくこと。

3　加害者とされる職員からの事実関係等の聴取

(1) 原則として、加害者とされる職員から事実関係等を聴取する必要がある。ただし、セクシュアル・ハラスメントが職場内で行われ比較的軽微なものであり、対応に時間的な余裕がある場合などは、監督者の観察、指導による対応が適当な場合も考えられるので、その都度適切な方法を選択して対応する。

(2) 加害者とされる職員から事実関係等を聴取する場合には、加害者とされる職員に対して十分な弁明の機会を与える。

(3) 加害者とされる職員から事実関係等を聴取するに当たっては、その主張に真摯に耳を傾け丁寧に話を聞くなど、相談者から事実関係等を聴取する際の留意事項を参考にし、適切に対応する。

4　第三者からの事実関係等の聴取

職場内で行われたとされるセクシュアル・ハラスメントについて当事者間で事実関係に関する主張に不一致があり、事実の確認が十分にできないと認められる場合などは、第三者から事実関係等を聴取することも必要である。

この場合、相談者から事実関係等を聴取する際の留意事項を参考にし、適切に対応する。

5　相談者に対する説明

苦情相談に関し、具体的にとられた対応については、相談者に誠実に説明する。

第2部　参考資料及び文献リスト

第3　問題処理のための具体的な対応例

相談員が、苦情相談に対応するに当たっては、セクシュアル・ハラスメントに関して相当程度の知識を持ち、個々の事例に即して柔軟に対応することが基本となることは言うまでもないが、具体的には、事例に応じて次のような対処が方策として考えられる。

1　セクシュアル・ハラスメントを受けたとする職員からの苦情相談

(1) 職員の監督者等に対し、加害者とされる職員に指導するよう要請する。

> 例えば、職場内で行われるセクシュアル・ハラスメントのうち、その対応に時間的な余裕があると判断されるものについては、職場の監督者等に状況を観察するよう要請し、加害者とされる職員の言動のうち問題があると認められるものを適宜注意させる。

(2) 加害者に対して直接注意する。

> 例えば、性的なからかいの対象にするなどの行為を頻繁に行うことが問題とされている場合において、加害者とされる者は親しみの表現として発言等を行っており、それがセクシュアル・ハラスメントであるとの意識がない場合には、相談員が加害者とされる者に対し、その行動がセクシュアル・ハラスメントに該当することを直接注意する。

(3) 被害者に対して指導、助言をする。

> 例えば、職場の同僚から好意を抱かれ食事やデートにしつこく誘われるが、相談者がそれを苦痛に感じている場合については、相談者自身が相手の職員に対して明確に意思表示するよう助言する。

(4) 当事者間のあっせんを行う。

> 例えば、被害者がセクシュアル・ハラスメントを行った加害者に

資料2　文部省通達

　　謝罪を求めている場合において、加害者も自らの言動について反省
　　しているときには、被害者の要求を加害者に伝え、加害者に対し謝
　　罪を促すようあっせんする。

(5) 人事上必要な措置を講じるため、人事当局等との連携をとる。

　　例1：例えば、セクシュアル・ハラスメントの内容がかなり深刻な
　　　　場合で被害者と加害者とを同じ職場で勤務させることが適当で
　　　　ないと判断される場合などには、人事当局との十分な連携の元
　　　　に当事者の人事異動等の措置をとることも必要となる。

2　セクシュアル・ハラスメントとの指摘を受けたが納得がいかない旨の相談

　　例えば、昼休みに自席で週刊誌のグラビアのヌード写真を周辺の
　　目に触れるように眺めていたところ、隣に座っている同僚の女性職
　　員から、他の職員の目に触れるのはセクシュアル・ハラスメントで
　　あるとの指摘を受けたが、納得がいかない旨の相談があった場合に
　　は、相談者に対し、周囲の職員が不快に感じる以上はセクシュアル・
　　ハラスメントに当たる旨注意喚起をする。

3　第三者からの苦情相談

　　例1：例えば、同僚の女性職員がその上司から性的なからかいを日
　　　　常的に繰り返し受けているのを見て不快に思う職員から相談が
　　　　あった場合には、同僚の女性職員及びその上司から事情を聞き、
　　　　その事実がセクシュアル・ハラスメントであると認められる場
　　　　合には、その上司に対して監督者を通じ、又は相談員が直接に
　　　　注意を促す。
　　例2：例えば、非常勤職員に執拗につきまとったり、その身体に不
　　　　必要に触る職員がいるが、非常勤職員である本人は、立場が弱

> いため苦情を申し出ることをしないような場合について第三者
> から相談があったときには、本人から事情を聴き、事実が認め
> られる場合には、本人の意向を踏まえた上で、監督者を通じ、
> 又は相談員が直接に加害者とされる職員から事情を聴き、注意
> する。

第4　学生等又は学生等の保護者に係る苦情相談について

学生等又は学生等の保護者に係る苦情相談への対応については、上記事項に留意するとともに、当該学生等の心身の発達段階等を十分に考慮する必要がある。

文高大第211号
平成11年3月30日

各公私立大学長
放送大学長　殿
各公私立高等専門学校長

文部省高等教育局長

佐々木　正　峰

文部省におけるセクシュアル・ハラスメント
の防止等に関する規程の制定について（通知）

このたび、文部省において、「文部省におけるセクシュアル・ハラスメントの防止等に関する規程」を定め、平成11年4月1日より実施することとし、このことについて、別添のとおり各国立学校長等に通知しましたのでお知らせします。

ついては、貴学（校）におかれても、別添の通知等の趣旨を踏まえ、啓発活動の実施や相談体制の整備等セクシュアル・ハラスメントの防止等に積極的に取り組んでいただくようお願いします。

○文部省訓令第4号

文部省におけるセクシュアル・ハラスメントの防止等に関し、次のように定める。

資料2　文部省通達

平成11年3月30日

文部大臣　　有　馬　朗　人

文部省におけるセクシュアル・ハラスメントの防止等に関する規程

（目的）

第1条　この規程は、セクシュアル・ハラスメントの防止及び排除のための措置並びにセクシュアル・ハラスメントに起因する問題が生じた場合に適切に対応するための措置（以下「セクシュアル・ハラスメントの防止等」という。）に関し、必要な事項を定めることにより、文部省における人事行政の公正の確保、職員の利益の保護及び職員の職務能率の発揮を図ることを目的とする。

（定義）

第2条　この規程において、次の各号に掲げる用語の意義は、当該各号に定めるところによる。

一　セクシュアル・ハラスメント　職員が他の職員、学生等及び関係者を不快にさせる性的な言動並びに学生等及び関係者が職員を不快にさせる性的な言動

二　セクシュアル・ハラスメントに起因する問題　セクシュアル・ハラスメントのため職員の就労上又は学生等の修学上の環境が害されること及びセクシュアル・ハラスメントへの対応に起因して職員が就労上の又は学生等が修学上の不利益を受けること

（職員の責務）

第3条　職員は、この規程及び文部省大臣官房人事課長が定める指針に従い、セクシュアル・ハラスメントをしないように注意しなければならない。

（監督者の責務）

第4条　職員を監督する地位にある者（以下「監督者」という。）は、次の各号に掲げる事項に注意してセクシュアル・ハラスメントの防止及び排除に努めるとともに、セクシュアル・ハラスメントに起因する問題が生じた場合には迅速かつ適切に対処しなければならない。

一　日常の執務を通じた指導等により、セクシュアル・ハラスメントに関し、職員の注意を喚起し、セクシュアル・ハラスメントに関する認

第2部 参考資料及び文献リスト

　　識を深めさせること
　二　職員の言動に十分な注意を払うことにより、セクシュアル・ハラスメント又はセクシュアル・ハラスメントに起因する問題が職場に生じることがないよう配慮すること
　（国立学校等の長の責務）
第5条　国立学校等の長は、当該国立学校等の職員に対し、この規程の周知徹底を図らなければならない。
2　国立学校等の長は、セクシュアル・ハラスメントの防止等のため、当該国立学校等の職員に対し、パンフレットの配布、ポスターの掲示、意識調査等により啓発活動を行うよう努めるものとする。
3　国立学校等の長は、セクシュアル・ハラスメントの防止等を図るため、当該国立学校等に所属する職員に対し、必要な研修を実施するものとする。
4　国立学校等の長は、新たに職員となった者に対してセクシュアル・ハラスメントに関する基本的な事項について理解させるため、及び新たに監督者となった職員に対してセクシュアル・ハラスメントの防止等に関しその求められる役割について理解させるため、研修を実施しなければならない。

　（苦情相談への対応）
第6条　セクシュアル・ハラスメントに関する苦情の申出及び相談（以下「苦情相談」という。）が職員からなされた場合に対応するため、文部省内部部局及び各国立学校等に苦情相談を受ける職員又は苦情相談に対応する委員会等（以下「相談員等」という。）を設ける等必要な措置を講じるものとする。
2　文部本省内部部局に総括相談員及び相談員を置く。
　一　総括相談員は、文部省大臣官房人事課長をもって充てる。
　二　相談員は、文部省大臣官房人事課長の指名する者をもって充てる。
　三　相談員は、文部本省内部部局職員からの苦情相談に対応するとともに、各国立学校等における相談員等と密接な連携を図り、必要に応じて助言等を行う。
　四　前三号の他、文部省内部部局における苦情相談に関して必要な事

資料2　文部省通達

　　項は、文部省大臣官房人事課長が別に定める。
3　各国立学校等においては、それぞれの長の定めるところにより相談員等を置き、相談を受ける日時及び場所を職員に対して明示しなければならない。
　（相談員等の責務）
第7条　相談員等は、苦情相談に係る問題の事実関係の確認及び当該苦情相談に係る当事者に対する指導・助言等により、当該問題を適切かつ迅速に解決するよう努めなければならない。この場合において、相談員等は、文部省大臣官房人事課長が苦情相談への対応について定める指針に十分留意しなければならない。
2　相談員等は、苦情相談への対応に当たっては、関係者のプライバシーや名誉その他の人権を尊重するとともに、知り得た秘密を他に漏らしてはならない。
　（人事院への苦情相談）
第8条　職員は、相談員等に対して苦情相談を行うほか、人事院に対して苦情相談を行うことができる。
　（不利益取扱いの禁止）
第9条　国立学校等の長、監督者その他の職員は、セクシュアル・ハラスメントに対する苦情の申出、当該苦情に係る調査への協力その他セクシュアル・ハラスメントに関して正当な対応をした職員又は学生等に対し、そのことをもって不利益な取扱いをしてはならない。
　　附　則
この訓令は、平成十一年四月一日から実施する。

文部省におけるセクシュアル・ハラスメントの防止等に関する規程及び同運用通知対照表

規　　　程	運　用　通　知
文部省におけるセクシュアル・ハラスメントの防止等に関し、次のように定める。	文部省において、別添のとおり「文部省におけるセクシュアル・ハラスメントの防止等について」が定められ、平成11年4月1日より実施されること

第2部 参考資料及び文献リスト

になりました。ついては、各機関におかれても、下記事項に留意の上、遺漏のないようお取り扱いいただき、セクシュアル・ハラスメントの防止等に積極的に取り組んでいただくようお願いします。

（目的）
第1条 この規程は、セクシュアル・ハラスメントの防止及び排除のための措置並びにセクシュアル・ハラスメントに起因する問題が生じた場合に適切に対応するための措置（以下「セクシュアル・ハラスメントの防止等」という。）に関し、必要な事項を定めることにより、文部省における人事行政の公正の確保、職員の利益の保護及び職員の職務能率の発揮を図ることを目的とする。

（定義）
第2条 この規程において、次の各号に掲げる用語の意義は、当該各号に定めるところによる。
 一 セクシュアル・ハラスメント 職員が他の職員、学生等及び関係者を不快にさせる性的な言動並びに学生等及び関係者が職員を不快にさせる性的な言動
 二 セクシュアル・ハラスメントに起因する問題 セクシュアル・ハラスメントのため職員の就労上又は学生等の修学上の環境が害されること及びセクシュアル・ハラスメントへの対応に起因して職員が就労上の又は学生等が修学上の不利益を受けること

第2条関係
 1 「職員」とは、教員、事務職員、技術職員、非常勤職員、委託契約職員等をいう。
 2 「学生等」とは、児童、生徒、学生、聴講生、研究生等、国立学校等において修学する者をいう。
 3 「関係者」とは、学生等の保護者、関係業者等の職務上の関係を有する者（職員及び学生等を除く。）をいう。
 4 「性的な言動」とは、性的な関心や欲求に基づく言動をいい、性別により役割を分担すべきとする意識に基づく言動も含み、職場の内外を問わない。
 5 「セクシュアル・ハラスメントのための職員の就労上の又は学生等の修学上の環境が害されるこ

資料2　文部省通達

	と」とは、セクシュアル・ハラスメントを受けることにより、職務に専念することができなくなる程度に就労上の環境が不快なものになること又は学業に専念することができなくなる程度に修学上の環境が不快なものになることをいう。
	6 「セクシュアル・ハラスメントへの対応」とは、就労上又は修学上の地位を利用した交際又は性的な関係の強要等に対する拒否、抗議、苦情の申出等の行為をいう。
	7 「不利益」には次のようなものを含む。
	一 昇任、配置換等の任用上の取扱いや昇格、昇給、勤勉手当等の給与上の取扱い等に関する不利益
	二 進学、進級、成績評価及び教育研究上の指導を受ける際の取扱いにおける不利益
	三 誹謗中傷を受けることその他事実上の不利益
（職員の責務） 第3条　職員は、この規程及び文部省大臣官房人事課長が定める指針に従い、セクシュアル・ハラスメントをしないように注意しなければならない。	第3条関係 　第3条の指針は、別紙1のとおりとする。
（監督者の責務） 第4条　職員を監督する地位にある者（以下「監督者」という。）は、次の各号に掲げる事項に注意してセクシュアル・ハラスメントの防止及び排除に努めるとともに、セクシュアル・ハラスメントに起因する問題が生じた場合には迅速かつ適切に対処	第4条関係 　「職員を監督する地位にある者」には、他の職員を事実上監督していると認められる地位にある者を含む。 　（例：係長、教頭、看護婦長又はこれらと相当の職以上の職にある者。）

しなければならない。
一　日常の執務を通じた指導等により、セクシュアル・ハラスメントに関し、職員の注意を喚起し、セクシュアル・ハラスメントに関する認識を深めさせること
二　職員の言動に十分な注意を払うことにより、セクシュアル・ハラスメント又はセクシュアル・ハラスメントに起因する問題が職場に生じることがないよう配慮すること
（国立学校等の長の責務）
第5条　国立学校等の長は、当該国立学校等の職員に対し、この規程の周知徹底を図らなければならない。
2　国立学校等の長は、セクシュアル・ハラスメントの防止等のため、当該国立学校等の職員に対し、パンフレットの配布、ポスターの掲示、意識調査等により啓発活動を行うよう努めるものとする。
3　国立学校等の長は、セクシュアル・ハラスメントの防止等に図るため、当該国立学校等に所属する職員に対し、必要な研修を実施するものとする。
4　国立学校等の長は、新たに職員となった者に対してセクシュアル・ハラスメントに関する基本的な事項について理解させるため、及び新たに監督者となった職員に対してセクシュアル・ハラスメントの防止等に関しその求められる役割について理解させるため、研修を実施しなければならない。
（苦情相談への対応）
第6条　セクシュアル・ハラスメント

第5条関係
　「国立学校等」には、大学共同利用機関、大学入試センター、学位授与機構、国立学校財務センター、文部省施設等機関、日本学士院を含む。
　なお、第5条に関連して、国立学校等の長は、セクシュアル・ハラスメントの防止等のため、当該国立学校等の学生等に対しても、必要に応じ、啓発活動を実施するなど、学生等の心身の発達段階等を考慮し、適切な配慮をするものとする。

第6条関係
1　「苦情相談」には、セクシュア

資料2　文部省通達

に関する苦情の申出及び相談（以下「苦情相談」という。）が職員からなされた場合に対応するため、文部本省内部部局及び各国立学校等に苦情相談を受ける職員又は苦情相談に対応する委員会等（以下「相談員等」という。）を設ける等必要な措置を講じるものとする。
2　文部本省内部部局に総括相談員及び相談員を置く。
　一　総括相談員は、文部省大臣官房人事課長をもって充てる。
　二　相談員は、文部省大臣官房人事課長の指名する者をもって充てる。
　三　相談員は、文部本省内部部局職員からの苦情相談に対応するとともに、各国立学校等における相談員等と密接な連携を図り、必要に応じて助言等を行う。
　四　前三号の他、文部本省内部部局における苦情相談に関して必要な事項は、文部省大臣官房人事課長が別に定める。
3　各国立学校等においては、それぞれの長の定めるところにより相談員等を置き、相談を受ける日時及び場所を職員に対して明示しなければならない。

（相談員等の責務）
第7条　相談員等は、苦情相談に係る問題の事実関係の確認及び当該苦情相談に係る当事者に対する指導・助言等により、当該問題を適切かつ迅速に解決するよう努めなければならない。この場合において、相談員等

ル・ハラスメントによる被害を受けた本人からのものに限らず、次のようなものも含まれる。
　一　他の者がセクシュアル・ハラスメントをされているのを見て不快に感じる職員からの苦情の申出
　二　他の者からセクシュアル・ハラスメントをしている旨の指摘を受けた職員からの相談
　三　部下等からセクシュアル・ハラスメントに関する相談を受けた監督者からの相談
2　苦情相談には複数の職員で対応するとともに、苦情相談を行う者と同性の相談を受ける職員が同席できるような体制を整備するものとする。
3　相談員等の中には、部局長あるいは人事担当課長相当職以上の職員を含む。
　なお、第6条に関連して、学生等又は学生等の保護者から、職員のセクシュアル・ハラスメントについて苦情相談がなされた場合においても、適切に対応することができるよう、苦情相談に当たって、学生等の心身の発達段階等を考慮し、必要に応じ、その体制を整備するなど、適切な配慮をするものとする。
第7条関係
1　第7条第1項の指針は、別紙2のとおりとする。

第2部　参考資料及び文献リスト

は、文部省大臣官房人事課長が苦情相談への対応について定める指針に十分留意しなければならない。
2　相談員等は、苦情相談への対応に当たっては、関係者のプライバシーや名誉その他の人権を尊重するとともに、知り得た秘密を他に漏らしてはならない。
（人事院への苦情相談）
第8条　職員は、相談員等に対して苦情相談を行うほか、人事院に対して苦情相談を行うことができる。
（不利益取扱いの禁止）
第9条　国立学校等の長、監督者その他の職員は、セクシュアル・ハラスメントに対する苦情の申出、当該苦情に係る調査への協力その他セクシュアル・ハラスメントに関して正当な対応をした職員又は学生等に対し、そのことをもって不利益な取扱いをしてはならない。
　　　附則
この訓令は、平成11年4月1日から実施する。

資料3　大学、短期大学、高等専門学校におけるセクシュアル・ハラスメント防止のための取り組みについて

資料3　大学、短期大学、高等専門学校におけるセクシュアル・ハラスメント防止のための取り組みについて

文部省の調査によるもの

(1) 大学におけるセクシュアル・ハラスメント防止のための取り組み状況

この調査結果は平成9年度に587校の大学(国立98、公立57、私立432校)に対して調査を実施したものをとりまとめたものである。(なお、設問によっては無回答の大学があるため、学校数の合計は必ずしも一致しない)

本調査におけるセクシュアル・ハラスメントとは、「教員と学生の間において、教員が学生の意に反した、性的な性質の言動を行い、それに対する対応によって、当該学生が学業を遂行する上で一定の不利益を与えたり、又はそれを繰り返すことによって就学環境を著しく悪化させること」を指すこととしている。

項　　目	国立	公立	私立	計	(割合)
1　回答数					
1　国立	98			98	16.7
2　公立		57		57	9.7
3　私立			432	432	73.6
計	98	57	432	587	100.0
2　全学的な調査・対策機関の設置 (平成9年10月1日現在)					
設置状況					
1　設置している (今年度又は来年度設置予定を含む)	13	3	23	39	6.6
2　設置していない	85	54	409	548	93.4
計	98	57	432	587	100.0
構成員 (複数回答／設置予定を含む)					
1　教員	10	2	19	31	
2　事務職員	5	1	15	21	
3　医師・看護婦	4	0	3	7	
4　その他	5	1	6	12	
設置時期 (設置予定を含む)					

第2部　参考資料及び文献リスト

1　平成10年度	4	2	14	20	
2　平成9年度	3	1	2	6	
3　平成8年度	0	0	1	1	
4　平成7年度以前	6	0	6	12	
根拠規程の有無					
有	6	0	7	13	
3　部局ごとの調査対策機関の設置（平成9年10月1日現在）					
構成員（複数回答／設置予定を含む）					
1　教員	7	1	2	10	
2　事務職員	2	0	1	3	
3　医師・看護婦	1	0	0	1	
4　その他	0	0	1	1	
設置時期（設置予定を含む）					
1　平成10年度	1	0	0	1	
2　平成9年度	4	1	1	6	
3　平成8年度	1	0	0	1	
4　平成7年度以前	1	0	1	2	
根拠規程の有無					
有	1	1	0	2	
4　全学的なアンケート調査の実施					
実施状況（平成9年10月1日現在）					
1　実施している（今年度又は来年度の実施予定を含む）	6	0	8	14	2.4
2　実施していない	92	57	424	573	97.6
計	98	57	432	587	100.0
調査時期（複数回答／設置予定を含む）					
1　平成10年度	2	0	4	6	
2　平成9年度	3	0	3	6	
3　平成8年度	2	0	0	2	
4　平成7年度以前	0	0	1	1	
5　部局等ごとのアンケート調査の実施					
調査時期（実施予定を含む）					
1　平成10年度	0	0	0	0	
2　平成9年度	0	0	1	1	
3　平成8年度	0	0	0	0	

資料3 大学、短期大学、高等専門学校におけるセクシュアル・ハラスメント防止のための取り組みについて

4　平成7年度以前	0	0	0	0	
6　全学的な防止のための対策 　対策の実施の有無					
1　実施している（今年度又は来年度設置予定を含む）	16	4	28	48	8.2
2　設置していない	82	53	404	539	91.8
計	98	57	432	587	100.0
措置の内容（複数回答／実施予定を含む）					
1　指針（ガイドライン）、倫理規程等の作成	7	2	15	24	
2　研修の実施	5	1	6	12	
3　その他	6	1	11	18	
7　部局等ごとの防止のための対策 　措置の内容（複数回答）					
1　指針（ガイドライン）、倫理規程等の作成	3	0	0	3	
2　研修の実施	1	0	2	3	
3　その他	6	0	0	6	
8　防止に向けた全学的な広報活動 　広報活動の実施					
1　実施している（今年度又は来年度設置予定を含む）	13	3	22	38	6.5
2　設置していない	85	54	410	549	93.5
計	98	57	432	587	100.0
広報活動の内容（複数回答／実施予定を含む）					
1　広報冊子、リーフレット等の作成	8	2	16	26	
2　その他	7	3	9	19	
9　防止に向けた部局等ごとの広報活動 　広報活動の内容（複数回答／実施予定を含む）					
1　広報冊子、リーフレット等の作成	0	0	0	0	
2　その他	3	0	2	5	
10　防止のためのその他の措置 　　有	9	1	8	18	
11　相談窓口の設置 　設置状況					

第2部 参考資料及び文献リスト

1　設置している（今年度又は来年度の設置予定を含む、専用以外に、学生部の窓口(総合)も含む）	26	7	77	110	18.7
2　設置していない	72	50	355	477	81.3
計	98	57	432	587	100.0
相談窓口の設置場所（複数回答／設置予定を含む）					
1　学部内	9	1	10	20	
2　保健センター内	10	0	10	21	
3　学生課内	7	2	10	30	39
4　その他	8	5	41	54	
設置時期（複数回答／設置予定を含む）					
1　平成10年度	10	3	14	27	
2　平成9年度	11	1	14	26	
3　平成8年度	1	0	0	1	
4　平成7年度以前	8	3	44	55	
相談対応者（複数回答／設置予定を含む）					
1　教員	17	3	46	66	
2　事務職員	5	0	31	36	
3　専門カウンセラー	8	4	40	52	
4　医師・看護婦	6	0	22	28	
5　その他	3	2	3	8	

※　4、5の「アンケート調査」には、セクシュアル・ハラスメントの定義をせずに行っているものや、教員と学生の間のセクシュアル・ハラスメントと学生間のセクシュアル・ハラスメントを区別せずに調査しているものなど、今回の調査の趣旨に当てはまらないものも含まれている。

(2) **短期大学における教員から学生に対するセクシュアル・ハラスメント防止のための取り組み状況**

この調査結果は平成9年度に583校の短期大学(国立26、公立60、私立497校)に対して調査を実施したものをとりまとめたものである。（なお、設問によっては無回答の短期大学があるため、学校数の合計は必ずしも一致しない。）

本調査におけるセクシュアル・ハラスメントとは、「教員と学生の間において、教員が学生の意に反した、性的な性質の言動を行い、それに対する

資料3　大学、短期大学、高等専門学校におけるセクシュアル・ハラスメント防止のための取り組みについて

対応によって、当該学生が学業を遂行する上で一定の不利益を与えたり、又はそれを繰り返すことによって就学環境を著しく悪化させること」を指すこととしている。

項　目	国立	公立	私立	計	(割合)
1　回答数					
1　国立	21			21	4.1
2　公立		46			8.9
3　私立			448	448	87.0
計	21	46	448	515	100.0
2　全学的な調査・対策機関の設置（平成9年10月1日現在）					
設置状況					
1　設置している（今年度又は来年度設置予定を含む）	4	2	35	41	8.0
2　設置していない	17	44	411	472	92.0
計	21	46	446	513	100.0
構成員（複数回答／設置予定を含む）					
1　教員	0	2	17	19	
2　事務職員	1	0	10	11	
3　医師・看護婦	0	0	4	4	
4　その他	1	0	2	3	
計	2	2	33	37	
設置時期					
1　平成10年度	1	0	13	14	
2　平成9年度	1	1	5	7	
3　平成8年度	0	0	2	2	
4　平成7年度	2	1	15	18	
根拠規程の有無					
有	0	0	4	4	
3　学科ごとの調査対策機関の設置（平成9年10月1日現在）					
設置状況					
設置又は設置予定	1	0	0	1	
構成員（複数回答）					

1 教員	1	0	0	1	
2 事務職員	0	0	0	0	
3 医師・看護婦	0	0	0	0	
4 その他	0	0	0	0	
計	1	0	0	1	
設置時期(設置予定を含む)					
1 平成10年度	0	0	0	0	
2 平成9年度	0	0	0	0	
3 平成8年度	0	0	0	0	
4 平成7年度以前	1	0	0	1	
根拠規程の有無					
有	0	0	0	0	
4 全学的なアンケート調査の実施					
実施状況(平成9年10月1日現在)					
1 実施している(今年度又は来年度実施予定を含む)	4	1	24	29	5.8
2 実施していない	17	44	413	474	94.2
計	21	45	437	503	100.0
調査時期(実施予定を含む)					
1 平成10年度	2	0	17	19	
2 平成9年度	2	1	3	6	
3 平成8年度	0	0	0	0	
4 平成7年度以前	0	0	4	4	
5 学科等ごとのアンケート調査の実施					
調査時期(実施予定を含む)					
1 平成10年度	2	0	17	19	
2 平成9年度	2	1	3	6	
3 平成8年度	0	0	0	0	
4 平成7年度	2	0	0	2	
6 全学的な防止のための対策					
対策の実施の有無					
1 実施している(今年度又は来年度実施予定を含む)	5	1	51	57	11.2
2 実施していない	16	46	392	454	88.8
計	21	47	443	511	100.0
措置の内容(複数回答/実施予定を含む)					

資料3　大学、短期大学、高等専門学校におけるセクシュアル・ハラスメント防止のための取り組みについて

1　指針(ガイドライン)、倫理規程等の作成	1	0	21	22	
2　研修の実施	0	0	15	15	
3　その他	5	1	16	22	
7　学科等ごとの防止のための対策					
措置の内容（複数回答）					
1　指針(ガイドライン)、倫理規程等の作成	0	0	1	1	
2　研修の実施	0	0	0	0	
3　その他	1	0	0	1	
8　防止に向けた全学的な広報活動					
広報活動の実施					
1　実施している（今年度又は来年度実施予定を含む）	5	2	41	48	9.5
2　実施していない	16	42	398	456	90.5
計	21	44	439	504	100.0
広報活動の内容（複数回答／実施予定を含む）					
1　広報冊子、リーフレット等の作成	1	0	10	11	
2　その他	4	2	31	37	
9　防止に向けた学科等ごとの広報活動					
（回答無し）					
10　防止のためのその他の措置					
有	0	1	20	21	
11　相談窓口の設置					
設置状況					
1　設置している（今年度又は来年度設置予定を含む）	8	4	85	97	18.9
2　設置していない	13	42	360	415	81.8
計	21	46	445	512	100.0
相談窓口の設置場所（複数回答／設置予定を含む）					
1　学科内	2	0	6	8	
2　保健センター（医務室等含む）内	2	1	21	24	
3　学生担当部課内	2	1	50	53	
4　その他	4	2	36	42	
設置時期（複数回答／設置予定を含む）					
1　平成10年度	0	0	37	37	

第2部 参考資料及び文献リスト

	国立	公立	私立	計
2 平成9年度	3	2	8	13
3 平成8年度	0	1	5	6
4 平成7年度以前	5	1	35	41
相談対応者(複数回答／設置予定を含む)				
1 教員	8	2	59	69
2 事務職員	2	1	37	40
3 専門カウンセラー	1	2	32	35
4 医師・看護婦	1	0	25	26
5 その他	0	1	2	3

※ 4、5の「アンケート調査の実施」には、各短期大学(学科)においてセクシュアル・ハラスメントの定義をせずに行っているものなど、今回の調査の趣旨に当てはまらないものも含まれている。

(3) 高等専門学校における教員から学生に対するセクシュアル・ハラスメント防止のための取り組み状況

この調査結果は平成9年度に62校の高等専門学校(国立54、公立5、私立3校)に対して調査を実施したものをとりまとめたものである。

本調査におけるセクシュアル・ハラスメントとは、「教員と学生の間において、教員が学生の意に反した、性的な性質の言動を行い、それに対する対応によって、当該学生が学業を遂行する上で一致の不利益を与えたり、又はそれを繰り返すことによって就学環境を著しく悪化させること」を指すこととしている。

項目	国立	公立	私立	計	(割合)
1 回答数					
1 国立	54	0	0	54	87.1
2 公立	0	5	0	5	8.1
3 私立	0	0	3	3	4.8
計	54	5	3	62	100.0
2 調査・対策機関の設置(平成9年度10月1日現在)					
設置状況					
1 設置している(今年度又は来年度設置予定を含む)	3	1	1	5	8.1

資料3　大学、短期大学、高等専門学校におけるセクシュアル・ハラスメント防止のための取り組みについて

2　設置していない	51	4	2	57	91.9
計	54	5	3	62	100.0
構成員					
1　教員	1	0	1	2	
2　事務職員	1	0	0	1	
3　医師・看護婦	0	0	0	0	
4　その他	1	0	0	1	
計	3	0	1	4	
設置時期					
1　平成10年度	0	0	0	0	
2　平成9年度	0	0	0	0	
3　平成8年度	0	0	0	0	
4　平成7年度以前	1	0	1	2	
根拠規程の有無					
有	0	0	0	0	
3　アンケート調査の実施					
実施状況（平成9年10月1日現在）					
1　実施している（今年度又は来年度実施予定を含む）	0	0	0	0	0.0
2　実施していない	54	5	3	62	100.0
計	54	5	3	62	100.0
4　防止のための対策					
対策の実施の有無					
1　実施している（今年度又は来年度実施予定を含む）	10	1	0	11	17.7
2　実施していない	44	4	3	51	82.3
計	54	5	3	62	100.0
措置の内容（複数回答／実施予定を含む）					
1　指針（ガイドライン）、倫理規程等の作成	1	0	0	1	
2　研修の実施	2	0	0	2	
3　その他	7	0	0	7	
5　防止に向けた広報活動					
広報活動の実施					
1　実施している（今年度又は来年度実施予定を含む）	4	0	0	4	6.5
2　実施していない	50	5	3	58	93.5

計	54	5	3	62	100.0
広報活動の内容(複数回答/実施予定を含む)					
1　広報冊子、リーフレット等の作成	0	0	0	0	
2　その他	4	0	0	4	
6　防止のためのその他の措置					
有	4	0	0	4	
7　相談窓口の設置					
設置状況					
1　設置している(今年度又は来年度実施予定を含む)	15	0	1	16	25.8
2　実施していない	39	5	2	46	74.2
計	54	5	3	62	100.0
相談の設置場所(複数回答/実施予定を含む)					
1　保健室等内	10	0	0	10	
2　学生課内	1	0	0	1	
3　その他	7	0	1	8	
設置時期					
1　平成10年度予定	6	0	0	6	
2　平成9年度	0	0	1	1	
3　平成8年度	1	0	0	1	
4　平成7年度以前	8	0	0	8	
相談対応者(複数回答/設置予定を含む)					
1　教員	25	0	0	25	
2　事務職員	3	0	0	3	
3　専門カウンセラー	10	0	0	10	
4　医師・看護婦	10	0	0	10	
5　その他	5	0	4	9	

資料4　各種官公庁資料

資料4　各種官公庁資料

職場におけるセクシュアルハラスメントの防止に向けて

　　　　　　1998年2月　労働省女性局監修より抜粋（p 1 〜p18）

I　職場におけるセクシュアルハラスメントの現状

「職場におけるセクシュアルハラスメントに関する調査」（1997年6〜7月実施）によると、職場におけるセクシュアルハラスメントの実態は次のようになっています。

女性労働者
(1) 職場でセクシュアルハラスメントと思われる行為が見られるか
　女性労働者の6割が、職場におけるセクシュアルハラスメントと思われる行為が「見られる」又は「たまに見られる」としています。

　　　図1　職場においてセクシュアル・ハラスメントが見られますか。

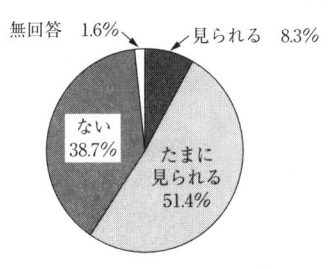

無回答　1.6%
見られる　8.3%
ない　38.7%
たまに見られる　51.4%

(2) 職場においてセクシュアルハラスメントと思われる行為を受けた相手方
　相手方については、いずれの行為についても上司が6〜7割を占め、最も多く、これに職場の同僚の1〜2割が続いています。

図2　行為を受けた相手方

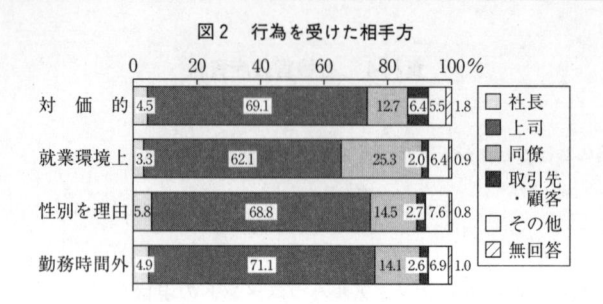

	社長	上司	同僚	取引先・顧客	その他	無回答
対価的	4.5	69.1	12.7	6.4	5.5	1.8
就業環境上	3.3	62.1	25.3	2.0	6.4	0.9
性別を理由	5.8	68.8	14.5	2.7	7.6	0.8
勤務時間外	4.9	71.1	14.1	2.6	6.9	1.0

企業

(1) セクシュアルハラスメントが起こる可能性

　自社においてセクシュアルハラスメントが起こりうると「思う」企業の割合は、37.3%、「思わない」30.8%、「わからない」31.7%となっています。

図3　自社においてセクシュアルハラスメントが起こりうると思いますか。

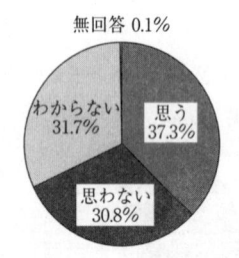

- 思う 37.3%
- 思わない 30.8%
- わからない 31.7%
- 無回答 0.1%

(2) 対応の必要性

　企業の9割は職場におけるセクシュアルハラスメントについて何らかの対応が必要と考えています。

資料4　各種官公庁資料

図4　セクシュアル・ハラスメント防止のため企業として何らかの対応又は措置を取るべきと思いますか。

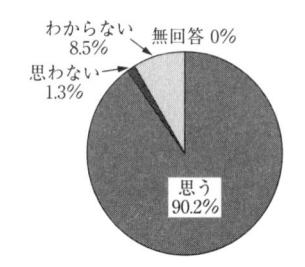

- 思う 90.2%
- 思わない 1.3%
- わからない 8.5%
- 無回答 0%

II　職場におけるセクシュアルハラスメントの起こる原因・背景

Iで紹介した調査から見ると、職場におけるセクシュアルハラスメントの起こる原因として、「一部にモラルの低い男性がいる」という理由のほか、「男性は性的な言動を女性が不快に思うことをわかっていない」、「男性が女性を職場で対等なパートナーとみていない」を上位3位までに挙げており、次いで「男性が固定的な男女の役割分担意識にとらわれすぎている」、「社風として企業を支える人材として女性を位置づけていない」の順となっています。

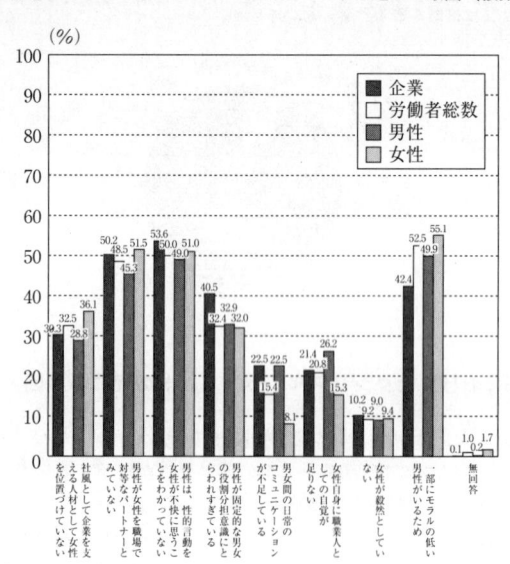

図5 職場におけるセクシュアル・ハラスメントが起こる原因（複数回答）

凡例：■企業 □労働者総数 ■男性 ■女性

- 社風として業を支える人材として女性を位置づけていない: 39.3 / 32.5 / 28.8 / 36.1
- 男性が女性を職場で対等なパートナーとみていない: 50.2 / 48.3 / 51.5 / 45.3
- 男性が不快に思うことをわかっていない: 53.6 / 50.0 / 49.0 / 51.0
- 男性が固定的な男女の役割分担意識にとらわれすぎている: 40.5 / 32.9 / 32.4 / 32.0
- 男女間の日常のコミュニケーションが不足している: 22.5 / 22.5 / 15.4 / 8.1
- 女性自身が職業人としての自覚が足りない: 21.4 / 20.8 / 26.2 / 15.3
- 女性が毅然としていない: 10.2 / 9.0 / 9.2 / 9.4
- 一部にモラルの低い男性がいるため: 42.4 / 52.5 / 49.9 / 55.1
- 無回答: 0.1 / 1.0 / 0.2 / 1.7

この調査結果などを踏まえ、「職場におけるセクシュアルハラスメントに関する調査研究会報告」（1997年12月）では、職場におけるセクシュアルハラスメントの起こる原因・背景について次のように分析しています。

(1) 企業の雇用管理の在り方

企業自身が雇用管理の面で男性中心の発想から抜け出せず、女性労働者の活用や能力発揮を考えていない場合が見られます。

このような企業の女性労働者に対する対応が、男性労働者の意識や認識、ひいては行動に影響を与えるとともに、両者があいまってセクシュアルハラスメントの起こりやすい職場環境が作られていきます。

(2) 女性労働者に対する意識

職場におけるセクシュアルハラスメントは、様々な言動の態様がありますが、共通する特徴として、意識面において女性労働者を対等なパートナーとして見ていないことに加え、性的な関心や欲求の対象として見

資料4　各種官公庁資料

ていることがあげられます。
　なお、女性労働者を職場における対等なパートナーとして見ない性別役割分担意識の内容は、分担意識の強い段階から無意識の段階まで、いくつかに分けて考えることができます。
　この点を図示すると、次図のようになります。

女性を職場において対等なパートナーとして見ない

密接な結びつき

- 女性を職場において対等なパートナーとして見ない
  - 自分の領域を女性に侵害されたくない
  - 女性を職場から排除する意識
  - 対等な労働力として明確に否定
  - 女に仕事は無理、女性は職場の花、潤滑油として見る意識
  - 女性労働者を軽くみる
  - これくらい許されるだろうという意識
  - 無意識の性別役割分担意識
- 女性を職場において性的な関心や欲求の対象として見ている

セクシュアルハラスメントを引き起こす意識

III　男女雇用機会均等法第21条の解説

（職場における性的な言動に起因する問題に関する雇用管理上の配慮）
第21条　事業主は、職場において行われる性的な言動に対するその雇用する女性労働者の対応により当該女性労働者がその労働条件につき不利益を受け、又は当該性的な言動により当該女性労働者の就業環境が害されることのないよう雇用管理上必要な配慮をしなければならない。
2　労働大臣は、前項の規定に基づき事業主が配慮すべき事項についての指針を定めるものとする。

　職場におけるセクシュアルハラスメントは、対象となった女性労働者の個人としての尊厳を不当に傷つけ、能力発揮を妨げるとともに、企業にとっても職場秩序や業務の遂行を阻害し、社会的評価に影響を与える問題で

第2部 参考資料及び文献リスト

あり、社会的に許されない行為であることは当然です。
　特に、職場におけるセクシュアルハラスメントは、いったん起きてしまうと、被害者のみならず行為者も職場に居られなくなり、退職に至るケースも少なくありません。また、被害者にとって、事後に裁判に訴えることは、事柄の性質上、躊躇せざるをえない面があります。
　こうした事情を考えると、職場におけるセクシュアルハラスメントについては、防止対策こそ最も重要な対策と言えるでしょう。
　○このため、男女雇用機会均等法第21条においては、職場において行われる性的な言動に対する女性労働者の対応により女性労働者がその労働条件につき不利益を受けること（対価型セクシュアルハラスメント）と、性的な言動により女性労働者の就業環境が害されること（環境型セクシュアルハラスメント）をとらえ、事業主に対し、防止のために雇用管理上必要な配慮をしなければならないとしています。
　○事業主が配慮すべき事項についての指針は、労働大臣が定めますが、その内容は、Ⅳのとおりです。
　○都道府県女性少年室長は、指針に照らし必要があれば、職場におけるセクシュアルハラスメントに関し、事業主に対して、報告を求め、又は助言、指導若しくは勧告をすることができます。

Ⅳ 職場におけるセクシュアルハラスメント防止のために配慮すべき事項について（指針）

1 職場におけるセクシュアルハラスメントの内容

「職場」とは

事業主が雇用する労働者が業務を遂行する場所です。
　労働者が通常就業している場所以外であっても、労働者が業務を遂行する場所であれば職場になります。
　また、アフターファイブの宴会であっても、実質的に職場の延長線上のものであれば、職場に該当すると考えられます。

「性的な言動」とは

性的な内容の発言や行動を意味します。

資料4　各種官公庁資料

　なお、女性労働者のみに「お茶くみ」や「電話番」等を行わせること自体は、性的な内容の言動には当たらないとしても、前述した「対等なパートナーとして見ない」意識の問題として、必要に応じ啓発や研修において取り上げていくことが適当でしょう。

「対価型セクシュアルハラスメント」

　職場において行われるものです。

　女性労働者の意に反する性的な言動に対する女性労働者の対応によって、その女性労働者が解雇、降格、減給などの不利益を受けることです。

「環境型セクシュアルハラスメント」

　職場において行われるものです。

　女性労働者の意に反する性的な言動により、女性労働者の就業環境が不快なものとなったため、能力の発揮に重大な悪影響が生じるなど、その女性労働者が就業する上で見過ごせない程度の支障が生じることです。

注意　相談・苦情の対象は幅広く！

　セクシュアルハラスメントの形態はきわめて多様であり、判断が微妙な場合や、セクシュアルハラスメントに至らなくとも、放っておけばセクシュアルハラスメントになるような事例もあります。これらの事例については、セクシュアルハラスメントを未然に防止する観点から、幅広く相談・苦情の対象とする等の対応が必要です。

2　職場におけるセクシュアルハラスメント防止対策について

　指針においては、職場におけるセクシュアルハラスメント防止のために事業主が配慮すべき事項を定めています。

　事業主は、下記の3項目いずれにも配慮しなければなりません。配慮の方法は、それぞれの項目ごとに「配慮していると認められる例」として次頁以下に挙げているものを参考に、企業・事業所の規模や職場の状況に応じて、各事業主が最も適切と考える措置を実施してください。

雇用管理上配慮すべき事項
一　事業主の方針の明確化及びその周知・啓発
　　職場におけるセクシュアルハラスメントを防止するためには、まず、事業主自身が、職場におけるセクシュアルハラスメントを許さないこ

> とを雇用管理の方針として、明確にし、これを周知・啓発することによって、職場環境や慣習を変えることが重要です。
>
> 二　相談・苦情への対応
>
> 　職場におけるセクシュアルハラスメントは、それが発生した場合のみならず、未然の防止対策が重要です。そのためには相談・苦情窓口を明確にし、労働者が気軽に苦情の申し出や相談ができる体制を整えるとともに、相談・苦情に適切かつ柔軟に対応することが必要です。
>
> 三　職場におけるセクシュアルハラスメントが生じた場合における事後の迅速かつ適切な対応
>
> 　職場におけるセクシュアルハラスメントが発生した際、これを放置したり、対応を誤ると職場環境に悪影響を与え、さらなるセクシュアルハラスメントを誘発しかねません。
>
> 　職場におけるセクシュアルハラスメントの再発防止のためにも、その事実関係を迅速かつ正確に確認するとともに、事案に応じて適正に対処することが必要です。

(1)　事業主の方針の明確化及び周知・啓発

> 事業主は、職場におけるセクシュアルハラスメントに関する方針を明確化し、労働者に対してその方針の周知・啓発をすることについて配慮をしなければなりません。

> なお、周知・啓発を行うに当たっては、Ⅱで述べた職場におけるセクシュアルハラスメントの起こる原因や背景についても理解を深めるように行うことが重要です。
>
> （配慮をしていると認められる例）
>
> ○社内報、パンフレット、ポスター等広報・啓発資料等にセクシュアルハラスメントに関する方針等を記載し、配布する。
>
> ○従業員心得や必携、マニュアルなど服務上の規律を定めた文書にセクシュアルハラスメントに関する事項を記載し、配布又は掲示する。
>
> ○就業規則等に職場におけるセクシュアルハラスメントに関する方針等

資料4　各種官公庁資料

を記載する。
○労働者に対して職場におけるセクシュアルハラスメントに関する意識を啓発するための研修、講習等を実施する。

　方針の策定、周知・啓発を行う際には、次のことに留意することが望まれます。

ポイント
・意識調査やディスカッションなど、職場の実態を把握してそれに基づき実施することが有効です。
・防止に当たっては、管理職の役割が特に重要であり、管理職が正しい認識に基づき、必要な配慮を行えるよう管理職向けの講習を工夫することが望まれます。

　実施方法としては、初任管理職、中堅管理職研修など、職階級の一般研修に組み込んで実施することが有効でしょう。
・研修の内容として、職場におけるセクシュアルハラスメントとは何か、何故問題なのか、その起こる原因・背景、対策についての認識を持つことが重要であり、調査結果や、過去の事例等を活用すると効果的です。

(2) 相談・苦情への対応
① 事業主は、相談・苦情への対応のための窓口を明確にすることについて配慮をしなければなりません。
② 事業主は、相談・苦情に対し、その内容や状況に応じ適切かつ柔軟に対応することについて配慮をしなければなりません。

　職場におけるセクシュアルハラスメントが実際に生じている場合だけでなく、その発生のおそれのある場合や、職場におけるセクシュアルハラスメントに該当するか否か微妙な事例であっても、相談・苦情に対応することが必要です。
(①について配慮をしていると認められる例)
○相談・苦情に対応する担当者をあらかじめ定めておく。
○苦情処理制度を設ける。

第2部　参考資料及び文献リスト

ポイント

　　相談・苦情処理窓口のあり方として、実質的な相談・苦情ができるものであることが必要です。そのためには次のような工夫をすることが考えられます。
・相談を持ちかけられやすくするために、担当者に女性を含めること。
・相談の窓口を人事担当部局と併せて組合にも設置するなど、複数にする等の工夫がなされていること。
・相談の結果、必要に応じて人事担当者及び被害者の上司と連絡を取る等、相談内容・状況に即した適切な対応がとれるようフォローの体制が考えられていること。
・相談担当者に対する研修がなされていること（対応の仕方、カウンセリング等）。
・相談対象者を被害者に限定せず、同僚等も対象に含め、広く情報が得られやすい形となっていること。

（②について配慮をしていると認められる例）
　〇相談・苦情を受けた場合、人事部門との連携等により円滑な対応を図る。
　〇相談・苦情への対応のためのマニュアルをあらかじめ作成し、これに基づき対応する。

ポイント

　相談・苦情に対応する際、次のようなことが望まれます。
・公正な立場に立って真しに対応すること。
・行為者とされた者についても慎重かつ適切なアプローチがなされること。
・被害者が悩み、苦痛に感じていることが確認される場合には、たとえ、性的言動が軽度なものであっても、行為者に状況を伝えて注意する等、きちんとした対応を図ること。

(3) **職場におけるセクシュアルハラスメントが生じた場合における事後の迅速かつ適切な対応**
　① 事業主は、職場におけるセクシュアルハラスメントが生じた場合

資料4　各種官公庁資料

> において、その事案に係る事実関係を迅速かつ正確に確認することについて配慮をしなければなりません。
> ② 事業主は、その事案に適正に対処することについて配慮をしなければなりません。

（①について配慮をしていると認められる例）
○相談・苦情に対応する担当者が事実関係の確認を行う。
○人事部門が直接事実関係の確認を行う。
○相談・苦情に対応する担当者と連携を図りつつ、専門の委員会が事実関係の確認を行う。

ポイント
事実関係確認のポイントとして次のようなことが挙げられます。
・事実確認は、被害の継続・拡大を防ぐため、苦情の連絡があったら、迅速に開始すること。
・事実確認に当たる者は、当事者に対して、その趣旨、目的を説明するとともに、プライバシーを尊重すること。
・当事者の言い分、希望を十分に聴くこと。
・一方のみの言い分を聴くのではなく公平に双方の主張を聴くこと。併せて、必要に応じ周辺情報も得ることが適当であること。

なお、事案の性質や軽重に応じて、必要な場合は、事実確認が完了していなくても、被害の拡大を防ぐため、被害者の立場を考慮して適切な応急処置をとることが必要です。

（②について配慮をしていると認められる例）
　○事案の内容や状況に応じ、配置転換等の雇用管理上の措置を講ずる。
　○就業規則に基づく措置を講ずる。

ポイント
セクシュアルハラスメントの事実が一応確認されても、往々にして、問題を軽く考え、あるいは企業の体裁を考えて、秘密裏に処理しようとしたり、個人間の問題として当事者の解決に委ねようとする事例が見られます。しかし、こうした対応は、問題をこじらせ解決を困難とすることになりかねません。真の解決のためには、相談の段階からの事業主の

真しな取組が極めて重要です。

事実確認が終了した後の対応としては、当事者間の関係改善及び被害者の不利益回復等を目的とした個別事案に対する処置を行うとともに、再発防止の観点から、職場全体の健全な職場環境を回復することを目的とした処置を実施する必要があります。

また、個別事案に関する最終的な処置については、当事者に十分説明する必要があります。

（個別事案に対する処置の例）

・人事処遇において、当事者を引き離す等の人事上の配慮を行う。
・当事者間の関係改善について援助を行う。
・就業規則に基づき、加害者に一定の制裁（口頭注意、停職、降格、解雇等）を課す。
・被害者の人事面等労働条件・就業環境上の不利益が存在している場合には、それを回復する。
・被害者のメンタルケアに配慮する。

（再発防止の観点から会社全体で行う処置の例）

・セクシュアルハラスメントに関する方針を全従業員に再確認する。
・研修を再度実施する。

(4) その他

○職場におけるセクシュアルハラスメントに係る女性労働者等の情報は、その女性労働者等のプライバシーに属するものです。

　事業主は、プライバシーの保護に特に留意してください。

　さらに、プライバシーの保護に留意していることについて、周知をしてください。

○職場におけるセクシュアルハラスメントに関して、女性労働者が相談をしたり、苦情を申し出たこと等を理由として、その女性労働者が不利益な取扱いを受けないように、特に留意してください。

　さらに、不利益な取扱いを受けないよう留意していることについて、周知をしてください。

○男女雇用機会均等法においては防止の対象となっておりませんが、女性労働者が男性労働者に対して行うセクシュアルハラスメントについ

資料4　各種官公庁資料

ても、防止対策に入れることが望ましいことは言うまでもありません。

〔記載例〕

［ポスター、ちらしの例］

> **セクシュアルハラスメントのない職場を作ろう！**
>
> 1　職場におけるセクシュアルハラスメントは、女性社員を働きにくくさせる問題であり、職場のモラルを低下させ、業務の円滑な遂行を妨げることから、発生を防ぐ必要があります。
> 2　職場で性的な言動を行って、周囲の女性社員を不快にさせていると思い当たる人はいませんか。
> 　性的な言動を行う側は軽い気持ちでも、された側は不快に感じている場合があります。
> 　職場においては、男性も女性も同じ労働者として対等なパートナーです。相手の立場に立って、普段の言動を振り返り、セクシュアルハラスメントのない、快適な職場を作っていきましょう。
> 3　当社の女性社員が不快に感じる性的言動は、取引先女性社員も不快に感じることは当然であり、当社の社員としてこのような言動は厳に慎むべきです。
> 4　相談・苦情窓口
> 　職場におけるセクシュアルハラスメントに関する相談・苦情は、○○部○○課　　　　　までどうぞ。
> 　苦情には公平に対処し、場合によっては就業規則に従った処分を行います。プライバシーは守られますので安心してご相談ください。

［服務上の規定を定めた文書への記載の例］

> 従業員心得

第2部　参考資料及び文献リスト

◎　セクシュアルハラスメントの禁止
　セクシュアルハラスメントは、同じ職場に働く者の意欲を阻害し、職場秩序を乱し、職場の環境を悪化させるものである。
　健全な職場環境を実現するため、いかなる形でも、セクシュアルハラスメントを行ってはならない。

社員行動基準
◎　私たちは職場におけるセクシュアルハラスメントを許さず、また自ら行うことなく、お互いに公正で明るい職場作りに努めます。

［就業規則等への記載の例］

（服務規定として記載する方法）

◎　従業員は以下に該当することのないようにしなければならない。
　1　むやみに身体に接触したりするなど職場での性的な言動によって他人に不快な思いをさせることや職場の環境を悪くすること。
　2　職務中の他の従業員の業務に支障を与えるような性的関心を示したり、性的な行為をしかけること。
　3　職責を利用して交際を強要したり、性的関係を強要すること。

◎　従業員は、個人の尊厳を重んじ、この規則に従って、下記に掲げるようなことのないよう職場の秩序を保持し、誠実にその業務を遂行し、進んで業務効率の向上に努めなければならない。
　1　・・・・・
　2　・・・・・
　3　相手方の望まない性的言動により、他の労働者に不利益を与えたり、就業環境を害すると判断される行為等
　4　・・・・・

資料4　各種官公庁資料

(懲戒事由として記載する方法)

・セクシュアルハラスメントの問題により会社秩序を乱し、またそのおそれのあるとき
・役員、従業員の名誉・信用を著しく毀損したとき（セクシュアルハラスメントの問題による場合を含む）

・他の従業員に対して不当に退職を強要したとき（セクシュアルハラスメントによるものを含む。）
・会社の秩序を乱すような噂等を流したとき（セクシュアルハラスメントのケースも含む。）
・職場において暴行・脅迫・監禁その他社内の秩序を乱す行為を行ったとき（セクシュアルハラスメントのケースを含む。）
・職場において職責などの地位を利用して性的な強要を行ったとき
・職場において他の従業員の業務に支障を与えるような性的言動を行うなど社内の秩序又は風紀を乱したとき

(現在ある懲戒規程の懲戒事由にセクシュアルハラスメントが含まれることを従業員に周知する場合)

㈱○○の社員は、セクシュアルハラスメントを起こした場合は就業規則により処分されることがあります。改めて注意喚起するために、下記に関係規則の抜粋を記載いたします。
記
◎　懲戒の種類
　・不正不義の行為をなし従業員としての体面を汚したとき
　・法令この規則その他会社の諸規程に違反するとき
　・他人に対し不法に辞職を強要しあるいはこれを教唆、扇動又は暴行脅迫を加え若しくはその業務を妨害したとき
　・著しく経営秩序を乱し、又は乱すおそれのあるとき

第2部　参考資料及び文献リスト

公務職場におけるセクシュアル・ハラスメント防止対策検討会報告
　―セクハラのない職場づくりを目指して―

　　　　　　　　　　　　　　　　　　　　　　　1998年9月2日
　　　　　　　　公務職場におけるセクシュアル・ハラスメント防止対策検討会

Ⅰ　公務職場におけるセクシュアル・ハラスメント防止対策について

1　公務職場におけるセクシュアル・ハラスメントの実態

　人事院が1998年に実施した職員に対するアンケート調査からうかがえる公務職場におけるセクシュアル・ハラスメントの実態及び職員の意識は次のとおりである。これらの点を踏まえ、防止策を検討した。

(1)　セクシュアル・ハラスメントと思う行為に対する認識については、男女の間に差が認められる。

　セクシュアル・ハラスメントであると思う行為については、例えば「裸や水着姿のポスター等を職場に貼られた場合」については、女性の50.2％が「思う」と回答したのに対し、男性で「思う」と回答したのは36.1％と低く、また、「お酌を強要された場合」についても女性の49.1％が「思う」と回答したのに対し、男性で「思う」と回答したのは35.1％にとどまっており、男女の間に認識の差があることが認められる。

(2)　セクシュアル・ハラスメントと思う行為を受けた経験については、行為によってはかなり高い率を示す実態にある。

　「セクシュアル・ハラスメントと思う行為で実際に受けた経験がある」とした行為については、女性の場合、「性的なからかいの対象にされたり、性的な冗談等を言われた」が70.3％、「自分の容姿、年齢、結婚等について話題にされた」が69.9％、「わざとさわられたりした」が67.3％などとかなり高い率を示す実態が認められる。

　他方、男性についても、「他の人がセクシュアル・ハラスメントと思われる行為を受けているのを見て不快に感じた」が43.4％と高い率を示している。

資料4　各種官公庁資料

(3) セクシュアル・ハラスメントと思う行為を受けた結果、特に女性は深刻な影響を受けている。

　セクシュアル・ハラスメントと思う行為を受けた結果、生じた影響については、「特段何の影響も生じなかった」とする回答が男女とも最も多いが（女性49.4％、男性67.7％）女性の場合「転勤したい、あるいは退職したいと思った」が23.5％、「仕事の能率が落ちた」が21.4％と深刻な影響を受けていることがうかがえる。

(4) セクシュアル・ハラスメントと思う行為を受けた際の対応は消極的なものにとどまることが多い。

　セクシュアル・ハラスメントと思う行為を受けた際、最終的にとった対応については、「やめるように頼んだ」は男女とも低率であるが（女性6.9％、男性3.5％）「軽く受け流した」とする回答は男女とも最も多く（女性28.0％、男性30.5％）これに「無視した」、「行為者を避けた」、さらには「結果的に受け入れた」とする回答を加えると、女性の場合66.7％、男性の場合61.4％と高い率となり、男女ともセクシュアル・ハラスメントに対して消極的な対応をとるにとどまっていることがうかがえる。

(5) 報告した場合の上司等の対応は必ずしも十分なものではない。

　上司等に報告した結果、その上司等が最終的にどのような対応をしたかについては、「配置換等人事上の措置をしてくれた」、又は「行為者に注意をしてくれた」という積極的な対応があったとする回答が高いものの（女性44.2％、男性37.1％）、他方の「我慢するように説得された」、又は「特段何も対応してくれなかった」という消極的な対応であったとする回答も相当な割合となっている（女性30.5％、男性48.6％）。

(6) セクシュアル・ハラスメントを行ったとの指摘を受けた場合その指摘が妥当とは思えないとする者が多い。

　他の人からセクシュアル・ハラスメントを行ったと言われた経験の有無については、男性の8.6％が「ある」と回答しているが、そのうちの57.6％の者は、その指摘は「妥当ではない」と回答している。

(7) セクシュアル・ハラスメントを防止するための措置には高い期待、要請がある。

　防止措置については、「職員の勤務する機関の外にセクシュアル・ハラ

スメントに対する問題や質問を持ち込める独立した相談機関等を設けること」が「効果的である」と回答した率が男女とも最も高いほか（女性71.4％、男性66.4％）、基本方針の策定と公表、研修、啓発活動等がセクシュアル・ハラスメントの防止策として効果的と考えていることがうかがえる。

2 セクシュアル・ハラスメントが生じる要因

セクシュアル・ハラスメントが生じる要因としては、次の点が考えられる。
(1) 相手を性的な関心の対象としてとらえ、対等なパートナーとして意識しないこと。
(2) 性に関する受け止め方には個人や男女間で差があることを十分認識せずに、不用意な言動をとること。
(3) 職場における上下関係などの優越的地位を不当に利用し、性的な言動をとること。

3 セクシュアル・ハラスメントが職員や職場に及ぼす影響

セクシュアル・ハラスメントは、職員やその勤務環境に様々な悪影響をおよぼすおそれがあり、これを整理すると次のとおりである。
(1) 職員に対する影響
　ア　セクシュアル・ハラスメントを受けた職員の対応によっては、その勤務条件に不利益な結果を生じさせることもある。
　イ　セクシュアル・ハラスメントに耐えきれず退職せざるを得なくなることもある。
　ウ　個人の尊厳や名誉、プライバシーなどの人格を害する。
　エ　精神や身体の健康を害する。
(2) 職場に対する影響
　ア　職場の人間関係を悪化させる。
　イ　組織の士気を低下させる。
　ウ　職場の秩序を乱す。
　エ　公務組織の信頼性を失墜させる。

資料4　各種官公庁資料

4　セクシュアル・ハラスメント防止対策の目的

今日、権利意識の高まり等から職場におけるセクシュアル・ハラスメント問題が表面化している。

公務においては、職員がセクシュアル・ハラスメントにより勤務環境等を害された場合には、現在でも一般の苦情・相談や行政措置要求等の現行制度の枠組みにより救済を受けられることとなっているところである。

しかし、セクシュアル・ハラスメントは上述のとおり職員の個人としての尊厳や名誉、プライバシーなどの人格を害し、勤務条件や勤務環境に重大な影響を及ぼす問題であることからすれば、さらにそのようなセクシュアル・ハラスメントを未然に防止するための措置を総合的、組織的に講じることが求められるものであり、それにより職員の十分な勤務能率の発揮と公務の円滑な運営を確保する必要がある。

5　セクシュアル・ハラスメントの概念

(1) 公務職場におけるセクシュアル・ハラスメントの概念は「不快に感じる性的な言動」とする。
(2) 「性的な言動」には、性的な欲求や関心に基づく言動だけでなく、性的な差別意識や優越意識に基づく言動も含める。

　一般には性的な欲求や関心に基づく言動がセクシュアル・ハラスメント防止の対象とされるが、職員にその能率を十分に発揮させ、公務の能率的な運営を確保するためには、性的な差別意識や優越意識に基づく言動により職員が勤務意欲を低下させることにより、能率発揮が害されることも防止することが必要である。
(3) セクシュアル・ハラスメントの具体的な態様には、視線を浴びせる行為、性的な発言、身体への不必要な接触、性的な暴行、性別に基づく特定の役割の強要などがある。

6　セクシュアル・ハラスメント防止対策の対象範囲

セクシュアル・ハラスメントを防止するためには、対策の対象範囲に関し、次の3点をカバーする必要がある。

(1) 対策の対象とする性的な言動は、その場所、時間を限定しないこと。
　職場（職務を遂行する場所）における言動に限定しない。例えば、いわゆるアフター5のような職場外でのプライベートな時間帯における性的な言動であっても職場での上下関係や人間関係が実質的に存続する場合もあり、その場におけるセクシュアル・ハラスメントが勤務環境を害することにつながることは十分に想定されることから、これを防止策の対象にする必要がある。
(2) 男性に対するセクシュアル・ハラスメントも防止策の対象とすること。
　不快に感じる性的な言動により勤務能率を害されることは男性についてもあり得ることから、防止策の対象とする職員は女性に限定しない。
(3) 行政サービスの相手方や委託契約により公務職場に勤務する者等と職員との間におけるセクシュアル・ハラスメントについても防止策の対象とすること。
　窓口等における行政サービスの相手方等からの性的な言動により職員の勤務環境が害されることを防止することが必要であるとともに、職員が行政サービスの相手方等を性的な言動により不快にさせることがないように指導する必要がある。

7　セクシュアル・ハラスメント防止対策では誰が何をするのか

　セクシュアル・ハラスメントを、防止するために職員、各省各庁の長及び人事院が果たすべきそれぞれの責務を整理すると次のとおりである。
(1) 職員の責務（とるべき行動、望ましい行動）
　ア　個人の尊厳や名誉、プライバシーなどの人格を害し、勤務環境等を害することとなるセクシュアル・ハラスメントをしないよう各人がその発言や行動に十分注意すること。
　イ　勤務環境は職員の協力の下に形成されるものであることから、職場の構成員として良好な勤務環境の維持・確立に努めること。
　ウ　セクシュアル・ハラスメントの被害を防止し、又は深刻なものにしないよう相手に対する明確な意思表示等の行動をためらわないこと。
(2) 各省各庁の長の責務
　ア　セクシュアル・ハラスメントに対する組織の姿勢、防止のための具

資料4　各種官公庁資料

　　体的対策等を各省庁において内部規定等の文書の形でとりまとめ、職員に対して明示すること。
　イ　職員の留意すべき事項に関する指針等に関し、職員に対し、研修等により啓発すること。
　ウ　勤務環境を害し、又はそのおそれがある言動を見逃さないよう勤務環境に十分注意を払い、問題が発生した場合に迅速に対応すること。
　エ　苦情・相談体制を整備し、職員に周知すること。
　オ　職員からの苦情・相談があった場合には真摯にかつ迅速に対応すること。
(3) 人事院の責務
　ア　セクシュアル・ハラスメントの防止等に関し職員の留意すべき事項について指針を策定すること。
　イ　セクシュアル・ハラスメントに関する研修等を計画し、実施するとともに、各省庁のセクシュアル・ハラスメントに関する研修の指導や助言に当たること。
　ウ　職員からの苦情・相談、行政措置要求や不利益処分審査請求の各救済制度の活用について十分な周知を行うとともに、各省庁の苦情・相談の指導や助言に当たること。

8　監督者の役割

　監督者は、職員の日々の職務遂行を指揮監督し、公務の円滑な運営に直接の責任を負っている。したがって、各職場の監督者には、職員が職務に専念できる良好な勤務環境を確保するために、勤務環境を害するセクシュアル・ハラスメントを未然に防止するとともに、発生したセクシュアル・ハラスメント問題の迅速な処理に当たるという重要な役割が求められる。
(1) 基本的な心構え
　　セクシュアル・ハラスメントについては、使用者責任が問われることがある。各職場の監督者の責任は組織体の使用者責任につながるということを常に念頭において対応する必要がある。
(2) 監督者に具体的に求められること
　ア　職場でのミーティング等の機会を利用した職員への注意喚起、指導、

さらには研修を通して職員の意識を啓発すること。
イ　セクシュアル・ハラスメントが職場に生じていないか、又は生じるおそれがないか勤務環境に十分な注意を払い、勤務環境を害する言動を見逃さないように努めること。
　　（セクシュアル・ハラスメントを契機として勤務環境が害される例）
・離席が増えたり、休みがちになるなど客観的に把握できる場合
・仕事上のミスが目立ち始め、職員の勤務能率が低下していると認められる場合
・勤務能率にははっきりとした変化が認められないものの、心身の状態の悪化が客観的にうかがえ、今後の勤務能率の低下が懸念される場合
ウ　職員からセクシュアル・ハラスメントに関する苦情・相談があった場合には真摯にかつ迅速に対応すること。
エ　セクシュアル・ハラスメントに起因する問題が生じた場合には事態を深刻なものにしないよう迅速かつ適切に対応すること。
オ　職員が職務の遂行に当たり行政サービスの相手方からセクシュアル・ハラスメントを受けた場合などには、特に監督者としての対応が問題処理の上で重要となるので、良好な勤務環境を確保すべく監督者として適切な対応をとること。

9　不利益取扱いの防止

　性的な言動に対する職員の対応によりその職員の勤務条件につき不利益を受けることがあってはならないことは、国家公務員法に定める平等取扱いの原則、人事に関する不法行為の禁止等既存の規定により定められているところである。各省各庁の長は、職員がセクシュアル・ハラスメントに対する拒否等の対応、性的な言動に関する苦情・相談を行ったこと、苦情の調査について証言等をしたこと、その他性的な言動に対する正当な対応により、給与や任用の取扱いに関し不利益を受けることがないようにするほか、いかなる態様の報復や不利益も受けることがないよう具体的な防止対策を講じ、問題に適切に対応する必要がある。

資料4　各種官公庁資料

10　懲戒処分に関する周知

　職員には、セクシュアル・ハラスメントの態様等によっては信用失墜行為、国民全体の奉仕者たるにふさわしくない非行などに該当して、懲戒処分に付されることもある旨周知する必要がある。

11　研修等

(1) 目的及び必要性
　セクシュアル・ハラスメントを未然に防止する観点から、研修等により職員に対して積極的に啓発することが求められる。
(2) 研修等により啓発すべき内容
　ア　セクシュアル・ハラスメントは、個人の尊厳や名誉、プライバシーなどの人格を害し、勤務環境等を害するおそれがある重大な問題であると認識させること。
　イ　性的な差別意識や優越意識をなくすようにすること。
　ウ　他者を不快にさせる性的な言動をしないようにすること。
(3) 研修等の方法
　職員研修のほか、広報誌の活用、パンフレットの配布、ポスターの掲示、意識調査の実施などの方法が考えられる。具体的には次のような取組みが必要である。
　ア　研修
　　①　職員に対する研修の計画・実施に当たっては、セクシュアル・ハラスメントの防止等に関する研修を含めるよう努めること。
　　　この場合、新たに採用された職員、初任の監督者については、研修の重要性に鑑み、次の事項に重点を置いてセクシュアル・ハラスメントの防止等に関する研修を実施するものとする。
　　・新たに採用された職員に対しては、他者を不快にさせる性的な言動に関し、基本的な理解を深めること等（セクシュアル・ハラスメントとは何か、なぜ起きるのか、なぜ問題なのかなど。）
　　・初任の監督者に対しては、セクシュアル・ハラスメント問題に関し監督者として求められる役割等

② セクシュアル・ハラスメント専門研修（講習会）

人事院は、各省庁の担当者を対象に、使用者責任、職員に対する指導、カウンセリングの在り方などについてのセクシュアル・ハラスメント専門研修（講習会）を実施する。

この場合、弁護士、学識経験者等の専門家の講習によるセクシュアル・ハラスメントをめぐる法律問題、紛争事例の学習なども適宜行う。

③ 研修効果を高めるための手法として次の方法を適宜とることが望まれる。

- 職員の意識調査等のアンケートや研修員が自己評価できるチェックリスト等の活用による意識の確認
- 男女の職員同士の議論や討議による意識格差の認識
- ケース・スタディによる学習

イ その他の啓発

日頃からセクシュアル・ハラスメントに関する職員の理解、認識を深めるため、パンフレットの配布やポスターを掲示するなどし、その防止のための啓発に努めること。

この場合、人権週間の機会に併せるなどしてキャンペーン等を適宜実施すること。

12 苦情・相談

(1) 目的及び必要性

セクシュアル・ハラスメントは、事態を悪化させないよう初期の段階から迅速かつ適切に対応することが求められる。そのためにも苦情・相談体制を整備し、適切な対応がなされることが重要である。

(2) 苦情・相談の対象範囲

ア 直接セクシュアル・ハラスメントの被害を受けた場合

イ 他人がセクシュアル・ハラスメントを受けるのを見て第三者として不快に感じる場合

ウ セクシュアル・ハラスメントであるとの指摘を受けたが自分の認識とずれがあり確認したい場合

資料4　各種官公庁資料

　　エ　部下等からセクシュアル・ハラスメントの相談を受けたが対応方法が分からない場合
(3)　各省各庁の長及び人事院の責務
　ア　各省各庁の長
　　①　職員から苦情・相談があった場合には、真摯にかつ迅速に対応すること。
　　②　職員からの苦情・相談には、各職場の監督者が対応するとともに、相談員を置き、その対応に当たらせること。
　　③　行政サービスの相手方等が、職員からセクシュアル・ハラスメントを受けた場合の苦情にも適切に対応することが望まれる。
　イ　人事院
　　①　各省庁において実施する苦情・相談等に対する指導、助言を行うこと。
　　　　一つの方法として、中央及び各地方ブロックにおいて、定期的に各省庁の苦情・相談の実務担当者を集め、連絡会議を開催するなどし、各省庁に対しセクシュアル・ハラスメントに関する苦情・相談の対応等に関する必要な情報を提供することがあげられる。
　　②　一般の苦情・相談、行政措置要求等の制度を職員に十分周知すること。
　　　　セクシュアル・ハラスメントに関しても一般の苦情・相談に応じるほか、将来に向けての勤務環境の改善について勤務条件に関する行政措置要求があった場合や性的な言動に対する拒否等の対応の結果受けた著しく不利益な配置換処分等の取消しについて不利益処分審査請求があった場合には、それぞれの制度に基づいて、適切な救済措置をとることが期待される。
　　　　職員が必要に応じ各制度を活用できるよう、各制度の十分な周知を行うことが求められる。
　　③　苦情・相談に対する相談員及び各職場の監督者の対応の在り方について、その指針を別途定めること。
(4)　苦情・相談体制の整備
　ア　基本的な在り方

① 窓口が職員に対して周知されていること。
② 相談が持ちかけやすいこと。(例えば同性の相談員の同席)
③ 公正な第三者の立場に立った対応をすること。
④ プライバシーその他の人権に配慮すること。
⑤ 事態を悪化させないよう迅速な対応をすること。

イ 相談員の役割等
① 相談員は、セクシュアル・ハラスメントを行ったとされる者やその上司ら関係者からの事情の聴取、関係者に対する指導及び助言、当事者間のあっせん等を自ら行うとともに、関係者に対しセクシュアル・ハラスメントの解決のための指導等の措置を要請することができること。
② 相談員を置く組織の単位は、本省庁及び管区機関にそれぞれ置くことを最低基準とし、各省庁の組織構成、官署等の規模や男女の職員割合等を勘案し、職員からの苦情・相談を受けるために必要な体制整備を行うこと。
③ 相談員は、それが置かれることとなる組織の単位ごとに複数置くこと。
④ 相談員のうち少なくとも1名は、相談者の属する課の長らに対する指導や人事当局との連携をとることができるクラスの者を充てること。
⑤ 相談を受けるに当たっては、少なくとも1名は相談者と同性の相談員が対応できるよう体制を整備すること。

ウ 苦情・相談体制の整備の方法
セクシュアル・ハラスメントに関する職員の苦情・相談を受ける方法として、次のような方法を含めて検討することが適当と考えられる。
① 相談員を置くことが困難な官署においては、上部機関の相談員が、各官署に定期的に出向いてその官署の職員の相談に応ずる巡回相談を適宜実施する。
② 官署にセクシュアル・ハラスメントに関する苦情・相談を受け付ける相談ポストを設置し、相談員に寄せられた苦情・相談を踏まえ、適宜職員全体に注意喚起するなどの措置をとる。

③ カウンセラー、弁護士等外部の専門家に相談員を委嘱し、定期的に相談日を設けるなどし、職員の苦情・相談に対応する。

II セクシュアル・ハラスメントの防止等のために職員が留意すべき事項について

第1 セクシュアル・ハラスメントをしないようにするために留意すべき事項

1 意識の重要性

セクシュアル・ハラスメントを未然に防止するためには、職員一人一人の意識が重要であることから、職員は次の点に十分注意しなければならない。

(1) お互いの人格を尊重しあうこと。
(2) お互いが大切なパートナーであるという意識を持つこと。
(3) 相手を性的な関心の対象としてみる意識をなくすこと。
(4) 女性を劣った性としてみる意識をなくすこと。
(5) 性に関する言動に対する受け止め方には、個人や男女間で差があるということを認識すること。

2 基本的な心構え

職員は、セクシュアル・ハラスメントに関する基本的な事項として、次の点を十分認識しなければならない。

(1) セクシュアル・ハラスメントに当たるか否かについては、受け手の判断が重要であること。
　ア 親しさの表現が言動の真の動機であったとしても、場合によっては本人の意図とは関係なくセクシュアル・ハラスメントになってしまうこともあること。
　イ 不快に感じるか否かには個人差があること。
　ウ この程度のことは相手も許容するだろうという勝手な憶測をしないこと。
　エ 自分は相手との人間関係ができていると独りよがりの思い込みをし

ないこと。
(2) 受け手がノーと言ったら決して繰り返さないこと。相手が望んでいないこと、嫌がっていることが分かった場合には、同じ過ちを決して繰り返さない。
(3) 不快な性的言動であるか否かについて、いつも明確に意思表示がある（嫌だと拒否する）とは限らないこと。
　受け手は職場の上下関係や人間関係を考え、本当は拒否したいのだが、それができない場合もある。
(4) 「職場」における言動にだけ気を付けるのでは不十分であること。
　いわゆるアフター5でも、例えば、職場の上下関係や人間関係がそのまま持続する歓迎会の酒席のような場におけるセクシュアル・ハラスメントは、勤務環境を害するおそれがあることから、十分注意する必要がある。
(5) 「職員」間における言動だけに気を付けるのでは不十分であること。
　職員の間の言動にだけ注意するのでは不十分で、行政サービスの相手方に対する関係や委託契約により同じ職場で勤務する者等との関係にも気を付けなければならないこと。
(6) セクシュアル・ハラスメントの本質を十分理解し認識すること。
　セクシュアル・ハラスメントになり得る個々の言動をマニュアル的に理解するのではなく、相手の人格を尊重し、相手の意に反することをしないなどのセクシュアル・ハラスメントの本質を十分理解し認識すること。

3　セクシュアル・ハラスメントになり得る性的な言動

　職員は、セクシュアル・ハラスメントになり得る性的な言動にどのようなものがあるかをしっかりと認識し、性的な言動により他者を不快にさせないよう、その言動には十分注意しなければならない。
(1) 「性的な言動」には、性的な欲求や関心に基づく言動だけでなく、性的な差別意識や優越意識に基づく言動が含まれる。
(2) 不快と感じる「性的な言動」になり得るものには、視線を浴びせる行為、性的な発言、身体への不必要な接触、性的な暴行、性別に基づき特定の役割を強要するものなどがある。

資料4　各種官公庁資料

具体的な態様には次のようなものが考えられる。
ア　職場内外で起きやすいもの
(性的な発言)
① 性的な関心、欲求に基づくもの
- スリーサイズを聞くなど身体的特徴を話題にする。
- 聞くに耐えない卑猥な冗談を交わす。
- 体調が悪そうな女性に「今日は生理日か」、「もう更年期か」などと言う。
- 性的な経験・性生活について質問する。
- 性的な噂をたてたり、性的なからかいの対象とする。

② 性的な差別意識等に基づくもの
- 「男の子、女の子」、「僕、坊や、お嬢さん」や「おじさん、おばさん」などと人格を認めないような呼び方をする。
- 「男のくせに根性がない」、「女には仕事を任せられない」、「女性は職場の花でありさえすればいい」などと発言する。

(行動)
① 性的な関心、欲求に基づくもの
- ヌードポスター等を職場に貼る。
- 雑誌等の卑猥な写真・記事等をわざと見せたり、これみよがしに読む。
- 身体を執拗に眺め回す。
- 執拗に食事やデートに誘う。
- 性的な内容の電話をかける、手紙・Eメールを送る。
- 身体に不必要に接触する。
- 浴室や更衣室等をのぞき見する。

② 性的な差別意識等に基づくもの
- 女性であるというだけで職場でお茶くみ、掃除、私用等を強要する。

イ　主に職場外で起こるもの
① 性的な関心、欲求に基づくもの
- 性的な関係を強要する。

・強姦などの性的な暴行を行う。
② 性的な差別意識等に基づくもの
・カラオケでのデュエットを強要する。
・酒席で、上司の側に座席を指定したり、お酌やチークダンス等を強要する。

4　懲戒処分

セクシュアル・ハラスメントの態様等によっては信用失墜行為、国民全体の奉仕者たるにふさわしくない非行などに該当して、懲戒処分に付されることもある。したがって、セクシュアル・ハラスメントをしないよう十分注意しなければならない。

> **第2　職場の構成員として良好な勤務環境を確保するために留意すべき事項**

勤務環境はその構成員である職員の協力の下に形成される部分が大きいことから、セクシュアル・ハラスメントのない勤務環境を形成・維持するため、職員は次の点に関し、積極的に意を用いるように努めなければならない。

1　職場内の性的な言動について問題提起する職員をトラブルメーカーとみたり、セクシュアル・ハラスメント問題を当事者間の個人的な問題として片づけないこと。

　職場内でのミーティングを活用すること等により解決することができる問題については、問題提起を契機として、良好な勤務環境の確保のために皆で取り組むことを日頃から心がけることが必要である。

2　職場からセクシュアル・ハラスメントの被害者や加害者を出さないようにするために、周囲に対する気配りをし、必要な行動をとること。
(1) セクシュアル・ハラスメントとみられる言動については、職場の同僚として注意を促すこと。

　セクシュアル・ハラスメントとして大きく問題化しないうちに機会をとらえて、職場の同僚として注意を促すなどの対応をとることが必要である。

資料4　各種官公庁資料

(2)　被害を受けているケースを見聞きした場合には、声をかけて相談に応じること。

被害者はセクシュアル・ハラスメント問題を「恥ずかしい」、「トラブルメーカーとのレッテルを貼られたくない」などとの考えから、他の人に対して相談をためらうことがある。

被害を深刻にしないように気が付いたことがあれば、声をかけて気軽に相談にのることも大切である。

3　第三者として不快に感じる性的な言動がある場合には、気持ちよく勤務できる環境づくりをする上で、上司等に相談するなどの方法をとることをためらわないこと。

第3　セクシュアル・ハラスメントの被害を深刻なものにしないよう留意することが望まれる事項

1　基本的な心構え

職員は、セクシュアル・ハラスメントを受けた場合にその被害を深刻にしないために、次の点を認識しておくことが望まれる。

(1)　一人で我慢しているだけでは、問題は解決しないこと。

不快に感じる性的な言動を無視したり、受け流したりしているだけでは、状況は改善されないということをまず認識する。

(2)　セクシュアル・ハラスメントに対する行動をためらわないこと。

「トラブルメーカーというレッテルを貼られたくない」、「恥ずかしい」などと考えがちだが、被害を深刻なものにしない、他に被害者をつくらない、さらにはセクシュアル・ハラスメントをなくすことは自分だけの問題ではなく良い勤務環境の形成に重要であること等の考えに立って、勇気を出して行動することが望まれる。

2　セクシュアル・ハラスメントを受けたと思うときの望まれる対応

職場はセクシュアル・ハラスメントを受けた場合、次のような行動をとるよう努めることが望まれる。

(1)　嫌なことは相手に対して明確に意思表示をすること。

ア　意に反する不快な言動については毅然とした態度をとること（はっ

きりと自分の意思を相手に伝えること）が重要である。
　イ　直接相手に言いにくい場合には、手紙等の手段をとるという方法も考える。
(2) 信頼できる人に相談すること。
　まず、職場の同僚や知人等身近な信頼できる人に相談する。
　各職場内において解決することが困難な場合には、内部又は外部の相談機関に相談する。
　なお、相談するに当たっては、セクシュアル・ハラスメントの発生の日時、内容等について記録しておくことが望ましい。

Ⅲ　セクシュアル・ハラスメントに関する苦情・相談の対応の在り方について

第1　基本的な心構え

　相談員及び各職場の監督者（以下「相談員ら」という。）は、職員からの性的な言動に関する苦情の申出や相談に対応するに当たっては、次の点に留意する必要がある。
1　被害者を含む当事者にとって最善の解決策は何か（適切、効果的な対応は何か）という視点を常に持つこと。
2　事態を悪化させないようにするために、可能な限り迅速に対応すること。
3　関係者のプライバシーや名誉その他の人権を尊重するとともに、知り得た秘密を厳守すること。

第2　苦情・相談の事務の進め方

1　苦情・相談を受ける際の相談員の体制等
(1) 苦情・相談を受ける際には、原則として2人の相談員で対応すること。
(2) 苦情・相談を受けるに当たっては、少なくとも1人は同性の相談員が同席するようにすること。

資料4　各種官公庁資料

(3) 相談員は、苦情の申出又は相談に適切に対応するために相互に連携、協力すること。
(4) 実際に相談を受けるに当たっては、相談が相談員以外の者に見聞されないよう遮断して行うこと。

2　相談者からヒアリングするに当たっての留意点

相談者からヒアリングするに当たっては、次の点に留意する必要がある。
(1) 苦情・相談者の求めるものを把握すること。
　　将来に向け継続中であり、今後も発生が見込まれる言動への対応（例えば、将来の言動の抑止）を求めるものであるのか、又は過去にあった言動に対する対応（例えば、喪失した利益の回復、謝罪要求）を問題にするものであるのかについて把握する。
(2) 対応の時間的な余裕（緊急性）の有無を把握すること。
　　相談者の心身の状態等に鑑み、当該相談への対応にどの程度時間をかけられるのか把握する。
(3) 相談者の主張に真摯に耳を傾け丁寧に話を聴くこと。
　　特に相談者が被害者の場合、セクシュアル・ハラスメントを受けた心理的な影響から必ずしも理路整然と話すとは限らない。むしろ脱線することも十分想定されるが、事実関係を把握することは極めて重要であるので忍耐強く聴くよう努める。
(4) 事実関係については次の点を把握すること。
　ア　当事者（被害者及び加害者とされる者）間の関係
　イ　問題とされる言動が、いつ、どこで、どのように行われたか。
　ウ　相談者は、加害者とされる者に対してどのような対応をとったか。
　エ　上司等に対する相談についてはどうなっているか。
　　なお、これら事実を確認する場合、主張する事実については当事者のみが知り得るものか、又は他に目撃者はいるのか把握する。
(5) 聴取した事実関係を相談者に確認すること。
　　聞き間違えの修正、聞き漏らした点、言い忘れた点の補充ができるので、聴取事項を書面で示したり、復唱するなどして相談者に確認する。
(6) 聴いた事実は必ず記録にしてとっておくこと。

3 加害者とされる者からのヒアリング

(1) 事実関係を把握する上で、原則として、加害者とされる者からヒアリングする必要がある。ただし、セクシュアル・ハラスメントが職場内で行われ比較的軽微なものであり、対応に時間的な余裕のある場合などには、監督者の観察指導による対応が適する場合も考えられるので注意して対応する。

(2) 事実関係を把握する上で、加害者とされる者からの事情を聴く必要があると認める場合は、加害者とされる者には十分な弁明の機会を与えて対応する。

(3) ヒヤリングするに当たっては、加害者とされる者の主張に真摯に耳を傾け丁寧に話を聴くなど、相談者からヒヤリングする際の留意点を参考にし、適切に対応する。

4 第三者からのヒヤリング

職場内で行われたとされるセクシュアル・ハラスメントにつき当事者の間で事実関係に関する主張に不一致があり、それだけでは事実の確認ができない場合などは、第三者からのヒアリングを行うことも必要である。

この場合、相談者からヒヤリングする際の留意点を参考にし、適切に対応する。

5 相談者に対する説明

苦情・相談に関し具体的にとった対応について、相談者に説明する。

第3 問題処理のための具体的な対応例

相談員らが、苦情・相談に対応するに当たっては、セクシュアル・ハラスメントに関して相当程度の知識を持ち、個々の事例に即して柔軟に対応することが基本となることはいうまでもないが、具体的には、事例に応じて次のような対処方法により対応する。

1 セクシュアル・ハラスメントを受けたとする者からの苦情・相談

(1) 加害者とされる職員に当該職員の上司等から指導するよう要請する。
  （例）
  　　職場内で行われるセクシュアル・ハラスメント事例のうち、その被

資料4　各種官公庁資料

> 害がさほど深刻ではなく、対応に時間的な余裕があると判断されるものについては、職場の上司等に状況を観察するよう促し、加害者とされる職員の問題があると認められる言動を適宜注意させることも方策としてある。
> (2) 加害者に対して直接注意する。
> （例）
>   　性的なからかいの対象にするなどの行為を頻繁に行うことが問題にされている場合において、加害者とされる職員は親しみの表現として発言等を行っており、それがセクシュアル・ハラスメントであるとの意識がない場合には、相談員らが加害者とされる職員にその行動がセクシュアル・ハラスメントに該当することを直接注意することも方策としてある。
> (3) 被害者に対して指導、助言をする。
> （例）
>   　職場の同僚から好意を抱かれ執拗に食事やデートに誘われるが、本人はそれを苦痛に感じている場合については、相談者自身が相手の職員に対して明確に意思表示をするよう促すことも方策としてある。
> (4) 当事者の間のあっせんを行う。
> （例）
>   　被害者がセクシュアル・ハラスメントを行った加害者に謝罪を求めている場合において、加害者も自らの言動について反省しているときには、両当事者の間をあっせんし、被害者の要求が妥当なものであると認められる場合にその要求を加害者に伝え、加害者に対して謝罪を促すことなども方策としてある。
> (5) 人事当局との連携をとりつつ人事上必要な措置を講じる。
> （例）
>   　内容がかなり深刻なセクシュアル・ハラスメントの場合で、被害者と加害者とを同じ職場で勤務させることが適当でないと判断される場合などには、人事当局との十分な連携の下に当事者の人事異動等の措置をとることも必要となる。

2 セクシュアル・ハラスメントであるとの指摘を受けたが納得がいかない旨の相談
(例)

　　昼休みに自席で週刊誌のグラビアのヌード写真を周囲の目に触れるように眺めていたところ、隣に座っている同僚の女性職員から、他の職員の目に触れるのはセクシュアル・ハラスメントであるとの指摘を受けたが、納得がいかない旨の相談があった場合には、相談者に対し、周囲の職員が不快に感じる以上はセクシュアル・ハラスメントに当たる旨注意喚起をする。

3 第三者からの苦情・相談
(例)

　　職員が部下の女性職員に対し、性的なからかいを日常的に繰り返しているのを不快に思う同僚（女性）から相談があった場合には、部下の女性及びその行為を行ったとされる者から事情を聴き、その事実がセクシュアル・ハラスメントであると認められる場合には、性的なからかいを行う職員に対して職場の監督者を通じ又は相談員が直接に注意を促す。

(例)

　　非常勤職員に執拗につきまとったり、その身体に不必要に触る職員がいるが、本人（非常勤職員）は立場が弱いため苦情を呈することをしないような場合について第三者から相談があった場合には、本人から事情を聴き、事実が認められるときには、本人の意向を踏まえた上で、職場の監督者を通じ又は相談員が直接に、加害者とされる者から事情を聴き、注意する。

資料4　各種官公庁資料

セクシュアル・ハラスメント相談マニュアル

2000年3月　東京都労働経済局

セクシュアル・ハラスメントについての相談・苦情に対応する前に

　職場におけるセクシュアル・ハラスメントは、個人的な問題ではありません。女性の能力発揮を妨げるばかりでなく、企業の社会的評価を著しく低下させることにもなりかねない労働上の問題です。

　このため、職場におけるセクシュアル・ハラスメントを防止し、発生した問題に適切に対処していくためには、以下の視点を持って取り組んでいく必要があります。

　セクシュアル・ハラスメントについての相談・苦情には、これらの視点を踏まえた適切な対応を行ってください。

1　セクシュアル・ハラスメントは労働者の個人としての尊厳を不当に傷つけ、能力の有効な発揮を妨げる問題であることを十分に認識し、人格権の尊重の視点から啓発や対策を行う。
2　セクシュアル・ハラスメントは、企業にとっても職場秩序や業務の遂行を阻害し、社会的評価に影響を与える問題である。使用者は、労働契約上、職場において労働者の人格権が侵害され、職場環境が著しく悪化する事態を未然に防止する義務がある。未然の防止対策こそが重要である。
3　企業の女性労働者の活用や能力発揮を考えていない雇用管理の在り方や、男性労働者が女性労働者を職場における対等なパートナーとして見ず、性的な関心の対象として見る意識の在り方が相互に関連してセクシュアル・ハラスメントを起こす職場環境を形成すると考えられている。こうした職場環境から改善していくことが必要である。
4　男女がともに個人として尊重し合い、快適に働いていくための職場環境整備の一環として取り組む必要がある。

第2部　参考資料及び文献リスト

第1章　職場におけるセクシュアル・ハラスメント

I　セクシュアル・ハラスメントの理解のために

1　セクシュアル・ハラスメントとはどのような問題か

(1) **セクシュアル・ハラスメントとは**

相手方の意に反する性的な言動で、それに対する対応によって仕事を遂行するうえで、一定の不利益を与えたり、就業環境を悪化させること

男女雇用機会均等法第21条（平成11年4月1日施行）では、

「職場において行われる性的な言動に対するその雇用する女性労働者の対応により当該女性労働者がその労働条件につき不利益を受け、又は当該性的な言動により当該女性労働者の就業環境が害されること」としています。

(2) **セクシュアル・ハラスメントの構成要素**

① 「職場」とは

労働者が業務を遂行する場所です。通常就業している場所以外であっても、業務を遂行する場所であれば、取引先や出張先、商談のための会食の場所、営業車中、顧客の自宅なども職場に含まれます。

また、勤務時間外の「宴会」等であっても、職務との関連性や参加メンバー、参加への強制の有無等により実質的に職務の延長と考えられるものは、職場とみなされます。大阪（S運送会社）事件判決（→36ページ）では、勤務時間外の社外における二次会で行われたセクシュアル・ハラスメント行為に、「業務執行性」が認められています。

② 「性的な言動」とは

性的な内容の発言や行動を意味します。例としては、次のようなものがあります。

●性的な内容の発言：
性的な冗談やからかい、食事・デート等への執拗な誘い、意図的に性的な噂を流す、個人的な性的体験等をたずねる、性的な体験談を聞か

資料4　各種官公庁資料

せる　など
●性的な行動：
身体への不必要な接触、ヌードポスター・わいせつ図画の掲示、性的関係の強要、強制わいせつ行為、強姦　など

③　セクシュアル・ハラスメントの当事者

事業主、上司、同僚に限らず、委託先や請負先、取引先や顧客、また患者及び学校における生徒等もセクシュアル・ハラスメントの加害者となり得ます。また、正社員だけではなく契約社員、派遣社員、パート社員等業務を遂行する上で関わるすべての労働者が当事者となり得ます。

なお、セクシュアル・ハラスメントの被害者の圧倒的多数は女性ですが、職場において不快な性的言動による被害を受けるのは女性ばかりとは限りません。男女雇用機会均等法上では女性労働者に対する行為のみを対象としていますが、女性から男性、男性から男性に対する行為についても、雇用管理上望ましくないとされたり、民事上、刑事上では当然違法とされるものもあり、企業が責任を問われることになります。

(3) セクシュアル・ハラスメントの分類

セクシュアル・ハラスメントは大別すれば、以下のように分類できます。男女雇用機会均等法に基づく指針では、典型例として次のようなものを挙げています（指針→47ページ）。

①　対価型セクシュアル・ハラスメント

職場において行われる労働者の意に反する性的な言動に対する対応により、当該労働者が解雇、降格、減給等の不利益を受けること。

〈典型的な例〉
●事務所内において事業主が女性労働者に対して性的な関係を要求したが、拒否されたため、その女性労働者を解雇すること。
●出張中の車中において上司が女性労働者の腰、胸等に触ったが、抵抗されたため、その女性労働者について不利益な配置転換をすること。

> ●営業所内において事業主が日頃から女性労働者に係る性的な事柄について公然と発言していたが、抗議されたため、その女性労働者を降格すること。

② 環境型セクシュアル・ハラスメント

職場において行われる労働者の意に反する性的な言動により、就業環境が不快なものとなったため、能力の発揮に重大な悪影響が生じるなど当該労働者が就業する上で看過できない程度の支障が生じること。

> 〈典型的な例〉
> ●身体接触型：事務所内において事業主が女性労働者の胸や腰等にたびたび触ったため、その女性労働者が苦痛に感じて、その就業意欲が低下していること。
> ●発　言　型：同僚が取引先において「性的にふしだらである」などの噂を流したため、その女性労働者が苦痛に感じて仕事が手につかないこと。
> ●視　覚　型：女性労働者が抗議しているにもかかわらず、事務所内にヌードポスターを掲示しているため、女性労働者が苦痛に感じて業務に専念できないこと。

日本の企業では、上司が部下の採用や解雇、昇進に関する人事上の権限を単独で持っていることは少ないため、雇用条件の代償として行われるセクシュアル・ハラスメントが発生しうる職場は比較的少ないと思われます。

そのため、明確に雇用上の対価等は示されていないものの、相手に雇用条件や職務遂行への影響を予想させる職務上の地位・立場を利用して性的要求が行われる「地位利用型」ともいうべき事例が多くなっています。

(4) セクシュアル・ハラスメントの判断基準

セクシュアル・ハラスメントか否かを判断する基準としては、職業生活に関連して、本人の訴えや第三者からみて見過ごすことのできない程

度の具体的な不利益や被害が生じていること、または生じようとしている（生じることが予想される）ことが重要になります。

対価型では、職務権限を利用した昇進拒否や解雇等、労働条件への具体的不利益が実際に発生したか、もしくはこれらの不利益が条件として示されていたかが判断基準となります。これに対して、環境型では職場環境への悪影響がその判断基準となるため、判断が難しい面があります。以下に、環境型セクシュアル・ハラスメントの判断基準について整理します。

〔**環境型セクシュアル・ハラスメントにおける判断基準**〕

① 性的言動の状況

環境型セクシュアル・ハラスメントにおける性的言動は、「業務の円滑な遂行に支障を与え」、「就業環境を害する」程度のものであることが要件になりますが、この基準は行為の状況によって大きく異なります。

問題の性的言動が、被害者にとって著しく悪質なものと考えられる場合には、一度であっても「就業環境を害する」こととなり得ますが、比較的軽微なものなどは、継続性や繰り返しが要件となります。ただし、継続性や繰り返しが要件となるものであっても、明確に抗議しているたもかかわらず放置された状態の場合又は心身に重大な影響を受けていることが明らかな場合には、「就業環境を害している」と判断できるでしょう。セクシュアル・ハラスメントに該当するか否かについては、個々のケースごとに状況を総合的に判断していく必要があります。

② 「意に反する」言動とは

「意に反する」言動とは、相手方の望まない (unwelcome)」言動であって、「不快な」ものをいいます。

権限を持つ加害者に対しては、逆らった後の悪影響をおそれて「望まない」言動を受け入れてしまったり、その場ではっきりと拒否できないような場合も十分に考えられます。そのため、たとえ相手がその言動に「応じた」場合でも、本人が「望まない」言動であるならば、それはセクシュアル・ハラスメントになります。

③ 「不快な」言動かどうかの判断基準

「平均的な女性労働者の感じ方」が判断の基準となります。

ただし、被害者が普通以上に性的感受性が強い女性であっても、本人が不快であると意思表示をしているにもかかわらず、その性的言動が繰り返されるような場合には、「平均的な女性の感じ方」にとらわれず、被害者本人の気持ちが判断の基準とされるべきでしょう。

2 セクシュアル・ハラスメントはなぜ起こるのか

職場におけるセクシュアル・ハラスメントが起こる背景には、次のようなものがあると考えられます。

(1) **性的な固定観念の押しつけ（パートナー意識の欠如）**

セクシュアル・ハラスメントが起こる原因の一つは、個々人を評価するのではなく、「女は愛嬌」「男は度胸」といった性によるステレオタイプ的な見方を押しつけてしまう性的固定観念にあるといえます。とりわけ、女性を「劣った性」とみなし、女性を職場における対等なパートナーとして見ない固定的な性別役割分担意識が、「女のくせに」「女だから」という日常的な言動となることで、セクシュアル・ハラスメントにつながっています。

(2) **職場への性的関心の持込み**

性的関係を求める、身体にさわる、性的な冗談を仕掛けて反応を楽しむなどといった行為は、相手を性的な対象としてみているがゆえに起こります。そのような意識が職場に持ち込むことが、他の労働者の職務遂行に悪影響を与えるセクシュアル・ハラスメントを生む原因となっています。

(3) **プライバシーへの過干渉**

プライベートな話題に関する受容範囲には個人差があり、また当人同士の人間関係にも大きく左右されます。とくに、容姿や身体的特徴、年齢や結婚等に関する話題は、たとえ言った側にはそのつもりがなかったとしても、受ける側にとっては性的固定観念や性的関心への含みを連想させる場合もあり、不快に思うことも多いのです。

資料4　各種官公庁資料

(4) 性的言動に対する男女の意識差

　性的な言動の受けとめ方には個人間や男女間で差があり、同じ言動に対しても許容できる人もいればできない人もいるものです。親しさを表すつもりの言動であったとしても、相手を不快にさせてしまう場合があります。性に関する意識の男女差や個人差への無理解が、セクシュアル・ハラスメントにつながっています。

(5) 企業の雇用管理のあり方

　企業自身が雇用管理において男性中心の発想から抜け出せず、女性労働者の活用や能力発揮を考えていない場合があります。このような企業の対応が、そこで働く労働者の意識や行動にも影響を与え、セクシュアル・ハラスメントの起こりやすい環境をつくり出しています。

3　セクシュアル・ハラスメントの影響

(1) 被害者への不利益な結果・悪影響の発生

●個人の尊厳、名誉、プライバシー、性的自己決定権（※1）を不当に侵害する
●能力の有効な発揮を妨げる
●労働条件に不利益な結果や影響を生じさせる
●精神、健康、身体等に悪影響を及ぼす
　問題解決後も深刻な後遺症を残すことがある（PTSD（※2））
　また、加害者にとっても、個人的な信用の失墜になるばかりでなく、懲戒処分の対象となったり、裁判に訴えられることもあります。自分に責任があることとはいえ、その不利益は計りしれません。

(2) 企業への不利益影響の発生

●従業員のモラールダウン、職場秩序の乱れ⇒職場全体の勤労意欲や風紀の低下につながる
●業務の円滑な遂行の阻害⇒被害者の退職などの結果をもたらす、職場全体の生産性低下をまねき、組織の適正・効率的な運営を妨げる
●社会的評価への悪影響⇒問題を放置すれば訴訟に発展することもあり、企業イメージが低下する
●損害賠償による損失⇒金銭的な損害をもたらす

第2部　参考資料及び文献リスト

> ※1　**性的自己決定権**
>
> 　性に関することがらについての決定権を持つのは自己のみであるということ。
>
> 　性に関する問題は個人的、主観的な性質のものであり、自分以外の誰からも「望まない性」は強要されてはならないとする内心の自由、身体の自由。
>
> ※2　**PTSD（心的外傷後ストレス障害）**
>
> 　生命や身体の危機、家族を失うなどの強い心的外傷（トラウマ）を受け、これを契機に不眠、神経過敏、事件の再体験（フラッシュバック）、抑うつ、攻撃的になる、記憶障害等の症状に襲われ、自己をコントロールできなくなる状態。戦争、自然災害、性暴力の被害者に起こりやすい。

4　法的にみたセクシュアル・ハラスメント

1　刑事上の責任

　セクシュアル・ハラスメントのような性的言動が、身体的接触をともなって行われるような場合には、「強制わいせつ」（刑法第176条）や「障害」（刑法第204条）、「暴行」（刑法第208条）、さらには「強姦」（刑法第177条）等の罪に問われうる場合があります。また、身体的接触を伴わない性的言動であっても、悪意のある中傷等の形で他者の性的私生活に関する事実を流布し、同人の名誉を著しく傷つけたり、さらに恐怖の念を抱かせたりしたような場合には、「名誉毀損」（刑法第230条）や「侮辱」（刑法第231条）、さらには「脅迫」（刑法第222条）等の罪に問われうる場合があります。

2　民事上の責任

(1)　加害者の法的責任

　<u>セクシュアル・ハラスメントは加害者の「不法行為」（＝不法行為責任)</u>

　セクシュアル・ハラスメントは、被害者の「人格権」を侵害する不

資料4　各種官公庁資料

法行為（民法第709条）です。人格権は、個人の名誉、プライバシーなどにつながる権利であり、これを侵害すれば不法行為責任が問われ、損害賠償責任が生じます。

　また、福岡事件判決（→40ページ）は、被害者の「働きやすい職場環境で働く権利」を侵害したとして、この点についても不法行為（民法第709条）に該当するとしています。

(2)　使用者（＝企業）の法的責任

セクシュアル・ハラスメントは使用者の「不法行為」（＝不法行為責任）

　民法第715条は、使用する労働者が職務遂行中に第三者に損害を与えた場合、使用者に損害賠償責任があるとしています。使用者は、従業員が社内あるいは取引先の相手などに対して行ったセクシュアル・ハラスメントについて、損害賠償責任を負わなければなりません。

　また、福岡事件判決は、使用者には従業員の職場環境を良好に整備し、職場環境を調整するように配慮する義務があると指摘しています。部下を選任監督する立場にある上司がこの義務を怠った場合には不法行為が成立することがあるとして、この点についても使用者に民法第715条による損害賠償責任を認めています。

　このほか、加害者が企業の代表者である場合には、民法第44条1項の規定により、企業も不法行為責任を負うことになります。

セクシュアル・ハラスメントは使用者の「職業環境配慮義務」違反（＝契約責任）

　三重事件判決（→38ページ）では、使用者は、信義則上、労働契約に基づく付随義務として、労働者にとって働きやすい職場環境を保つように配慮すべき義務（職場環境配慮義務）を負うとしています。職場環境配慮義務には、セクシュアル・ハラスメントにより職場環境が悪化することのないよう、研修による啓蒙や相談窓口の設置など予防的に職場環境を整備する義務及びセクシュアル・ハラスメントが発生した場合に、事実調査や人事上の措置などにより職場を良好な環境に調整する義務があり、使用者がこれを怠った場合には、債務不履行責任（民法第415条）を問われることになります。

3 男女雇用機会均等法における企業の義務

平成11年4月より施行された改正男女雇用機会均等法では、職場におけるセクシュアル・ハラスメントの防止を男女の均等確保の基礎的条件として位置づけ、防止のための雇用管理上の配慮を事業主に義務づけています。また、事業主が配慮すべき事項について指針を定め、具体的な例を示しています(指針→47ページ)。均等法に明記されたことにより、セクシュアル・ハラスメントのない職場づくりが企業の責務であることがより明確になったといえるでしょう。

なお、事業主がこの配慮義務を怠った場合には、労働大臣による指導や勧告等の対象となります。

男女雇用機会均等法（抄）（平成11年4月1日施行）

（職場における性的な言動に起因する問題に関する雇用管理上の配慮）

第21条 事業主は、職場において行われる性的な言動に対するその雇用する女性労働者の対応により当該女性労働者がその労働条件につき不利益を受け、又は当該性的な言動により当該女性労働者の就業環境が害されることのないよう雇用管理上必要な配慮をしなければならない。

2 労働大臣は、前項の規定に基づき事業主が配慮すべき事項についての指針を定めるものとする。

（報告の徴収並びに助言、指導及び勧告）

第25条 労働大臣は、この法律の施行に関し必要があると認めるときは、事業主に対して、報告を求め、又は助言、指導若しくは勧告をすることができる。

2 前項に定める労働大臣の権限は、労働省令で定めるところにより、その一部を都道府県労働局長に委任することができる。

資料4　各種官公庁資料

II　セクシュアル・ハラスメントの防止のために

1　セクシュアル・ハラスメントをなくすためのグレーゾーンへのアプローチ

セクシュアル・ハラスメントは、日常のマナーから職場の雰囲気まで広く関係している問題です。

公務職場におけるセクシュアル・ハラスメントを防止するために定められた人事院規則10—10では、「性的な関心・欲求に基づくもの」とともに、「性別により差別しようとする意識等に基づくもの」についても「セクシュアル・ハラスメントになり得る言動」として具体例を挙げています。

ここでは、これらをセクシュアル・ハラスメントにつながるグレーゾーンとしてとりあげます。

グレーゾーンを形成する意識や言動には次のようなものがあります。
- 「男のくせに根性がない」、「女には仕事を任せられない」「女性は職場の花」などの言葉
- 「男の子、女の子」、「お嬢さん」、「オヤジ、オバサン」などの人格を認めないような呼び方
- 「かわいくない女」「男は結婚しないうちは一人前とはいえない」など、「女性（男性）はかくあるべき」とする意識
- 女性であるというだけで職場でお茶くみ、掃除、私用等をさせること

また、職場旅行や宴席など、少し仕事から離れた場面での言動にも多く現れます。
- カラオケでのデュエット、お酌、チークダンス
- 酒席で、上司の側に座席を指定すること
- 職場旅行での浴衣を着るように言うこと
- 各種余興での度を越した悪ふざけ

第2部　参考資料及び文献リスト

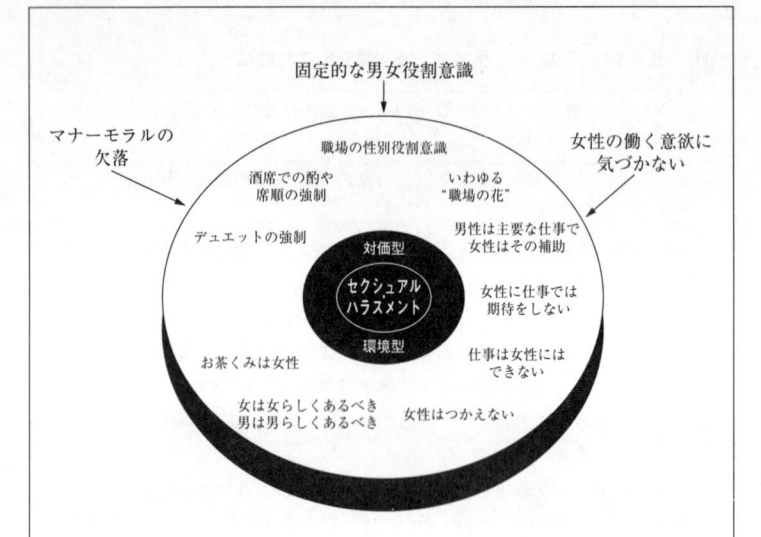

固定的な男女役割意識
マナーモラルの欠落
女性の働く意欲に気づかない

職場の性別役割意識
酒席での酌や席順の強制
いわゆる"職場の花"
デュエットの強制
男性は主要な仕事で女性はその補助

対価型
セクシュアルハラスメント
環境型

女性に仕事では期待をしない
お茶くみは女性
仕事は女性にはできない
女は女らしくあるべき男は男らしくあるべき
女性はつかえない

（セクシュアル・ハラスメントをとりまくグレーゾーン）

　こうした行動は習慣の中で行われるため、受け手の不快な気持ちに気づかずに行われがちです。

　この中には、厳密な意味においてはセクシュアル・ハラスメントとは性質が異なるジェンダー・ハラスメントともいうべき問題も含まれています。しかし、このような意識や言動も、繰り返されたり、抗議されたのにもかかわらず続けられればセクシュアル・ハラスメントとして不法行為にあたることを認識し、こうした差別的言動や性的言動、そしてそれらを生み出す意識からなくしていく必要があります。

　セクシュアル・ハラスメントのない職場環境をつくるには、それぞれの言動が「セクシュアル・ハラスメントか否か」といった線引きのみにとらわれるのではなく、不快な思いをしている人がいるのであればそうした言動はしないということを日頃から心がけることが大切です。

※ちょっと待ってその行動

資料4　各種官公庁資料

> 　気がつかないうちにセクシュアル・ハラスメントにつながるような行動をとっていませんか。自問してみてください。
> - ●自分の妻（夫）や家族が隣に立っていても、同じような行動がとれますか。
> - ●その行動が社内報などに載ってもかまいませんか。
> - ●相手が上司の家族であっても、同じように行動しますか。
> - ●自分の子どもが他の誰かから同じ目にあったとしても気になりませんか。

2　セクシュアル・ハラスメント防止対策

　男女雇用機会均等法に基づき定められた指針（→47ページ）では、均等法で事業主に配慮義務が課せられたセクシュアル・ハラスメントの内容や防止のために事業主が配慮すべき事項が示されています。

　事業主が雇用管理上配慮すべき事項として指針に示されているものは、下記の3項目です。事業主は3項目のいずれにも配慮しなければなりません。配慮の方法については、企業・事業所の規模や職場の状況に応じて、各事業主が最も適切と考える措置を実施していくことになります。

(1)　**事業主の方針の明確化及びその周知・啓発**

　　事業主は、職場におけるセクシュアル・ハラスメントに関する方針を明確化し、労働者に対してその方針の周知・啓発をすることについて配慮をしなければなりません。

> （配慮をしていると認められる例）
> - □　社内報、パンフレット、ポスター等広報・啓発資料等にセクシュアル・ハラスメントに関する方針等を記載し、配布する。
> - □　従業員心得や必携、マニュアルなど服務上の規律を定めた文書にセクシュアル・ハラスメントに関する事項を記載し、配布又は掲示する。
> - □　就業規則等に職場におけるセクシュアル・ハラスメントに関する方針等を記載する。
> - □　労働者に対して職場におけるセクシュアル・ハラスメントに関する

> 意識を啓発するための研修、講習等を実施する。

(2) **相談・苦情への対応**
　① 事業主は、相談・苦情への対応のための窓口を明確にすることについて配慮をしなければなりません。
　② 事業主は、相談・苦情に対し、その内容や状況に応じ適切かつ柔軟に対応することについて配慮をしなければなりません。

(配慮していると認められる例)
☐ 相談・苦情に対応する担当者をあらかじめ定めておく。
☐ 苦情処理制度を設ける。
☐ 相談・苦情を受けた場合、人事部門との連携等により円滑な対応を図る。
☐ 相談・苦情への対応のためのマニュアルをあらかじめ作成し、これに基づき対応する。

(3) **職場におけるセクシュアル・ハラスメントが生じた場合における事後の迅速かつ適切な対応**
　① 事業主は、職場におけるセクシュアル・ハラスメントが生じた場合において、その事案に係る事実関係を迅速かつ正確に確認することについて配慮をしなければなりません。
　② 事業主は、その事案に適正に対処することについて配慮をしなければなりません。

(配慮をしていると認められる例)
☐ 相談・苦情に対応する担当者が事実関係の確認を行う。
☐ 人事部門が直接事実関係の確認を行う。
☐ 相談・苦情に対応する担当者と連携を図りつつ、専門の委員会が事実関係の確認を行う。

資料4　各種官公庁資料

3　セクシュアル・ハラスメントの相談・苦情処理体制の整備

(1) 相談窓口の設置

　セクシュアル・ハラスメントの問題は、未然防止や初期段階での対応が最も重要となります。そのため、社内の相談窓口を明確にし、従業員が気軽に相談や苦情の申し出ができる体制を整え、できる限り初期段階で相談を受け、「相談」の段階で解決することが望まれ増。ただし、深刻な段階になっているケースなどを無理に解決しようとするのには注意が必要です。

① 相談窓口の設置場所

　　相談窓口を設置する場合、次のような場所が考えられます。
　　☐ 専門の相談担当者を選任
　　☐ 人事労務担当の部署が担当
　　☐ 相談専門の部署を設置（社内・社外）
　　☐ 労働組合（女性部）に相談窓口を設置
　　☐ 社内診療施設、カウンセラーが担当
　　☐ 法務部門、人権部門の部署に設置　　など

　　人事部門が相談窓口となる場合、こうした部署は企業の人事と直結しているため、相談者が相談することを躊躇してしまうことも考えられます。また、人事部門の相談担当者が処分などを優先的に考えることで事態を拡大させてしまうケースもみられます。相談者が利用しやすいよう、人事部門と社員相談室、人事部門と社外機関（弁護士等）といった複数の窓口を設置するなどの工夫が必要となります。

　　なお、人事部門以外の部署に相談窓口を設置した場合Ⅱは、相談者が安心して利用できるよう、プライバシーを守ることに対する配慮と相談窓口と苦情処理機関との連携について定めておくことが必要です。

② 相談窓口設置の留意点
　　☐ 相談を持ちかけられやすくするために、担当者に女性を含める。
　　☐ 複数の担当者を選任する。
　　　相談に対しては、迅速な対応が必要であり、また、個人的な考えに基づいた対応を防止するためにも、複数の担当者がいることが望ましい。

第2部　参考資料及び文献リスト

- □ 相談の窓口を人事部門と併せて組合や社外にも設置するなど複数にしたり、相談の方法を面談によるものに限定せず、電話や手紙、電子メール等でも対応するなど、相談者が相談しやすいよう工夫をする。
- □ 相談の結果、必要に応じて人事担当者及び被害者の上司と連絡を取る等、相談内容・状況に即した適切な対応がとれるようフォローの体制を整備しておく。
- □ 相談担当者には、応対の手法やカウンセリング等について研修を行うなど資質の向上を図る。
- □ 相談の対応については、マニュアルを作成するなど、ルール化しておく。
- □ 相談対象者を被害者に限定せず、第三者や加害者からの相談も受け付け、広く情報を得やすいかたちにする。
- □ 相談の段階では、匿名によるものについても受け付けることが望ましい。

  ただし、匿名による誹謗中傷に利用されないようにするため、匿名によるものについては、カウンセリングや助言にとどめ、苦情処理には移行しないことを明確にしておく。
- □ カウンセラーや心療内科医といった医療機関などとの連携がとれるような体制とする。
- □ プライバシーが守られるような相談室を確保する。

(2) 苦情処理機関の設置

相談窓口での解決が困難な場合や内容が重大と判断されるような場合には、事実を調査確認し、問題の解決の処理にあたる機関が必要とされます。セクシュアル・ハラスメントが起きてしまった場合に備えて、苦情処理体制として問題を公正な立場で客観的に調査し、迅速かつ適切に処理していく苦情処理機関を整備しておく必要があります。

① 苦情処理機関の設置場所

　苦情処理機関の設置場所としては、以下のようなケースが考えられます。

- □ 相談担当者が人事部門と連携して担当

資料4　各種官公庁資料

　　　☐　人事労務担当の部署が担当
　　　☐　苦情処理・社内調査専門の部署を設置（社内・社外）
　　　☐　苦情処理専門の委員会の設置　　など
　　　　専門委員会の場合、労働組合からの代表や社外の有識者を委員に加えることも検討する。
　② 苦情処理機関設置の際の留意点
　　　☐　苦情処理機関の構成員には、セクシュアル・ハラスメント問題に対する十分な認識と理解を持ち、また、公正で客観的な立場から問題の処理を図れる者を選任する。
　　　☐　男女の編成を考慮して構成員を選任する。
　　　☐　苦情処理機関には、独自に当事者間の調整や改善指導を行ったり、人事部門と連携して調整を行ったりすることができるような権限を持たせる。もしくは、そのような権限を持つ立場の者を構成員に選任し、実効性を担保する。
　　　☐　第三者機関（公的機関、弁護士など）によるフォロー体制を整備しておく。
　　　　できるだけ社内での問題解決を図ることとなるが、社内では対応しきれない場合には、第三者機関へ相談することも必要である。また、問題解決にあたっては、専門知識を持つ第三者の意見を聴くことも有効である。苦情処理機関を社外の有識者等を加えた機関としない場合には、こうした第三者機関との連携を可能とするような体制を整備しておくことが望ましい。
　　　☐　問題への対応手順については、マニュアルをつくるなどルール化しておく。
　　　☐　セクシュアル・ハラスメントを懲戒事由の一つとして就業規則に明示する。
　　　　セクシュアル・ハラスメントを服務規律違反として懲戒の対象とする場合には、就業規則にその旨をはっきりと明記しておく必要がある。
(3)　相談窓口と苦情処理機関との関係
　どのような相談・苦情処理体制を整備するかは、企業の規模や業態など

によって異なってきます。比較的小規模の事業所においては、相談の受付から問題の解決処理までを同一の組織として継続的に扱うこともあり得ます。

相談窓口と苦情処理機関の関係（例）

相談窓口（相談・苦情受付）： 担当者を選任 or 専門の部署を設置 or 人事部門が担当 〔労組への設置も検討〕

苦情処理機関（調査・調停）： 担当者 or 専門の部署 or 苦情処理委員会 or 人事部門 〔アドバイザーや委員として弁護士等、有識者の見解を求める〕

- □ 相談窓口と苦情処理機関が同一であれば継続して対応し、異なる機関を設ける場合は連携して事案に対処する。
- □ 相談窓口と苦情処理機関を別に設けている場合には、各々の担当者が果たすべき役割の範囲を明確にしておく（相談窓口の担当者は、どこまで問題を処理すべきか。）
- □ 規模等、企業の実情に合わせて選択する。

(4) **相談・苦情処理体制の周知**

相談・苦情処理体制を有効に機能させていくためには、相談窓口や苦情処理機関の設置場所、相談・苦情の申し出の方法などを従業員に周知する必要があります。

相談・苦情処理体制の周知は、問題を早期に発見し、問題を迅速に解決するとともに、企業のこの問題に対する姿勢を示すことで、従業員の関心を高め、セクシュアル・ハラスメントを未然に防止することにもつながります。

① 社内への周知方法
- □ 従業員ハンドブック、社員手帳などへ明記
- □ 社内掲示、社内報による通知
- □ 相談の申し出の手順を説明したパンフレット、カードなどの作成、配布
- □ 朝礼等で直接話す　　など

② 周知する事項
- □ 相談窓口の連絡先（電話・内線番号、メールアドレスなど）

資料4　各種官公庁資料

　　　相談担当者の名前を明らかにするかどうかは、企業の実情にあわせて対応することとなるが、担当者の氏名を明示した方が、相談者が相談をもちかけやすい。
☐　相談・苦情の申し出の方法
☐　相談・苦情処理手続き
　　セクシュアル・ハラスメントが発生した場合に、どのような手続きで問題の解決を図るか、相談窓口と苦情処理機関を別に設けている場合には、苦情処理機関がどのようなメンバーで構成されているかなどを周知しておく。

第2部 参考資料及び文献リスト

(5) 苦情処理手続きの流れ（例）

```
          セクシュアル・ハラスメント発生
                    │
              相談・苦情の申し出
                    ↓
                 相 談
                 窓 口
            ─────────────────
              相談・苦情の受付
            ─────────────────
                 事 実 確 認
```

| 担当が苦情処理機関で処理することが適当と判断した場合 | 申出者が苦情処理機関への訴えを希望する場合 | 担当からのアドバイス | 担当による勧告（軽易なレベルのもの） |

```
       │（申出者の承諾を得たうえで）              ↓            ↓
       │                                       改  善
       │                                         ↓
       │                                       解  決
       ↓
    苦情処理
    機  関
  ─────────────
    事実確認・調査
```

申出者に誤解があると認められた場合	問題があると認められた場合		
申出者及び相手方へのカウンセリング 両者間のあっせん、話し合い	両者間のあっせん	具体的措置（謝罪・処分・異動等も含む）	改善勧告

```
         ↓                    ↓
       納  得               改  善
         │                    │
         └──────┬─────────────┘
                ↓
              解  決
                            │（被害者・加害者の異議申立て）
                            ↓
                         再 調 査
                    ─────────────────
                    社外機関（労政事務所、弁護士等）へ相談
```

4 セクシュアル・ハラスメントへの対処

(1) 被害を受けたと思うときの対処

□ 嫌なことは相手に対して明確に意思表示をする。

　不快に思ったら、毅然とした態度をとり、率直に自分の意思を相手に伝えることが重要である。直接相手に言いにくい場合には、手紙等

資料4　各種官公庁資料

　　の手段をとるという方法もある。
　□　信頼できる人に相談する。
　　　職場の同僚や知人等身近な信頼できる人に相談することが大切である。
　□　信頼できる上司に事実を知らせ、対処するよう申し入れる。
　　　その際は、個人的な相談ではなく、職場の問題として相談していることを明確に伝える。上司の理解がない場合は管理部門の責任者に相談する。
　□　社内の苦情処理機関に苦情を申し立てる。
　□　労働組合に相談する（社内に労働組合がない場合でも個人加入できる組合もある。）
　□　社内で相談しても事態が改善されないときは、労政事務所（→58ページ：相談は無料）や弁護士等の外部機関に相談する。
　　なお、相談や苦情を申し立てるにあたっては、次のことをこころがけましょう。
　□　記録をとる。証拠となるものは保存する。
　　　日時・場所・具体的なやりとり・周囲の状況（他に誰がいたか等）などを記録しておく。悪質な電話は録音し、手紙などは保存する。
　□　問題を自分の中で問題を整理する。その際には次の3点を心がける。
　●事実を正確かつ具体的に説明できるようにする。
　●記録や証拠をそろえ、第三者に説明できるようにする。
　●どのような解釈を求めているのか、自分の要求をはっきりさせる。
(2)　相談を受けたときの対処
　①　上司として相談を受けたとき
　　□　先入観はもたない。日常の印象に左右されず、相談者の話を受け入れる姿勢を示す。
　　□　個人的な問題ではなく、職場の問題ととらえて対処する。
　　□　些細と思われることでも放置しない。
　　□　相談者がどのような措置（解決）を望んでいるのかを確認する。
　　□　記録をつける、手紙をとっておくなど証拠を集めるようアドバイスする。

- □ 一管理者として対処しきれないと思われる場合は、相談者の意思を確認したうえで、早急に適切な部門へ届け出る。
- □ 社内の苦情処理機関への申立てを勧める。

② 同僚・友人として相談を受けたとき
- □ 真摯に耳を傾け、力になりたいという姿勢を示す。
- □ 相談者がどのような解決を求めているのか、気持ちを整理するよう勧め、そのうえで解決方法を一緒に考える。
- □ 社内の相談窓口などに相談することを勧める。
- □ 場合によっては、相談者の「ノー」という意思を代理で伝える。

第2章　セクシュアル・ハラスメントの相談・苦情への対応

I　相談・苦情処理担当者としての基本的心構え

1. 相談者の立場に立って話を聞く
2. 先入観をもたない
3. 相談者が何を求めているかを把握する
4. 事実は正確に把握する
5. 当事者のプライバシー等人権を尊重し、知り得た秘密は厳守する
6. 迅速な対応を心がける。

II　相談・苦情への対応

相談・苦情の受付から、問題の解決を図っていくまでの手順は、以下のようになります。

1 相談・苦情の受付 → 2 事実の確認（当事者等からの事情聴取） →

3 事実認定（事実の有無の判断） →

4 問題解決処理（和解案の提示、被害の回復等） →

5 職場環境の整備等（再発の防止）

資料4　各種官公庁資料

1　相談・苦情の受付

セクシュアル・ハラスメントの相談・苦情には、さまざまな程度、形態のものがありますが、相談窓口での対応が問題解決への第一歩となります。軽微なものと思われるものにも、深刻な問題の芽が含まれていることもあります。一つ一つの相談・苦情に対し真摯に対応していくことで、セクシュアル・ハラスメントが重大な問題へ発展することを防ぎ、未然防止にもつながります。

また、相談担当者は、相談には至らない段階であっても、問題となるような兆候がないか、日常から職場の様子に目を配り、周囲に声をかけるなど、問題を早期に発見するよう心がけましょう。

(1) **相談・苦情を受ける際の相談担当者の体制等**（人事院規則10―10）

相談・苦情を実際に受ける際には、次のような体制を整えることが必要となります。

- ☐ 相談・苦情を受ける際には、原則として複数の相談担当者で対応する。
- ☐ 相談・苦情を受けるに当たっては、同性の相談担当者が同席するように努める。
  場合によっては、異性の相談担当者が席をはずすことも必要である。
- ☐ 相談担当者は、相談・苦情に適切な対応するために、相互に連携し、協力する。
- ☐ 実際に相談・苦情を受けるに当たっては、その内容を相談担当者以外の者に見聞きされないよう周りから遮断した場所で行う。

(2) **相談・苦情申し出の受付票**

相談内容を双方で事前に整理しておくため、相談者には受付票を提出してもらいます。相談の段階では、広く電話や電子メールによるもの、第三者や目撃者からの相談・苦情なども受つ付け、受付票を提出しなくても、また匿名でも相談に応じるようにしておきましょう。ただし、匿名の相談・苦情については、カウンセリングやアドバイスといった対応にとどめることを周知しておくことが必要です。

第2部　参考資料及び文献リスト

2　セクシュアル・ハラスメントの事実の確認

　相談者が相談・苦情への具体的な対応を望む場合、問題となっている事実内容の調査・確認をすることになります。相談窓口では相談・苦情の受付及び相談までを行うこととなっている場合には、社内調査委員会や苦情処理委員会といった苦情処理機関に相談内容を報告し、これらの苦情処理機関が事実の確認を行います。なお、事実の確認を行う場合には、必ず事前に相談者の同意を得ることが必要です。

(1) 相談者（被害者）とのヒアリング

　まずは、問題となっている行為を受けている被害者本人から直接事実関係を聴取することが原則です。第三者や目撃者からの申し立てにより事実確認をスタートする場合にも、できるだけ被害者から直接話を聞くようにします。本人が直接相談窓口に現れず、友人、知人、母親などの代理による訴えもままありますが、こうした場合も本人が相談窓口に来るように促し、直接本人からの話を聞くようにします。なぜならば、たとえ善意の代理人であっても、代理人としての感情が入ったり、本人の意思とは異なる主張になったりしてしまう恐れがあり、解決が困難になってしまうこともあるからです。

① 事実関係の確認

　相談者とのヒアリングでは、次のことを確認します。ヒアリングにおいては、まず、相談者自身の話を「聴く」ことが大切です。以下にあげた質問例は、あくまでも、相談者の話を整理したり、確認したりするきっかけとして利用し、無理に話を促したり、詰問調になったりすることのないように注意しましょう。

□　性的言動の内容（相手、時間、頻度、日時、場所など）

（質問例）　□　どのような行為がありましたか。
　　　　　□　その行為は、いつ、どこで、どのような状況で起こりましたか。
　　　　　　　仕事の最中ですか、それとも勤務時間後の行為ですか。
　　　　　　　勤務時間後の宴会の場合、それはどのような性格の会で

資料4　各種官公庁資料

|　　　　　　　　　　　したか。|

☐　相手との関係（上下関係、私的な関係はないか）

（質問例）　☐　あなたとその行為を行った相手とは、どのような関係にありますか。
　　　　　　☐　あなたは、相手と一緒に食事などに行ったことはありますか。
　　　　　　　　それは、どのようなメンバーでいつ行きましたか。

☐　相談者の対応

（質問例）　☐　あなたはその行為を行った相手に対して、どのような対応をとりましたか。
　　　　　　　　そのときの相手の対応はどのようなものでしたか。
　　　　　　☐　ショックを受けて反応できなかった、報復を恐れて拒否できなかったなどの理由で、不快に感じている旨を伝えられなかったようなことはありますか。

☐　管理職等の対応

（質問例）　☐　あなたは、上司にその行為について相談をしましたか。
　　　　　　　　その上司は、どのような対応をとりましたか。

☐　被害の程度

（質問例）　☐　その行為によってあなたはどのような影響を受けましたか。
　　　　　　　　何か、仕事上の不利益を被っているようなことはありますか。
　　　　　　☐　その行為を受けたとき、あなたはどのように感じましたか。

第2部　参考資料及び文献リスト

□　証拠の有無

（質問例）　□　その行為を受けたとき、あなたは誰かにそのことを話しましたか。
　　　　　　□　その行為について、あなたのために協力してくれる人はいますか。
　　　　　　　　目撃していた人、同様の被害にあっている人はいませんか。
　　　　　　□　その行為を裏付ける手紙やメモ、録音テープなどがありますか。

□　職場の状況

（質問例）　□　職場の雰囲気はどうですか。
　　　　　　□　職場で、日常的に性的に不快な言動はありますか。

　聴取した事実関係は、必ず被害者に内容を確認します。また、聴取した内容については、相談者の了解を得て、記録に残しておきます。その際、問題の解決のためには記録をとることが必要なこと、相談者の同意なしに内容を他者に開示することはないことを説明し、理解を得るようにしましょう。

② 相談者の心身の状況の把握

　相談者とのヒアリングの中で、相談者が心理的にどのような状況にあるかによって、相談・苦情への対応にあたり、どの程度の時間的な余裕があるかを把握します。

　被害が深刻な場合には、緊急に措置を講ずる必要があります。相談者が精神的にかなり不安定になっているような場合には、医療機関を紹介することも必要です。また、早急に当事者を引き離す必要がある場合には、一時的に配置転換や自宅待機を可能とするなど迅速かつ柔軟に対応します。

　緊急措置については、会社側が選択肢を提供し、相談者がそれを選択するのがよいでしょう。

資料4　各種官公庁資料

(緊急措置が必要とされる場合)
☐　被害が極めて深刻な場合
☐　相談者が非常に感情的になっていたり、精神的に不安定となっている場合
☐　加害行為が継続していたり、加害者から相談者に対して圧力的な言動が予想される場合
☐　当事者間の対立が深刻で、職場環境が悪化し、他の同僚などにも影響を与えている場合
☐　相談者が何らかの措置を求めている場合

(緊急措置の例)
☐　仕事のパートナーを変える、勤務場所を変えるなど当事者間の職場を引き離す。
☐　問題解決処理が図られるまで、休みをとれるようにする。
☐　自宅で仕事を行えるようにする。
☐　加害者を自宅待機とする。

③　相談者の意思の確認

　相談者がどのような解決方法を望むのか、どの段階まで問題の処理を進めてよいかといった相談者の意思を確認しておきます。ただし、相談者自身が問題を整理しきれていなかったり、感情的になっている場合も多くあります。早急に意思を確認しようとせず、相談者が落ち着いて気持ちを整理できるようになった時点で、意向を聞くようにしましょう。

　また、相談・苦情処理担当者が解決策を提案するような場合には、担当者の主観を交えず、予想される影響についても説明したうえで、決して強制したりしないように留意します。そして、実際にどのような解決策がとられるかは、事実関係の確認の結果によることを伝えましょう。

☐　どのような解決方法を望むか。

　　将来の言動の抑止、加害者の配置転換の要求など今後も発生が見込まれる言動への対応を求めるものであるのか、又は喪失した利益

の回復、謝罪の要求、慰謝料の請求など過去にあった言動に対する対応を求めるものであるかについて把握する。
　□　事実調査を進めてよいか。
　　加害者とされる者からの事情聴取、目撃者等からの事情聴取、所属長からの事情聴取など、どこまで調査を進めてもよいか。
④　相談・苦情処理担当者の役割、苦情処理機関での一連の手続きの説明

　相談・苦情処理担当者は何を行うのか、相談者とのヒアリング以降、どのような手続きにより事実確認から問題解決処理までを行っていくのか等を、相談者にあらかじめ説明しておきます。

　ここで、相談・苦情の内容を考慮し、問題の解決が図られるまでに要する時間の見通しを伝えておきましょう。

⑤　相談・苦情の申し立てにより相談者に不利益処分を与えないことの説明

　相談・苦情を申し立てたことによって、企業が相談者に不利益な取扱いをしないこと、また、加害者とのヒアリングに際しても加害者等の報復的な行動を禁止することを、相談者に伝えます。もし、報復的な行動があれば、すぐに苦情処理機関に知らせてもらうようにします。

⑥　セクシュアル・ハラスメントを許さないという企業の意思の明示

　相談者とのヒアリングの際には、セクシュアル・ハラスメントの問題については、企業が責任をもってその解決にあたること、また、企業には、セクシュアル・ハラスメントのない職場をつくる責務があることを明確に伝えることが大切です。

(2) **加害者とのヒアリング**

　原則として、加害者とされる者から事実関係の確認を行う必要があります。ただし、相談者自身が相談・苦情を相手に伝えることをのぞまない場合や、セクシュアル・ハラスメントが職場内で行われ、比較的軽微なものであり、対応に時間的な余裕がある場合など監督者の観察・指導による対応が適当な場合も考えられるので、個々の事例に応じて適切な方法を選択して対応します。

　また、相談・苦情があったことを相手に伝えることで、相談者に何ら

資料4　各種官公庁資料

かの影響が生じることもあり得ます。加害者とのヒアリングを行う際には、事前に必ず、相談者の了解を得ることが必要です。
① ヒアリングをする趣旨と目的を説明し、苦情内容を伝える。
　まず、加害者とされる者に対する相談・苦情が申し立てられていること、このような事実確認を行う理由、問題の解決処理を図るまでの一連の手続きについて説明します。
　次に、申し立てられた相談・苦情の内容を伝えます。このとき、相談者を明らかにするかどうかは、被害の内容や程度等により判断することとなりますが、明らかにする場合は、あらかじめ必ず相談者の了解を得ておきます。また、事実が確認されるまでは、加害者であるという先入観をもった対応は避けます。

（質問例）	□ こうした相談・苦情が寄せられていますが、事実関係を教えてください。 　　これは、苦情の内容についての事実確認ですから、ありのままを話して下さい。 □ あなたのプライバシーを守り、秘密は厳守します。

② 事実関係の確認
　加害者とされる者に対して十分に弁明の機会を与え、先入観をもたず、客観的に事実の把握に努めなければなりません。相談者とのヒアリングと同様に、その主張に真摯に耳を傾け丁寧に話を聴き、事実関係や証拠の有無等を把握します。

（質問例）	□ 相談・苦情の対象となっている行為はありましたか。 □ 実際には、どのような行為でしたか。いつ、どこで起こりましたか。 □ なぜ、そうした行為を行ったのですか。 □ そのときの相手の対応はどうでしたか。 □ あなたと相談者とはどのような関係ですか。 □ その後、相談者の態度に何か変化は見られますか。

第2部　参考資料及び文献リスト

> 　　　　見られるとすれば、それはどのような変化ですか。
> 　　□　あなたの主張について、誰か協力者はいますか（目撃者など）。

③　相談者への報復の禁止

　加害者とされる者には、相談したことを理由に、いかなる形でも相談者に報復的な行為を行わないこと、また、申し立ての対象となっている言動を続けることも、事実上の報復行為となることを伝えます。

④　当事者間での話し合いの禁止

　この段階では、相談者への相談・苦情の取り下げの強要が行われる場合もありますので、苦情処理機関によって事実関係の確認がなされる間、この問題について当事者間で話し合うことを禁止しておきます。

⑤　セクシュアル・ハラスメントを許さないという企業の意思の表示

　加害者とされる者に対しても、セクシュアル・ハラスメントの問題については、企業が責任をもって問題の解決にあたること、また、企業には、セクシュアル・ハラスメントのない職場をつくる責務があることを明確に伝えます。

(3)　**第三者（目撃者、同様の被害にあっている同僚等）とのヒアリング**

　当事者間で主張が一致せず、事実確認が十分にできない場合に行います。

　第三者にヒアリングを行うと、公正で客観的な事実関係の確認が進められる一方で、問題が社内外に漏れやすくなります。第三者とのヒアリングを行う際には、必ず、事前に当事者の了解を得ておきます。

①　目撃した（同様の被害を受けた）事実の確認

　客観的な事実を得るため、他人から見聞きしたことではなく、第三者自身が直接知っている事実のみを話してもらいます。

> （質問例）　□　相談者が職場で不快に感じているような行為を直接、見たり聞いたりしたことがありますか。
> 　　　　それはどのような行為でしたか。
> 　　□　あなたは、加害者とされている者から、不快に感じる

資料4　各種官公庁資料

> 　　　　ような行為を受けたことがありますか。
> 　　　　それはどのような行為でしたか。
> 　　　　あなたは、そのような行為に対してどのように対応しましたか。
> 　　　　そのときの相手の対応はどのようなものでしたか。
> 　□　相談者は、あなたに相談・苦情の対象となっている行為について話したことがありますか。
> 　□　このことについて知っている人は誰か別にいますか。

②　秘密の厳守の徹底

　直接の当事者ではない第三者からは、情報が漏れやすくなります。こうした問題が社内外に漏れると、問題が複雑・深刻化したり職場環境が悪化したりすること、また、そうした場合には相談者が二重に傷つくことを、第三者にもよく理解させます。

　また、他人のプライバシーに関わる事柄を漏洩した場合には、企業として処分もあり得ることを伝えます。

(4) **記録の保存**

　ヒアリングでの聴取事項（相談票→45ページ、聴き取り票→46ページ）、証拠書類のコピー等は、必ず、記録として保存しておきます。記録の保存に当たっては、次の点に留意する必要があります。

□　記録にあたっては、聴取事項を書面で示したり、復唱するなどして、必ず聴取した相手に内容に相違がないかを確認する。

□　資料の収集、作成及び保存に際してはプライバシーの保護について十分に留意する。

> 3　セクシュアル・ハラスメントの事実認定

　ヒアリングの結果、客観的事実（人事考課、昇進の状況などに不審な点はないか）等により、セクシュアル・ハラスメントの有無を認定します。

(1) **調査・確認結果の分析**

　ヒアリング等により得た証言や記録を分析します。その際には、次のような視点に留意して分析を行いましょう。

第2部 参考資料及び文献リスト

- [ ] ヒアリング時の当事者の様子
- [ ] 内容に矛盾はないか
- [ ] 問題発生後の当事者の様子
　　被害者の勤労意欲の低下が見られるようなことはないか
- [ ] 正当な理由のない職務分担の変更や人事考課等の不審な点はないか
- [ ] 加害者とされる者が過去に同様の問題を起こしていないか
- [ ] 当事者間の軋轢の経緯
　　問題となる行為があるまでの当事者間の関係はどのようなものだったか
　　そのような行為が発生した背景はどのようなところにあるのか
- [ ] 他の要因はないか　　など

(2) **セクシュアル・ハラスメントの有無についての判断**

　調査結果の分析により、セクシュアル・ハラスメントの発生があったかどうかを、苦情処理機関として判断をくだします。その際の留意点は、次のとおりです。

- [ ] 公正に判断する。
- [ ] 迅速に対応する。
　　事実の認定は難しいが、判断が遅れると問題が一層深刻化する恐れがあるので、できるだけ迅速な対応が必要である。
- [ ] 当事者の心理状況に気を配る。
　　感情的な対立が起こりやすい問題であるので、当事者の心理状況にも気を配り慎重に対応する。
- [ ] 公的機関、顧問弁護士など第三者の意見を求める。
　　当事者の主張が相違した場合など、公正な判断が難しい場合や専門的な知識を必要とする場合などは、社外の第三者の意見を聞くことも有効である（労政事務所→本書207ページ）

(3) **事実認定結果の説明**

　当事者双方に、苦情処理機関で行った事実認定の結果及び今後の解決に向けての手続きを説明します。認定の結果を伝えるにあたっては、その認定に至った根拠やプロセスを丁寧に説明することが大切です。また、当事者より事実認定の結果に対して不服申立があれば、再調査を行うな

資料4　各種官公庁資料

どの対応も必要でしょう。
※　事実認定が不可能であった場合
　　事実認定が不可能な場合には、苦情処理機関ではどのような調査を行ったのか、何故不可能であったのか、今後、相談・苦情の対象となっている問題の解消に向けてどう対応していくかを率直に述べ、当事者の意見を聞きましょう。
　　相談者が再調査を求める場合には、今後、どのような手段で再調査をしていくか、当事者と相談をしながら再調査を行っていきます。

4　問題の解決処理

　セクシュアル・ハラスメントの問題に関する相談・苦情への対応は、加害行為を中止させ、被害者が被った不利益の回復を図るとともに、当事者間の関係を改善し、健全な職場環境の回復を目指すことにあります。
　相談・苦情の申し立てを職場環境整備の好機ととらえ、当事者の立場に立って、適切な対応をとるようこころがけましょう。

(1) セクシュアル・ハラスメントの事実ありと認定された場合

　セクシュアル・ハラスメントの事実が確認された場合、企業は公正な立場から迅速かつ適切な対応を行い、この問題の最善の解決を図らなければなりません。被害者の意向や行為の内容等に応じて、柔軟に問題の解決を図ります。

① 解決案の提示
　　問題となった行為の内容や深刻さの程度に応じて、各企業の就業規則や前例等に基づき、解決策を提示します。(具体的な対応例→本書204ページを参考にして下さい。)

(解決案の例)	□　加害者の上司に加害者の指導を要請する。
	□　加害者本人への口頭または文書による警告を行う(加害行為が継続されれば、懲戒処分の対象となることを伝える。)
	□　加害者から被害者への謝罪のあっせんを行う（慰謝料の支払など。）

第2部　参考資料及び文献リスト

> □ 加害者（場合によっては、加害者を含む職場）への教育的研修を実施する。
> □ 当事者を引き離すための配置転換等人事上の処遇や物理的な隔離(仕切の設置、建物や階の移動など)を行う。　など
> ※ 被害者の配置転換は、被害者に不利にならないような異動とし、被害者が望む場合のみに行います。また、加害者の配置転換を行う場合にも、加害者に配置転換の必要性を説明し、了解させたうえでの配置転換とします。

② 被害の回復

被害者労働条件などで不利益を受けている場合は、早急にその回復を図ります。

（人事考課、昇給、昇格、仕事の割り振り等の見直し、修復など。）

③ 加害者の懲戒処分

問題となった言動が非常に悪質な場合には、加害者に何らかの懲戒処分を行うことになります。職場におけるセクシュアル・ハラスメントが、従業員の業務遂行や職場秩序に重大な悪影響を及ぼし、企業の円滑、効率的運営を阻害する問題であることを考えれば、懲戒は必要な措置と言えるでしょう。

□ 懲戒処分を行うためには、あらかじめ懲戒の事由、種類、程度を就業規則に明記しておく必要がある。セクシュアル・ハラスメントの問題についても、処分を行うには、あらかじめセクシュアル・ハラスメントを懲戒事由として定めておかなければならない。

□ 日頃から従業員に対し、セクシュアル・ハラスメントの加害者は服務規律違反等を理由とする懲戒処分の対象となることを、十分に周知しておく。

□ 温情的な処分を行った結果、万が一問題が再発するようなことがあれば、適切な措置を怠ったとして企業が強く責任を問われることになる。また、行為の程度に比較して、過酷すぎる処分を行ったり、

資料4　各種官公庁資料

　　　処分を優先させる発想で対応するあまり、処分にこだわることも避けなければならない。
　④　当事者双方へのカウンセリング
　　当事者は感情的になっている場合が多くあります。被害者だけではなく、カウンセリングは加害者にも行い、自分の言動が相手にどのように思われていたかを理解させ、誤解を与えない行動をとるよう促すことが必要です。
　　できれば、カウンセラーなど専門家とじっくりと話し、双方が納得して職場に復帰し、関係を修復できるような支援を行いましょう。
　　また、被害者は、精神的にダメージを受け、PTSD（→本書174ページ）の症状を示すこともあります。場合によっては、医療機関を紹介するなどメンタルケアが必要となります。
(2)　**相談者が虚偽の申し立てをしていると思われる場合**
　セクシュアル・ハラスメントの発生が認められず、誹謗中傷を目的とした申し立てであると思われる場合には、虚偽の申し立てについても懲戒の対象となりうることを相談者に伝えます。
　ただし、虚偽の申し立てはあくまでも例外的であり、申し立てに至った背景を考慮する必要があります。感情的な対立を生む原因となった背景を分析し、職場環境の改善につなげましょう。
(3)　**その他のケース**
　①　加害者が顧客や取引先など社外の者の場合
　　加害者が社外の者であっても、社内の者が受けたセクシュアル・ハラスメントを放置すれば、企業の責任が問われることとなります。民法第715条は、使用する労働者が職務遂行中に第三者に損害を与えた場合、使用者に損害賠償責任があるとしています。
　　まず、相談者の上司に相談・苦情の内容を伝え、話を聞き、事実を確認した上で、相手企業の管理者に苦情を申し入れるなど企業の断固とした姿勢を示すことが必要です。相談者が相手企業への申し入れや加害者の謝罪を求める場合は、取引先であっても相手企業に対して、使用者責任を果たすことを申し入れなければなりません。
　　加害者が顧客や取引先といった場合には、加害者への抗議は容易で

第2部　参考資料及び文献リスト

はなく、担当を変えるといった被害者の配置転換などの対応策をとることも見受けられます。そうした場合にも、相談・苦情処理担当者は、相談者の意思を確認するとともに、相談・苦情処理担当者のとった対応策を相談者にきちんと説明し、了解を得ることが求められます。

※ 自社の社員が社外の者へのセクシュアル・ハラスメントの加害者である場合

　企業での対応は、社内の者が被害者である場合のみを対象としている場合が多くあります。自社の社員が社外の者にセクシュアル・ハラスメントを行った場合も民法第715条により企業は使用者責任を問われます。被害者が社外の者であっても相談を受け、誠実な対応をとることが必要です。

② 相談者が派遣社員の場合

　平成11年改正の労働者派遣法第47条の2により、派遣元企業に加え派遣先企業にも改正男女雇用機会均等法の第3章が適用され、双方の企業に派遣社員に対するセクシュアル・ハラスメントの防止に関する配慮が義務づけられています。

　派遣元企業に苦情が申し立てられた場合、派遣元企業は、事実関係を確認した上で、派遣先責任者に対し相談・苦情の内容を伝え、問題となっている行為を中止させ、相談者の被害の回復を図らなければなりません。加害者から謝罪を求める、派遣先を変えるといった具体的な対応については、相談者との相談の上、派遣先責任者と連絡を取り、適切な解決策をとることが必要です。

　派遣先企業に苦情が申し立てられた場合、派遣先企業は、正規従業員からの申し出があった場合と同様に、事実確認を行い、問題となっている行為を中止させ、謝罪させるなど迅速かつ適切な対応をとらなければなりません。

③ 加害者とされる者が経営者の場合

　企業の代表者は、率先して職場環境の維持改善を図らなければなりません。セクシュアル・ハラスメントの加害者が企業の責任者である場合、民法第44条第1項の規定により、企業が不法行為責任を負うこととなります。

郵 便 は が き

料金受取人払

113-0033

本郷局承認

1526

差出有効期間
平成15年2月
20日まで

（切手不要）

東京都文京区
本郷 6 － 2 － 9 － 102

信 山 社 行

※本書以外の小社の出版物を購入申込みする場合に御使用下さい。(500292)

購入申込書	書名をご記入の上お買いつけの書店にお渡し下さい。		
〔書　名〕		部数	部
〔書　名〕		部数	部

◎書店様へ　取次番線をご記入の上ご投函下さい。(2000.08.28)

愛読者カード

本書の書名をご記入ください。

(　　　　　　　　　　　　　　　)

フリガナ ご芳名		年齢 　　　　歳	男 女

フリガナ
ご住所　　（郵便番号）

TEL	（　　）	
ご職業	本書の発行を何でお知りになりましたか。 A書店店頭　　B新聞・雑誌の広告　　C小社ご案内 D書評や紹介記事　　E知人・先生の紹介　　Fその他	

本書のほかに小社の出版物をお持ちでしたら、その書名をお書き下さい。

本書についてのご感想・ご希望

今後どのような図書の刊行をお望みですか。

資料4　各種官公庁資料

　　経営者に遠慮して申し立てられた相談・苦情を曖昧に処理しようとすれば、問題の適切な対応が遅れ、相談者にも不信感を抱かせることとなり、企業としての信用を損ない、社会的評価を低下させることにもつながりかねません。経営者が行ったセクシュアル・ハラスメントを適切に処理できなかったために、訴訟に発展し、企業の責任を問われることとなったケースも多く見られます。

　　企業の経営者によるセクシュアル・ハラスメントの相談・苦情の申し出があった場合にも、断固とした態度で望み、事実確認を行い、加害行為を中止させた上で、経営者及び企業からの謝罪を行うなど、企業としての迅速かつ誠実な対応が必要です。

　　また、企業規模が非常に小さい場合などには、社内での解決は困難です。公的機関など社外の機関へ相談することも必要です。

(4) 記録等の整理、保存

　セクシュアル・ハラスメントの相談・苦情の受付から問題の解決処理までが終わったら、一連の書類を整理し、保存しておきます。今後、同様の問題が起きた場合や訴訟に発展した場合などの資料として、苦情処理機関での対応を記録として残しておく必要があります。

　こうした記録等の保管にあたっては、当事者のプライバシーが侵害されることのないよう十分な配慮が必要です。

| (整理・保存しておく事項) | ☐ 相談・苦情受付から問題解決処理までの手順
☐ 緊急措置の有無
☐ 事実認定の結果
☐ 事実認定に至った理由
☐ 問題解決のための対応策
☐ そのような対応策を選択した理由
☐ 対応後の職場環境の様子
☐ 再発防止のために取られた対策　など |

5　職場環境の整備（再発の防止）

　相談・苦情処理担当者は、発生した問題の解決後も相談者の職場の状況に注意し、良好な環境が維持されていることを確認するなど、定期的なフォローアップを行います。

　また、セクシュアル・ハラスメントの相談・苦情の申し立てがなされた場合、その問題について迅速な対応を行うと同時に、職場にはその他にも表面化していない問題が含まれているかもしれないということに注意を払う必要があります。セクシュアル・ハラスメントを「一部の者が起こした特別な出来事」、「対岸の火事」としてとらえるのではなく、職場全体の問題としてとらえ、セクシュアル・ハラスメントが再び起こることのないよう職場環境の改善に努めましょう。

（再発防止のための措置の具体例）	□ 企業の基本方針の再確認 　　基本方針の掲示、文書の回覧、配布など □ 従業員研修の再徹底 　　全従業員を対象とした特別研修の実施など

Ⅲ　問題解決処理のための具体例

　問題の解決処理にあたっては、個々の事例に応じて、柔軟に対応していくこととなりますが、以下に、人事院規則10—10の運用について（通知）（→53ページ）による具体的な対応例を挙げておきます。

1　セクシュアル・ハラスメントを受けたとする従業員からの苦情相談

(1) 職場の監督者等に対し、加害者とされる従業員に指導するよう要請する。
　（例）
　職場内で行われるセクシュアル・ハラスメントのうち、その対応に時

資料4　各種官公庁資料

間的な余裕があると判断されるものについては、職場の監督者等に状況を観察するよう要請し、加害者とされる者の言動のうち問題があると認められるものを適宜注意させる。
(2) **加害者に対し直接注意する。**
　(例)
　性的なからかいの対象にするなどの行為を頻繁に行うことが問題にされている場合において、加害者とされる者は親しみの表現として発言等を行っており、それがセクシュアル・ハラスメントであるとの意識がない場合には、相談員が加害者とされる者に対し、その行動がセクシュアル・ハラスメントに該当することを直接注意する。
(3) **被害者に対して指導、助言する。**
　(例)
　職場の同僚から好意を抱かれ食事やデートにしつこく誘われるが、相談者がそれを苦痛に感じている場合については、相談者自身が相手に対して明確に意思表示をするよう助言する。
(4) **当事者間のあっせんを行う。**
　(例)
　被害者がセクシュアル・ハラスメントを行った加害者に謝罪を求めている場合において、加害者も自らの言動について反省しているときには、被害者の要求を加害者に伝え、加害者に対して謝罪を促すようあっせんする。
(5) **人事上必要な措置を講じるため、人事労務担当部署との連携をとる。**
(例)
　セクシュアル・ハラスメントの内容がかなり深刻な場合で被害者と加害者とを同じ職場で勤務させることが適当でないと判断される場合などには、人事労務担当部署との十分な連携の下に当時者の人事異動等の措置をとることも必要となる。

2　セクシュアル・ハラスメントであるとの指摘を受けたが納得がいかない旨の相談

(例)
昼休みに自席でグラビアのヌード写真を周囲の目に触れるように眺めて

いたところ、隣に座っている同僚の女性職員から、他の職員の目に触れるのはセクシュアル・ハラスメントであるとの指摘を受けたが、納得がいかない旨の相談があった場合には、相談者に対し、周囲の職員が不快に感じる以上はセクシュアル・ハラスメントに当たる旨注意喚起する。

| 3 | 第三者からの苦情相談 |

(例)

　同僚の女性職員がその上司から性的なからかいを日常的に繰り返し受けているのを見て不快に思う職員から相談があった場合には、同僚の女性職員及びその上司から事情を聴き、その事実がセクシュアル・ハラスメントであると認められる場合には、その上司に対して監督者を通じ、又は相談員が直接に注意を促す。

(例)

　非常勤職員に執拗につきまとったり、その身体に不必要に触る職員がいるが、非常勤職員である本人は、立場が弱いため苦情を申し出ることをしないような場合について第三者から相談があったときには、本人から事情を聴き、事実が認められる場合には、本人の意向を踏まえた上で、監督者を通じ、又は相談員が直接に加害者とされる職員から事情を聴き、注意する。

資料4　各種官公庁資料

相 談 等 窓 口

──労政事務所──

　セクシュアル・ハラスメントのほか、労働問題全般にわたっていつでも相談に応じます。また、資料の無料提供や貸出し、セクシュアル・ハラスメント防止ゼミナール等の労働セミナーも実施しています。

受付時間：月曜日～金曜日9時～17時（水曜日の相談の受付は19時まで）

所　名	住　　　所	電話番号	管　轄　区　域
中　　　央	中央区新富1－13－14 労働スクエア東京3階	(03)5543-6110	千代田区、中央区、文京区、島しょ
大　　　崎	品川区大崎1－11－1 ゲートシティ大崎 ウエストタワー2階	(03)3495-6110	港区、品川区、目黒区、大田区
新　　　宿	新宿区歌舞伎町2－42－10 ハローワーク新宿ビル6階	(03)3203-6110	新宿区、世田谷区、渋谷区、中野区、杉並区、練馬区
王　　　子	北区岸町1－6－17	(03)3900-6110	豊島区、北区、荒川区、板橋区、足立区
亀　　　戸	江東区亀戸2－36－12 丸勝ビル5階 7月以降は江東区亀戸2-19-1 カメリアプラザ7階に移転します	(03)3637-6110 7月以降も同じ	台東区、墨田区、江東区、葛飾区、江戸川区
三　　　鷹	三鷹市下連雀4－17－23	(0422)47-6110	三鷹市、武蔵野市、調布市、小金井市、東村山市、保谷市、田無市、狛江市、清瀬市、東久留米市
立　　　川	立川市曙町3－7－10	(042)525-6110	立川市、青梅市、昭島市、府中市、小平市、国分寺市、国立市、福生市、東大和市、武蔵村山市、羽村市、あきる野市、西多摩郡
八　王　子	八王子市明神町3－5－1	(0426)45-6110	八王子市、町田市、日野市、多摩市、稲城市
町田出張 労働相談所	町田市中町1－4－4 町田市役所中町第二庁舎2階	(042)726-1394	毎週火・木・金曜日 （金曜日は午前中のみ）

※　中央労政事務所では、東京都全域を対象として、職場におけるセクシュアル・ハラスメントや男女差別等の女性労働相談、また心の悩みなどの相談を受け付けています。相談には、弁護士、カウンセラーなどの専門相談員が応じます（要予約）。詳細は中央労政事務

第2部　参考資料及び文献リスト

所までお問い合わせください。

——東京労働局雇用均等室——

男女雇用機会均等法や働く女性に関する問題、企業における女性の積極的活用について相談に応じています。

| 文京区後楽2－5－1　住友不動産飯田橋ファーストビル2F | 03(3818)8408 |

——東京法務局人権擁護部——

人権侵害等の相談に応じています。

| 千代田区大手町1－3－3　合同庁舎3号館 | 03(3214)6231 |

＊　東京都労働経済局発行「セクシュアル・ハラスメント相談マニュアル」pp. 2～27、p. 58より。

資料5　セクシュアル・ハラスメント裁判例一覧表

資料5　セクシュアル・ハラスメント裁判例一覧表

1990年〜1996年

＜職場・肯定例＞

	裁判所 判決年月日 掲載雑誌	当 事 者	事実の概要	判決要旨	判決（賠償額）
①	静岡地裁沼津支部判決 H2.12.20 判タ745.238 労判580.17 労経速1419.3 ジュリ985.122	A：ホテルフロント会計係（当時20歳代、独身） B：直属上司会計課長（30歳代）	BはAを夕食に誘い、その後一方的に腰の辺りに触れたり、キスを繰り返した。→Aは職場に居づらくなり退社	Bが地位を利用して本件機会を作った点、女性を単なる快楽・遊びの対象と考えた点で不法行為に該当する。	BはAに110万円支払え
②	福岡地裁判決 H4.4.16 判時1426.49 判タ783.60 労判607.6／1291.12 法セ37.7.130 ジュリ1007.153／1005.48 法教145.140 労旬1291.16 法新1056.6	A：出版社の編集員（30歳代、独身） B：編集長（30歳代後半） C：出版社	Bは、対立関係にあった部下Aの異性関係に関する行状についての悪評を職場内外で流布→BがB・Cに抗議したところCはAに退職勧奨、Bを三日間の自宅謹慎→A退職	Bの行為はAの異性関係を中心とした私生活に関する非難等を、対立関係の解決や相手方放逐の手段として用いた点で不法行為に該当する。 Cは使用者に課せられた職場環境調整配慮義務に違反した点で使用者責任を負う。	B・CはAに165万円支払え
③	金沢地裁輪島支部判決 H6.5.26 労判650.8 労旬1344.59	A：Bの自宅における家政婦的従業員（40歳代） B：社長（50歳代、妻と別居中） C：会社	BはAの胸を触ろうとする、体を触る、抱きつくなどを繰り返し、Aが拒否すると嫌がらせをした。→BはAを解雇	Bの行為は労働環境を悪化させるものであり、セクシャルハラスメントとして違法。 Bの言動はCの代表者としての職務上の言動と評価されるためCにも責任あり。	B・CはAに80万円支払え
④	東京地裁判決 H7.5.16 判時1552.79 判タ876.295	A：入院患者（30歳代、身体に重度の障害） B：レントゲン技師 C：病院	Aはレントゲン撮影の際にBから性器や胸を触られた。	A及び証人らの証言から認められるBの猥褻行為は不法行為に該当する。 Bの本件行為はCにおける職務に関連して行われたから、Cは使用者責任を負う。	B・CはAに300万円支払え

第2部 参考資料及び文献リスト

⑤	大阪地裁判決 H7.8.29 判タ893.203	A:事務職員(18歳) B:会社社長(58歳)	BはAに男性経験の有無を尋ねたり、ホテルに誘うなどを繰り返した。→Aは体調を崩し退職	職場環境を維持改善すべき立場にありながらこれを積極的に悪化させたBの行為はAの人格権を侵害するものであり不法行為責任を負う。	BはAに50万円支払え
⑥	奈良地裁判決 H7.9.6 判タ903.163 労判691.101	A:社団法人職員(20歳代) B:社団法人理事長(60歳代)	BはAの身体に触れたり、性的な質問をしたり、性交渉に及ぼうとするなどした。→A退職	Bの行為や言辞はAの意思に反しあるいは不快感を抱かせるものであって不法行為を構成する。	BはAに110万円支払え
⑦	大阪地裁判決 H8.4.26 判時1589.92	A:職員(30歳代) B:会社会長(60歳代) C:会社	Bは性的ニュアンスを匂わせてAをデートに誘ったり、体に触れる等の行為をした。	Bの行為は社会的に認容された範囲を超えたものであり不法行為責任を構成する。 Bの行為はC会長としての地位を利用して行われたものであり職務と密接な関連があるからCは使用者責任を負う。	B・CはAに88万円支払え
⑧	札幌地裁判決 H8.5.16 判タ933.172 労判707.93	A:事務職員(20歳代) B:会社社長 C:会社	AはBから性交を迫られたり胸を触られる等、継続的かつ執拗な性的嫌がらせを受けた。→A退職	Bの行為は故意にAの性的自由を侵害するものであり不法行為と評される。 Bの行為は職務を行うにつきなされたものであるから、Cも不法行為責任を負う。	B・CはAに70万円支払え
⑨	徳島地裁判決 H8.10.15 労判707.91	A:従業員 B:部長 C:会社	上司であるBが卑猥な話をしながらAの身体に触れようとした。→A抗議→Bから虚偽の報告を受けた社長がAを解雇	A解雇は解雇事由に該当しない不当な理由によるものであるから無効。	地位保全仮処分・賃金仮払い仮処分をすべて認容
⑩	名古屋高裁金沢支部判決 H8.10.30 ③の控訴審 判タ950.193 労判707.37 労経速1624.15	A:Bの自宅における家政婦の従業員(40歳代) B:社長(50歳代、妻と別居中) C:会社	Bの強制猥褻行為を認定した他は③とほぼ同じ認定	職場において男性の上司が部下の女性に対し地位を利用して女性の意に反する性的言動に出た場合、それが社会的見地から不当とされる程度のものである場合には人格を侵害するものとして違法であり、Bの行為は違法。	B・CはAに138万円支払え

資料5　セクシュアル・ハラスメント裁判例一覧表

⑪	東京地裁判決 H8.12.25 労判707.20	A：社員(30歳代) B：会長(60歳代) C：会社	BはAに肉体関係や交際を求めるほか、強引にキスしたり体を触るなどした。	Bの行為は社会的に見て許容される範囲を超えており、不法行為を構成する。 　Bの行為は職務と密接な関連性が認められ、Cは使用者責任を負う。	B・CはAに148万5000円支払え

＜職場・否定例＞

①	東京地裁判決 H6.4.11 労判655.44 労経速1531.3	A：経理担当職員(30歳代) B：専務	(Aの主張)BはAに休日出勤を命じ、乳房や局部に強引に触れ、性的関係を強要、その後も不快な性的言動を継続	AがBからセクハラを受けたと主張する日にAが出動した証拠なく、他方Bにはアリバイがある。他職員からもセクハラを裏付ける証言なし。	AはBに30万円支払え（名誉毀損に基づく慰謝料）
②	横浜地裁判決 H7.3.24 判時1539.111 労判670.20	A：事務職員(20歳代、独身) B：営業(40歳代、C2から出向) C1：出向先会社 C2：出向元会社	(Aの主張)Bは繰り返しAの肩・髪・腰に触れたり、抱きついて強引に下腹部を触るなどした。→AがC1に報告後Bは嫌がらせ→A退職	Aの供述に具体性がなく、他職員からもA主張の事実を裏付ける証言なし。 Bの行為、C1・C2の対応は不法行為を構成しない。	Aの請求棄却

＜キャンパス・肯定例＞

①	東京地裁八王子支部判決 H8.4.15 判時1577.100 判夕924.237 労判707.95	A：小学校教師(50歳代) B：校長(50歳代)	認容された事実：BはAの手を取って自己の下半身にすりつける等の性的行為をした。	BがAに対して行った卑猥な行為は不法行為に該当する。	BはAに50万円支払え
			否認された事実（Aの主張）：BはAをモーテルに誘ったり、首に息をかける等の性的嫌がらせをした。→A拒絶→BはAに人事上の不利益を課した。	Aの主張は供述の不自然さ・目撃証人の供述から事実と認められない。	

第2部 参考資料及び文献リスト

1997年

<職場・肯定例>

①	東京地裁判決 H9.1.31 労判716.105	A：派遣社員（25歳） B：派遣先社員（50歳代）	Bは配酌したAを伴ってホテルに入り、眠り込んでいたAの着衣を脱がすなどしようとしたが抵抗されたため暴力を振るって性行為に及んだ。→Aは恐怖心から出社できず。	Aが拒絶の態度を明確にした以降のBの行為は違法であり不法行為を構成する（ただしAの言動にBの誤解を招く面があることは否定できない。）。	BはAに158万円支払え（1/4過失相殺）
②	東京地裁判決 H9.2.28 判夕947.228 労判718.89	A：事務職員（50歳代） B：会社社長（50歳代） C：会社	Bは仕事中のAの体を触る、抱きつく、生理の有無を尋ねるなどを繰り返した。→Aが事務的な態度で臨むようになると解雇	Bの行為はAの人格権を違法に侵害するもので不法行為を構成する。 Bの行為は地位を利用した職務執行と密接な関連性があるものでありCにも責任あり。 Aの解雇は違法。	B・CはAに100万円支払え
③	旭川地裁判決 H9.3.18 労判717.42	A：事務職員（40歳代、既婚） B：会社社長（50歳代） C：会社	BはAに抱きつく等の行為や、暗に性的関係を要求する言葉を繰り返した。→Aは退職を余儀なくされる。	Bの行為はAの性的領域における人格の尊厳を故意に侵害する不法行為にあたると同時に、Aの雇用関係継続に対する権利を不当に侵害する行為である。 Bは立場を利用しCの業務に藉口して故意に本件状況を作出しており、Cも責任を負う。	B・CはAに200万円支払え
④	京都地裁判決 H9.4.17 判夕951.214 労判716.49	A：事務職員（独身） B1：代表取締役 B2：専務取締役 C：会社	B1は従業員Xが女子更衣室を隠し撮りしていることに気づいたが、カメラを逆さにした以外放置→Xは撮影を継続→B1はXを懲戒解雇 このような状況下でB2はAとXの男女関係を示唆・退職を促すような発言→Aは職場に居づらくなり退職	B2は、立場上負う、不用意な発言を差し控える義務に違反しており、Aに対し名誉毀損と退職に伴う損害の賠償責任を負う。 B1責任なし。 Cには雇用契約に付随する職場環境を整える義務の違反があり、Aに対し隠し撮りによる損害と退職による損害の賠償責任を負い、B2発言についても不法行為責任を負う。	B2はAに139万5945円支払え CはAに214万5945円支払え

212

資料5　セクシュアル・ハラスメント裁判例一覧表

⑤	熊本地裁判決 H9.6.25 判時1638.135	A：実業団バドミントン部の選手（20歳代） B：バドミントン教会役員（40歳代）	AはBに強姦され、その後も継続的に性関係を強要された。→AはバドミントンB部を退部・会社を退職	Bの行為はAの性的自由を奪うものである。	BはAに300万円支払え
⑥	神戸地裁判決 H9.7.29 判時1637.85 判タ967.179 労判726.100	A：国立病院洗濯場勤務（40歳代、既婚） B：洗濯長（50歳代、Aの直属上司） C：国	BはAの胸を触る等の性的嫌がらせを繰り返した。→Aが拒否→BはAに対して仕事上の嫌がらせを行った。	Bの一連の行為は異性の部下を性的行為の対象として扱い、職場での上下関係を利用して自己の意に添わせようとする点で、Aの性的人格権を侵害する不法行為にあたる。 Bの一連の行為はCの事業執行につき行われたもので、Cが選任・監督上の注意を払った事実は認められないからCは使用者責任を負う。	B・CはAに120万円支払え
⑦	津地裁判決 H9.11.5 判時1648.125 判タ981.204 労判729.54 ジュリ1150.125	A1：看護婦 A2：准看護婦 B：准看護士副主任（A1A2の直属上司） C：厚生農協連合会（病院経営）	BはAらに対し、卑猥な発言や身体への性的な接触を繰り返した。→Aらは上司に善処を申し入れたが適切な処置はなされなかった。	Bの行為は環境型セクシュアル・ハラスメントにあたり、不法行為に該当する。 Bの行為は個人的な行為であり、Cに使用者責任は認められない。しかし、CはAらの申し入れに対し何ら対策をとらなかった点で、使用者が負う職場環境配慮義務を怠ったものと認められ、債務不履行責任を負う。	B・CはA1A2に55万円支払え
⑧	東京高裁判決 H9.11.20 1990～1996＜職場・否定例＞②の控訴審 判時1673.89 労判728.12 労経速1661.3 労旬1425.28 民商119.4・5合併号789	A：C1の事務職員（20歳代、独身） B：営業（40歳代、C2から出向） C1：出向先会社 C2：出向元会社	Bは繰り返しAの肩・髪・腰に触れたり、抱きついて強引に下腹部を触るなどした。→AはC1に報告→A退職（Aが主張した、抗議後のBによる仕事上の嫌がらせは認定されなかった。）	男性上司が部下の女性に対して、望まない性的意味を有する身体的接触を行い、それが社会通念上許容される限度を超えるときは、相手方の性的自由又は人格権に対する侵害にあたり違法性を有する。よってBの行為は不法行為を構成する。 Bの行為はC1の事業執行と密接な関係を有する行為であるから、C1	B・C1はAに275万円支払え

第2部　参考資料及び文献リスト

				は使用者責任を負う。C2はBに対して実質上の指揮監督関係を有していなかったので使用者責任は負わない。前提となる事実の確定が困難であったことから、労働環境の是正措置の懈怠によるC1C2自体の不法行為責任は認められない。	AのC2に対する請求を棄却
⑨	東京地裁判決 H9.12.24 判時1640.138 判タ972.224	A：Bの私設秘書（既婚） B：国会議員	BはAの意思に反してキスを迫る、唇や頬を舐める、乳房や肩を噛む等の猥褻行為を行った。	Bの行為は不法行為を構成する。	BはAに180万円支払え

＜キャンパス・肯定例＞

①	京都地裁判決 H9.3.27 判時1634.110 判タ992.190 法時70.7.93 法=33.8.27 労判722.90	A：京都大学女性教官有志懇話会代表 B：同大学教授	(Bの主張)Aが公表した文書は、Bが女性秘書らに対して性的関係を強要した旨指摘しているが、これは真実でない。→BがAを名誉毀損で提訴	Aが公表した文書中の、Bによる性的強要を指摘する部分は、真実ないし真実と認めるに足る相当な理由がある。	BのAに対する名誉毀損の訴えを棄却
②	大阪地裁判決 H9.9.25 労判735.87	A：中学校女性教師 B：男性教師（Aの同僚）	Bは職場においてAに関する性的な言質を含む誹謗中傷を繰り返した。	Bの行為はAの人格権を侵害するものであり、不法行為に該当する。	BはAに50万円支払え

＜キャンパス・否定例＞

①	秋田地裁判決 H9.1.28 判時1629.121 労判716.106	A：研究所補助員（40歳代、既婚） B：研究所教授直属上司（50歳代）	(Aの主張)出張先のホテルでAはBからベッドに押し倒す等の強制猥褻行為を受けた。	Aの供述には不自然な点が多く信用性を付与できるだけの具体性・詳細性・合理性を備えていない。よってA主張の強制猥褻行為はなかったと認めるのが相当。	AはBに50万円支払え（名誉毀損に基づく損害賠償）

214

資料5　セクシュアル・ハラスメント裁判例一覧表

1998年
＜職場・肯定例＞

①	和歌山地裁判決 H10．3．11 判時1658．143 判タ988．239	A：従業員（40歳代） B１：専務取締役 B２：取締役 B３：取締役 B４：取締役 C：会社	BらはA継続的にを侮辱的な呼称で呼び、Aの意に反して性器付近、胸、尻等を何回も触り、性的に露骨な表現を用いてからかい、暴行を働くなどした。 →A退職	Bらの行為はAの人格権を侵害する違法行為であり、それらの行為は客観的に関連共同していると認められるから共同不法行為と認められる。 Bらの行為はCの事業執行につき行われたと認められるからCは使用者責任を負う。	B１・B２・B３・B４・CはAに110万円支払え
②	千葉地裁判決 H10．3．26 判時1658．143	A：事務員（20歳代） B：代表取締役（40歳代） C：会社	AはBから繰り返し体を触られる、卑猥な言葉をかけられる等され、その意に反して性的関係を持たされた。 →Bに謝罪を求めたところ、Aは退職を迫られた。→A退職	Bの行為はAに対する不法行為というべき。 Bの行為は職務を行うにつきなされたものであり、Cも損害賠償責任を負う。	B・CはAに330万円支払え
③	大阪地裁判決 H10．10．30 労判754．29	A：従業員（中国人女性） B：会社社長 C：会社	BはAの面前で下着を見せたほか、性的不快感を与える発言をした。	セクハラとしての不法行為の成立要件は、性的不快感を与えることをことさらに意図して行われること、又は、雇用関係上の地位を利用してことさらに性的不快感を与えたり性的関係を強要するものであり、Bの行為はこれにあたらない。	
			出張先のホテルの部屋で、明らかにAをベッドに誘うような仕草をした。	Bの行為はAに対し雇用契約上の地位を利用して性的関係を求めた行為としてセクハラに該当、不法行為を構成し、Bの職務に密接に関連する行為であるからCは責任を負う。	CはAに10万円支払え

215

第2部　参考資料及び文献リスト

④	東京地裁判決 H10. 12. 7 労判751. 18 労経速1692. 27	A：C1の従業員 B：C2からの派遣社員 C1：派遣先会社 C2：派遣元会社	BはAに対し胸を触る・抱きつく等の行為をした。→AはC1に報告→C1はC2に苦情→C2はBを懲戒解雇（本件はBによる解雇無効確認の訴え）	Bの行為は執拗かつ悪質であり、C1の職場内の風紀秩序を著しく乱し、ひいてはC2の名誉・信用を著しく傷つけるものであるから、解雇は有効である。	Bの請求棄却
⑤	大阪地裁判決 H10. 12. 21 判タ1002. 185 労判756. 26	A：従業員 B：Aの上司（勤務地は別） C：会社	同僚との飲み会後のカラオケで、BはAに、ソファーに押し倒す、手や顔にキスする、着衣のボタンをはずす等の行為をした。→A出勤できず	Bの行為は性的嫌がらせということができ、Aに対する不法行為に該当する。 Bの行為は職務に関連させて上司たる地位を利用して行ったものであり、Cは使用者責任を負う。 但し、AとBが顔を合わせる現実的危険性が乏しく、Aが再度性的嫌がらせを受ける可能性がないこと、Cが一般的な職場改善策を採るべきであるとまではいえないことから、Aが出勤できないことについては、Cに責任はない。	B・CはAに110万円支払え

＜職場・否定例＞

①	京都地裁判決 H10. 3. 20 判時1658. 143	A：従業員（60歳代） B：C寺代表役員（60歳代） C：宗教法人寺	(Aの主張)BはAの意に反して性的な身体的接触をし、卑猥な文言を記した書面を手渡しなどした。→A退職	Aの供述には疑問点がある、A主張の不法行為後におけるAのBへの対応からすると本件不法行為は認定できない。	Aの請求棄却
②	東京地裁判決 H10. 10. 26 労判756. 82	A：協同組合従業員 B1：組合専務理事（Aの上司） B2：組合総務部長（Aの上司）	(Aの主張)Aは、宴会の席でB1・B2に飲酒を強要されたうえ、二次会への出席を強要されるなどの行為（セクハラ）によって精神的苦痛を被った。	B1・B2らの行為には強引で不適切な面があったことは否定できないが、飲酒した宴会の席では行われがちであるという程度を超えて不法行為を構成するまでの違法性があったとはいえない。	Aの請求棄却

216

資料5　セクシュアル・ハラスメント裁判例一覧表

<キャンパス・肯定例>

①	徳島地裁判決 H10. 9. 29	A：大学院生 B：指導教授	国立鳴門教育大の元大学院生Aはゼミの指導教授Bからしつこく手紙を送り付けられるなどのセクシュアル・ハラスメントを受けた。	指導教授の立場を利用し過度に私事に干渉、人権的利益や教育を受ける利益を侵害した。	BはAに220万円支払え
②	津地裁判決 H10. 10. 15	A：大学院生 B：大学助教授	三重大助教授Bは、大学院生Aに馬乗りになるなどのセクシュアル・ハラスメントをした。	被告が原告に馬乗りになった行為によって原告に著しい屈辱感と恐怖感を抱かせた。	BはAに33万円支払え
③	仙台高裁秋田支部判決 H10. 12. 10 1997<キャンパス・否定例>①の控訴審 判時1681. 112 労判756. 33	A：研究所補助員 （40歳代、既婚） B：研究所教授直属上司(50歳代)	出張先のホテルでAはBからベッドに押し倒す等の強制猥褻行為を受けた。	性的被害者の行動パターンを一義的に経験則化し、それに合致しない行動を架空のものであるとして排斥することはできない。Aの行動は理解可能であり、その供述は信用性がある。 　BのこのAの性的自由を違法に侵害したもので、不法行為を構成する。	BはAに180万円支払え 原審が認めたAの名誉毀損に基づく損害賠償責任を否定
④	大阪高裁判決 H10. 12. 22 労判767. 19 1997<キャンパス・肯定例>②の控訴審	A：中学校女性教師 B：男性教師（Aの同僚）	Bは職場においてAに関する性的な言質を含む誹謗中傷を繰り返した。	Bの発言は、同僚教師の発言として許される限度を超えている点・性的侮辱としてAの人格権を侵害する点で違法である。	BはAに30万円支払え

1999年

<職場・肯定例>

①	静岡地裁沼津支部判決 H11. 2. 26 労判760. 38	A：従業員 B1：副支店長 B2：事務次長 C：会社	B1・B2はそれぞれAに対し執拗に交際を迫る、身体に触る等の行為を行った。→Aが拒否するとBらは虚偽の噂を流した。→Cは噂を信じてAを解雇	B1・B2の行為はAの人格権を侵害するものであり不法行為責任を負う。 　Bらの行為はCの事業執行につき行われたものであるからCは使用者責任を負う。Cは職場環境を調整すべき義務に違反	B1・B2はAに各80万円支払え CはAに200万円支払え

第2部 参考資料及び文献リスト

				したこと、解雇権を濫用してAを解雇したことは不法行為にあたる。	
②	東京地裁判決 H11. 3. 12 労判760. 23	A：従業員(31歳) B：総務部長兼経理部長（Aの直属の上司） C：会社	BはAを執拗にホテルに誘った。→AはCに訴え、示談成立→AB間で紛争再発→トラブルを起こしたとしてCはAを解雇	本件解雇は解雇権を濫用しており無効。Cは、BのAに対するセクハラの本質を看過し、個人的な争いで社内秩序を乱したものとして扱った点で過失がある。	CはAに311万円支払え
③	最高裁二小判決 H11. 7. 16 1990～1996＜職場・肯定例＞⑩の上告審 労判767. 14	A：Bの自宅における家政婦的従業員（40歳代） B：社長（50歳代、妻と別居中） C：会社		原審判決は相当	上告棄却

＜キャンパス・肯定例＞

①	仙台地裁判決 H11. 5. 24 判タ1013. 182	A：大学院生 B：大学助教授（Aの指導教授）	BはAに交際を迫り、自宅に執拗に電話をかける等した。→性的接触を繰り返し、肉体関係を強要→Aが拒絶すると論文の書き直しを命じる等して報復し、加えてAに異様な電話をする等した。	BのAに対する言動は教育上の支配従属関係を濫用したもので性的自由等の人格権の侵害に当たり、不法行為を構成する。	BはAに750万円支払え
②	最高裁二小決定 H11. 6. 11 1998＜キャンパス・肯定例＞④の上告審 労判767. 18	A：中学校女性教師 B：男性教師（Aの同僚）			上告棄却 不受理

218

資料6　日本のガイドライン（各大学における例）

資料6　日本のガイドライン（各大学における例）

a．高知大学の例

あなたがもしも
セクシャルハラスメントの問題に悩んでいるのなら

　勇気を出して　

このパンフレットに載っている相談員にすぐ連絡を！
セクシャルハラスメントの問題や疑問に対して秘密厳守で相談にのります

その1　「セクハラって何？」
　セクシャルハラスメントは性差別と職場や学校などにおける上下関係が結びついておこってきました。

　労働省がまとめたセクシャルハラスメント（セクハラ）の定義より
　　相手方の意に反した、性的な性質の言動を行い、それに対する対応によって仕事[*1]を遂行する上で一定の不利益を与えたり、またはそれを繰り返すことによって就業環境[*2]を著しく悪化させること

　上の定義を大学の場合にあてはめると、*1は「学業」、*2は「就学環境」と置き換えて考えることができます。
　大学でのセクシャルハラスメントでもっとも多いのは加害者が教職員、被害者が学生というケースです。教職員は学生を指導したり成績評価をする立場にあります。相対的に「弱い立場」にある学生はセクシャルハラスメントにあってもそれを拒否することができない場合があります。
　また先輩や友達からのセクシャルハラスメントもないとはいえません。
　現状では被害者のほとんどが女性です。その背景には社会のさまざまな場面における性差別の慣習・慣行の問題が存在します。

　女子に対するあらゆる形態の差別の撤廃に関する条約

第一部第五条より

締約国は、次の目的のためのすべての適当な措置をとる。
(a) 両性いずれかの劣等性若しくは優越性の観念又は男女の定型化された役割に基づく偏見及び慣習その他あらゆる慣行の撤廃を実現するため、男女の社会的及び文化的な行動様式を修正すること。

大学におけるセクシャルハラスメントは人間軽視のあらわれであり、人権問題・教育問題なのです。

STOP! SEXUAL HARASSMENT

その2 「どんなことがセクハラになるの？」

セクシャルハラスメントとされる行為には例えば次のようなものがあります。
① 言葉によるセクシャルハラスメント
例）講義の最中、A教授はいつも卑わいな冗談を言う。女子学生の一人が笑わないでいると、「君には冗談が通じないね」と一言。彼女は抗議したいが成績評価が悪くなるのをおそれて我慢している。

言葉によるセクシャルハラスメントとしては「いかがわしい冗談」の他にも「固定的な性別役割意識に基づく言葉」や「肉体的な外観、性行動、性的好みに関する不適切な言葉」などがあります。性的なからかい、冷やかし、中傷などもこれに相当します。
② 視線・動作によるセクシャルハラスメント
例）実験室のB助手は個別指導の最中に、ある女子学生の手を握った。学生はショックで動くことができなかった。それからというもの、実験の最中に彼はじっと彼女を見つめるようになった。彼女が気づくと目配せをする。彼女は悩み続け、ストレスから勉学意欲もなくしてしまった。

この種のハラスメントは軽く判断されがちです。しかしそれを受ける被害者自身にとっては大きな苦痛であり、精神的なストレスになる場合があります。

被害者からの声が聞こえてくることが少ないのは？

資料6　日本のガイドライン（各大学における例）

　　直接セクシャルハラスメントを受けた被害者のほとんどは深く傷ついています。何が起こったのかを口にすることさえできないこともあります。また自分にも悪いところがあったのではないかと自らを責めてしまう場合も少なくありません。

　　さらに被害者の多くは「権力を持つ」加害者によってセクシャルハラスメントを受けているため、加害者の意に添わない態度に出たときの「報復」を予想してしまいます。なかには脅迫されているケースもあります。

③　行動によるセクシャルハラスメント
　例）卒論指導の最中に、ゼミのC教授はある女子学生をデートに誘った。彼女が誘いを断ると「指導する気がなくなった。あなたは本当に卒業したいのですか」と含みのある言葉を返した。彼女は卒業できなくなるかもしれないという予期せぬ事態に狼狽した。
　例）D助教授はコンパの席ではいつも女子学生を自分の隣に座らせ、酒の酌をさせている。女子学生はD助教授の機嫌を損ねないように笑顔で受け答えをしているが、心の中では激しい嫌悪感を感じている。
　例）EとFは同じ研究室の大学院生である。EはFに交際を申し込んだが断られた。しかしEはあきらめない。Fに毎晩電話をし性的な言葉を投げかける。留守電に性的な意味を含んだメッセージを入れる。最近ではFの後をつけ回し始め、Fはすっかりおびえてしまっている。

　ここにあげた例以外にもいろいろなセクシャルハラスメントが考えられます。巧妙に行われ罪がないように見える場合もあります。どうか遠慮なく声をあげて下さい。

　セクシャルハラスメントを「慣習」として受け入れないで下さい。

　セクシャルハラスメントを冗談でごまかそうとする態度を許さないで下さい。

その3　「セクハラにあった時はどうしたらいいの？」
・相談窓口にすぐ連絡しましょう。
・自分を責める必要はありません。

そして
　キャンパスからセクシャルハラスメントをなくすために
　　　小さな勇気を積み重ねましょう！
・加害者に「NO」の意志を伝えましょう！
・いやなことをされたら、すぐ周囲の人に話しましょう！
・あなたの受けたハラスメントについて記録をつけておきましょう

その4　「セクハラの被害者をどう支援すればいいの？」

　もしもセクシャルハラスメントの被害にあった友人がいたら見過ごさないで助けてあげましょう！
・不快な場面を目撃したら、すぐ注意をしましょう！
・必要なら、証人になってあげましょう！
・被害者の相談にのって精神的にささえてあげましょう！
・相談窓口へ行くようにすすめ、同行してあげましょう！

　　高知大学には女性の人権に関する相談窓口が設置されています。
　　何かあったら話を聞かせて下さい。
　　必ず秘密は守ります。
　　きっとあなたの力になります。

相談員連絡先　所属する学部学科にこだわらず自由に連絡を取って下さい。
　（相談員氏名省略）

資料6　日本のガイドライン（各大学における例）

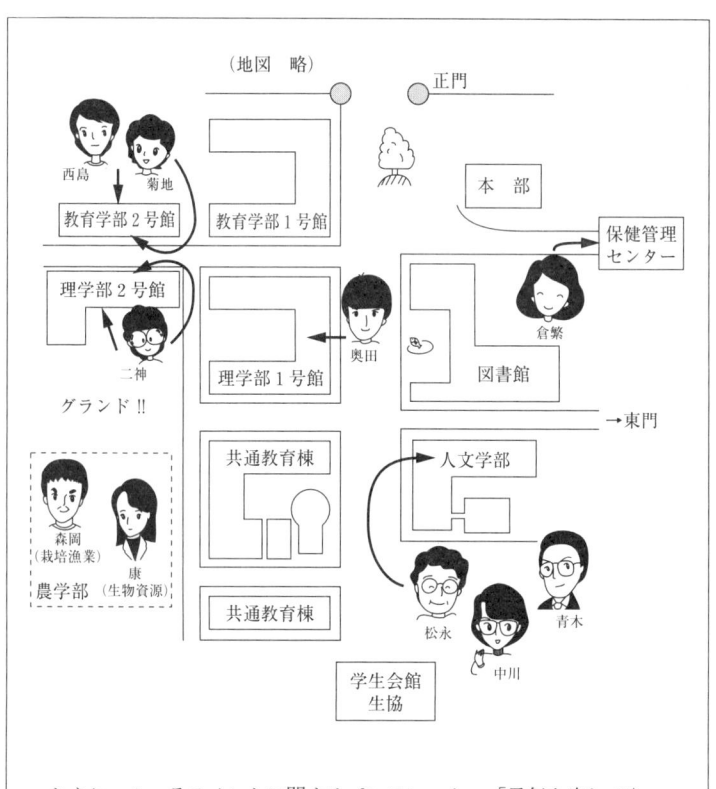

セクシャルハラスメントに関するパンフレット　「勇気を出して」
March, 1997

高知大学女性の人権問題調査・研究懇談会　作成
＊このパンフレットを作成するにあたって、米コロンビア大学の「TELL SOMEONE!」を参考にしています＊

第2部　参考資料及び文献リスト

1998年6月17日発行

キャンパスセクハラを考える
―学長も「勇気をだして」！―

　この冊子は、1998年6月3日（水）の午後、高知大学教育学部22番教室で行われた「学生＆教職員のためのセクハラ問題を考える学習会」に参加した学生および教職員が寄せた感想・意見集です。高知大学で生じた一連のキャンパスセクハラを憂慮する大学構成員が、立場の違いを乗り越えて集まり、訴えた生のことばです。

　高知大学教育学部教職員有志（あいうえお順）
　　　（氏名省略）

学生1

　これが第一回目と思って、二回目、三回目の学習会、意見交換会をぜひ開いていただきたいと思います。

　セクハラしてやめた県議、知事、市長のいる中で国立大の教授がやめずにノホホンといるのはどうかと思います。即やめていただきたい。

　高知大はセクハラ以外にもマスコミにたたかれています。今イメージアップをしなければいけないと思います。学長も二年前に「大学改革」を声高に叫んでいたのですから、潔い対応を期待します。

　教職員・学生が一丸となって、新生高知大を作ってほしいのです。

学生2

　私のまわりを見ると、頑張っているのは健全な（笑）教授方、そして少数の男子学生（！）のみです。多くの学生の自覚、認識が状況を変えていくと思います。学生、特に女の子頑張って立ち上がれ!!　と言いたいです。

学生3

　問題を起こした教官に対する処分が軽すぎる。厳重注意では、ないのと同じ。また、セクハラの「前科」をもつ人間が、いまだに学内を大手を振って歩いているのもおかしい。彼らは人に教える資格をもっていないと思う。大学上層部のもっと良識のある判断を強く望みます。

資料6　日本のガイドライン（各大学における例）

学生4

　最も言いたいのは、ここまで当校のセクハラ問題が多発し、大きくなっているのに、学長、学部長、当人からの謝罪が乏しく、または「ない」という状態である。文章でなく面と向かって学生及びこの事件の関係者に「すみません」の一言が欲しい。

　学生達の意志が必要だという意見が多くでました。私の回りでも教官が、学生に向かって、セクハラではないにしろ、人の心を無視したような言葉を吐く。今日、今から私はそのような言動をする人に「それは間違いじゃないのか！」と言う。

学生5

　人づてに聞いた話だが、○○先生もセクハラをしているという噂があるが、真偽は定かではない。この事件は、高知大におけるセクハラ事件の氷山の一角であるにすぎない。

学生6

・今後も定期的に開いていただきたい。
・はっきりいって今回の件といい、これまでの件といい、処分があますぎると思う。
・このような状況が続くようであれば学生―教授という関係が崩れ、学部自体の存続も難しくなるのではないだろうか。
・文書がきちんと全員に行きわたることを望みます。

学生7

　こういう会議を定期的に行うべきではないかと思います。この会に出たいけど、出られないという人が他にも沢山いるのではと考えます。教員有志のみなさまと学生でも少しズレた認識があったように感じます。この会に出てこない教員のみなさんは何を思っているのか。考えてもわかるはずはありませんが。

　この会に出たのは、情報を得たかったからです。学部長の辞任で教育学部の何が変わるのか。なぜセクハラをした教員が今もまだ学内で指導しているのか。教育の意味・意義をはき違えないで下さい。教育者である前に信頼をおける人間であるべきだと思います。

第2部　参考資料及び文献リスト

学生8

　学生が望んでいることの究極は、セクハラが二度とおきない証明が欲しいということです。証明など当然できないでしょうが、セクハラが確実になくなる方向へ向かう証明として、原因となった先生方にお辞めいただきたく思います。

　被害者の方の中には、大事件にしたくないと考える方もいらっしゃるのではないでしょうか。自分の行動によってマスコミが大きくうごき、学内が混乱すると思い、そしてその原因が自分であると考えると恥ずかしく思い、ガマンする方もいるのではないかと私は思います。そういった被害者の方々が、相談しやすいシステムをつくることも大切だと考えます。

学生9

　確かに大学内でセクハラがあっても、その学部内だけで他の学部の生徒には全然情報が伝わってこない。学部内で穏便にもみ消したりするのではなく、もっと情報を即座に全学に公開してほしい。かくしたりせずに。それとセクハラをした教官等への処分が甘すぎる。「厳重注意」とか名前だけの処分だけでは対外的には良く見えるが実がないのでいけない。停職等の厳しい処分を与えることが必要である。

学生10

　このようなことがあると、学部長や学長のところにマスコミが殺到したり、責任追及があります。しかし、凶悪犯罪がおこったときに小中学校の校長などが会見を行いその生徒について話すのと同様、上層部の人にはその人（生徒）や事実は伝わらないと思います。

　上層部の責任追及や謝罪を求める前に、被害者が泣き寝入りをしないですむ様なシステムを完全に作るようにしてほしいと思います。それと同時に、教授、学生にセクハラ問題に対しての認識を深めれる様な機会を増やして下さい。私の卒論担当の教授は、今回のことを「おでこにチューぐらいで…」という考えを持っておられる人なので、セクハラにあったわけではないですが、信頼関係という面ではあまり信用できない気がします。

　それから、他の先生方（他学部）が話しておられる時に野次を飛ばすのは品がないと思います。

資料6　日本のガイドライン（各大学における例）

学生11

　セクハラをした先生は、学校（高知大）から去ってほしいと思います。Y先生がおっしゃっていたように、大学の体質を変えていかなければならないと思います。セクハラをしても厳重注意だけですむようなふんいきがいけないと思います。それには、高知大生のセクハラに対する意識の低さ、あまさを変えていかなければならないと思います。以前に、自治会が無くなった時もそうですが、高知大生は、自分の通っている大学で起こっていることに関心がうすいと思います。セクハラの話を聞いても、「ふぅ～ん。そうなんだ」とか、「大変だね」とか思うだけの人がいると思います。学生の意識の中に、「セクハラをしたら、普通は大学を去らなければならないだろう」というものを持てるようになってほしいと思います。

　また、卒論のこととか、単位のこととか、自分がやりたい研究ができなくなるとかいって、セクハラを訴えられない学生がいると思いますが、セクハラを訴えた学生の学生生活のフォローをちゃんとできるような環境をつくることも大切だと思います。

　このような、セクハラに対する高知大生の意識の低さは、高知大のレベルが下がっていることの、一つの表れだと思います。

学生12

◎人権委員会に学生を参加させよ！

・大学院での人権侵害事件（K教授）の最終報告とすみやかな処分を要求する。彼らはセクハラ疑惑もある。
・教職員のセクハラ認識を高めよ。
・教育学部の閉鎖性の改善を。学生交流（他教室・他学部への）、教員交流、施設面も含む。インターネットでの情報提供を呼び掛けよう。
・中高生ならマッチ、ライターを持っているだけで退学になる。厳重注意処分はあまりに軽すぎるというのが一般的認識だろう。

☆自由にものが言える大学・教育をとりもどそう。

学生13

　今日の学習会において、様々な意見を聞く事ができたのは、とても良かったと思う。多くの意見を聞き、考えがまとまらない所があった。しかし、私にもわかる意見は、誰が加害者で誰が被害者かということである。それ

第2部　参考資料及び文献リスト

がはっきりしている以上、被害者の意見を尊重して、処分するのは、当然なのではないだろうか。特に学生の代表でも代弁者でもない個人の意見で決定するのは、子供でもわかると思う。そのために、情報提供が必要だと思う。

学生14

　問題をおこしたならばやめるべき。「学生が入学してくる度に、国語の助教授は新入生の前で謝罪を強要されるというのはまるで人民裁判、魔女狩りではありませんか」とあるが、やめないからこんなことがおきるわけだ。ただでさえランクが低いのに、印象が悪くなってますますランクがおちる。めいわくである。こんな助教授がいるような教育学部はつぶしてしまえ。
〈感想・意見は〉大学に関する人すべてに配布しろ。　　　　　理学部学生

学生15

　セクハラ問題について、マスコミに大きく取り上げられていることからもわかるように、深刻な問題であることは確かである。

　セクハラの問題について、生徒も教授・職員もあまり関心をもっていない感じがする。双方共にもっと意識改革するべきではないのだろうか。

　5月26日の問題行動についてもそうだが、問題行動に対する処分が甘すぎる。

　今回の問題は教育学部だけの問題でなく全学の問題なので、一部の人だけではなく、す・べ・て・の人に考えて欲しい。その理由として、大学のイメージの問題である。1人の教授の問題行動が、全体のイメージ低下につながる。

学生16

　細かい事で話し合いたい事はたくさんありますが、この学習会を終えて最も願うのは、第2回目としてまた学習会を開いて欲しいということです。この会を単なるきっかけとしてではなく、今後も今回集まった人たちを中心に継続させていく必要があると思います（しかも組織的になるように回を重ねていくべきだと思います）。そうしないと、この学習会は単に「マスコミにまでとりざたされた事件にとびつくように話し合いをしてみました」会で終わってしまう可能性があると思います。この事態こそ一番なさけないことだと感じます。

資料6　日本のガイドライン（各大学における例）

学生17

　私は男なのでセクハラの被害を被った時の悲しみは完全には理解できない。しかし、大学内でセクハラ問題が起き、それについて適正な対処がなされていないとなれば、男にとっても女にとっても由々しき問題である。と思って参加した今回の学習会だが、とても参考になった。そこで、あえて中身にふれず提案したいのだが、もっとこういう場があることを積極的に宣伝した方がよい。新聞でこの会のことを知ったが、たまたま新聞を読んでいなかったら、知らずじまいだっただろう。学生の認識が低いとの指摘もあったし、もっと啓蒙活動をした方がよい。

学生18

　セクハラ問題が学問を学び人間を育てるための教師を育成するための学部であるはずの教育学部でこのような問題が起こることが大変残念だ。世間の目からみればこの問題は「教育学部で起きたこと」ではなく「高知大学で起きたこと」として受けとめられることは明らかであり、大学全体のイメージが下がるのはまぬがれない。そのために被害をうけるのは、学生である。また、今回の話しを聞くと、マスコミから伝わってくるのと異なり、学長や教育学部長がまったく危機感を感じていないというのが伝わってきた。また、大学からの情報の提供が今回の場を除くと友達から伝わってきたことだけであった。こういう面も問題である。学生の間や教授側で署名を集めればもっと重い罰をあたえることが可能だと思う。今の罰では軽すぎる。もっと重い罰をあたえるためならいくらでも協力していきたい。

学生19

　教育学部で履修している者です。正式な学生でも教員でもない立場ですが、新聞等で何度も何度もとり上げられるセクハラ問題を実際はどういう危機感をもって学生と教員がとりくんでいるのかと思って参加しました。

　一県民の立場から言えば、高知大教育学部の現状はたいへん心配な状況にあるように見えます。この学部卒の先生が県下に多数（大多数）いる。また、社会人にも、高等教育機関として機能している機関です。私は半外部の立場ですが、実際、教育学部は閉鎖的だと思います。そこで、これをいい機会にするために、完全セクハラフリーの学部と再生し、この閉鎖性、権威主義、またそれに対する一般にもよく言われる組合色の強い現状、す

べてぶっちゃけてオープンに話し、具体化し、新しい良い意味の特色づくりを早急に具体化すべきだと思います。でないと経営や質の危機がすぐにそこに待っている気がします。

学生20

　大学教員の中でセクハラなど、倫理上の問題に対して、チェックする（圧力から）独立した機関が必要だと思います。大学という閉鎖社会は、どうしてもセクハラ等をうみだしてしまう土壌を含んでいるように感じます。

学生21

　今回の再度のセクハラ事件が起こって一番腹が立つのは、学生に対する情報が学部・大学からほとんど入ってこないということである。やはり、学生に対する誠意というものをまず見せて欲しかったし、大学の閉鎖的秘密主義の体質を何より変えて欲しい。学生がたった一枚の通知で黙っていると思っていたらそれは間違いだと思う。

学生22

　ほとんどこの会合であった話ばかりですけど、

　その1　事後処理が甘すぎる。厳重注意で反省してセクハラやめるような殊勝な人間なら、最初からセクハラなんて愚劣な行為はしたりしません！　大体、マスコミに対しあのような恥を知らん文書を送りつけるような、面の皮で辞書が作れそうな人種に、何言ったって応えません。単位を認定する権利をカサにきてのセクハラなら、その権利を剥奪するような実質的な処分が必要です。

　その2　情報をきちんと公開するべきです。私らはお金を払ってこの大学のこの学部に勉強しにきてんですから、そこで何が起こっているのか知る権利があると思います。新聞読んで初めて分かるような状況は自ら恥じてしかるべきです。

　その3　被害者に対するアフターケアをしっかりと定めて、それを示すようにしてほしい。学生からうったえようにも、足下がしっかりしていなければ心配で動けないと思います。立ち上がれるような地盤を作って欲しい。

学生23

　セクハラ加害者である側の教官のコメントが聞きたいと思います。また、

資料6　日本のガイドライン（各大学における例）

あまりに学生に対する情報が少ないと感じます。

　学生側も、問題・事実を知ることがなければ、また、知らされなければ、問題意識をもつことは難しいと思いますし、何か行動を起こす雰囲気も起こりようがないと思います。今回のような機会も、もっと設けて頂きたいと思います。

学生24

　私が切実にねがうことは、もっと学生に情報が行き渡ることです。ほとんどの学生は今回のセクハラ事件のことを何も知らず、また今後もしらないままですごすことになるのでしょう。私は知らないでいる幸せよりも、知って闘う方を選びます。今回の学習会を私が知ったのは全くの偶然でした。その偶然をのがしていたら、私も何も知らないまま、事件を風化させてゆく人達の中に入っていたはずです。今一番重要なことは、できるだけ多くの学生に情報を提供することです。

　自分を守る術があること、自分を守ってくれる、一緒に闘ってくれる教官のみなさんがいるということを、もっと声を大きくして言ってほしいです。一人ではないことをもっと教えてください。

　セクハラを行った本人は今どう思っているのでしょうか。今私達がこうして話し合っても、いくら今日こういう場を提供して下さった教官のみなさんが反省したところで、本人の意識が変わらなければ、被害にあった方にとってはただ自分のことが明るみにでたということにしかならないのかもしれないし、私は、セクハラを行った本人の声が聞きたいです。セクハラは、受けたひとにしかわからない苦痛です。学長も学部長も男性です。わかってもらえないのは仕方ないのかもしれない。しかし、考えてもらうこともできませんか。私はこれを機に、考えることをやめないでいようと思いました。

学生25

　私は、やはり、セクハラを受けた学生が「嫌っ」とはっきりいえる大学の雰囲気が必要だと感じた。特に私は学生で、今回起こったセクハラ問題は、身近に考える必要がある。そのためにも、対外的な発表とは別に、大学内に、きちんとした発表の場を持つべきだと思う。それも、今回のような、ディスカッション的なもの。ただ学長・学部長からの発表ではなく、

第2部　参考資料及び文献リスト

学生からの怒り・意見を直接に受けとめていただきたい。そこで重要なのは、被害者の安全保護と、加害者の完全な暴露が必要だと思う。あとは、学生を中心とした、セクシャルハラスメント問題に対応できる委員会を発足させることもいいと思った。

学生26

　今回の事件について感じるのは、今までのツケがたまったということで、おそらく61才で初めてセクハラをしたということはありえないし、過去にも何人もの犠牲者がいたと思う。もし、過去に発覚した時に、厳しい処分をしていたら、つまり、リスクを加害者がわかっていたなら、こういう事件は無かっただろう。この事件の教授は、痛手をおうような処分、ふつうに考えて退職はやむをえない。あとは、男性がいくら努力しても、どこかでは加害者側にしか回らない立場なだけに、難しい問題であります。

学生27

　私は今回、事実関係を知りたいという気持ちを持って学習会に臨みました。(皆さんの意見がとてもしっかりしているので考えのまとまっていないため肩身がせまいなあという気持ちもしましたが。)ひとつ言いたいのは、セクハラがあったときに、学生自身にも落ち度があったのではないかという見方をする人々がいるのではないかというおそれがまだ女性にはあるということです。教官をそういう気持ちにさせるような服装をしていたとか、そういう状況にいること自体がよくなくて、学生の方にも非があったととらえられることがあるとすれば、憤りを感じます。どんな状況であったにせよ、被害者となった学生には非がなかったと声を大にして言えるような雰囲気を期待します。私は自分自身のこととしてまだ捉えられずにいますが、今回の学習会をきっかけに意識を変えたいと思いますし、この問題について、ほかの学生の意識も変えてもらいたいと思います。

学生28

　セクハラをしたにもかかわらず、その当人はのほほんと授業をしているということを聞いて、非常に腹が立つと言うか、あきれているところです。しかも、このような事件が何度も起こっているのに何も改善されていないという高知大の現状がなさけなく、自分が高知大の学生であることが嫌になってしまいます。もし自分がセクハラをされたら、大学をやめてもいい、

資料6　日本のガイドライン（各大学における例）

という覚悟で、大学やその当人に立ち向かうことができると思うが、一般に女性がセクハラを告白することはとても勇気がいることである。したがって、セクハラをすることは絶対に許されないことであるという雰囲気が形成されなければならない。とにかく、今回の事件はこのままでは終わらないはずだし、これで何も変わらなければ、高知大をやめてもいいぐらいに思っている。

学生29

　今回の学習会に参加してよかったと思う。しかし、部屋が狭すぎる。「ここまで多いと思ってなかった」という意見があったが、そこからして意識が狭いのではないか。今後も、今回のような会を広い場所でする必要があると思う。あと、思うのが、Y先生である。それぞれの意見がちがうのはわかるが、一生懸命いっている理学部の先生の意見をさえぎった、という行為は、私には、セクハラに対して自分なりに意見をいう生徒に「そんなん、さっきゆうたろ」とブツッと切ってしまう行為ににていると思った。

学生30

　セクハラの一連の問題で気にかかることは、本人の責任をおおい隠そうとする雰囲気が強いことです。本人の実名は出ない、処分は半分「問題解決宣言」みたいなものでおわる。そういった、学内の体質を変えることが必要であり、こういったことをする為には、大変なエネルギーがいると思います。このエネルギー源は最も人数の多い学生が中心となるしかないので、学生が正しい情報を知ることができるように教職員の方々も努力していただきたいし、学生も今回のセクハラに関心をもって対応してほしいと思います。

　また、再びこのような事態にならないためには、免職など重大な処分をもって学校側が対処するべきだと思います。軽い処分で前例を作っても次々と同じようなことがおこるだけです。学長や学部長が本気でこういったことをくり返したくないのかどうか、今の処置では疑問が残ります。

学生31

　今回のセクハラ問題に対して、問題のゼミの友だちがいたので詳しい情報を得ていたが、新聞で初めて知った学生は多いと思う。それほど、情報が少ないのである。新聞には学部長の辞任が誤って報道されているように、

第2部 参考資料及び文献リスト

真実と違った情報もある。だからこそ、学生にもっと情報を公開すべきだと思う。何を考えるにも、正しく考えていくためには、正しい情報が必要だからである。

　大学職員のセクハラについての意識調査をし、その結果を公表してほしい。

学生32

　今回のセクハラ問題は、私は友人を通して知りました。この様な問題について知らない人も他学部ではいるかもしれません。ただ、こういう事が起こったと、新聞やテレビ、又、友人から間接的に情報を得ると、実際すごい問題なのにもかかわらず、何か現実に受け止められない所があるというか、受けとめても、実際に学生から動き出すという事につながらないと思いました。やはり、実感していくには、教官からの直接の話しによって生徒は知る権利があると思うので、そういった場が全学生に与えられることは必要だと思いました。

　学生が動かないといけないと感じました。その前に、そのためにも、もっと問題を学生に直接言うべきだと思いました。1度だけでなく2度もあれば、何かこのまま放っておけば改善してはいかないと思います。教官という権力をもてあそんでいる気もします。その権力を学生たちはこわがっている所もあると思うので、そうしたところについてもこれから調べるというか、考えていかなければならないと思いました。

　でも、今回のような学習会がもてるという事は、先生方も積極的に色々とこの問題をとりあげているんだなとも感じました。

　というのは、決して、この問題は高知大学のみにいえることではないと思うからです。だから、この様にマスコミに公表されて議論するということは、まだまだ残された課題は多いけれど、学生の意見などをとりあげているんだなあと思いました。

　やはり、本人に謝ってほしい。あやまるべきだ。

学生33

　私は高知大学を受験する前にパンフレットとか要項とかを見て、高知大に憧れを持って入学した。はっきりいってパンフレットなどには良いことしか書いていない。入ってみると、大学という所は、「大学に入ってくれれ

資料6　日本のガイドライン（各大学における例）

ば、あとはこっちのもの」みたいな感じがある。単位の問題が1番そうであろう。大学とは教師と生徒が自由に学問できる所ではないのか。

　学校があって生徒が来るのではなく、生徒がいて学校があるのではないか。生徒が大きな声を出せば、改善は可能である。

　私の友だちが、今回セクハラをした教師の授業を受講しているのだが、この前も平気な顔で授業していたそうだ。

　最近、少年犯罪で、実名、顔写真の問題がとりあげられているが、今回なぜ、実名、写真が出ないのか。セクハラは立派な犯罪なのに、どうしてかくそうかくそうとするのだろうか。実名などを出すと、彼の今後の生活が困るというのだろうか。生徒の今後の方が大変や!!

　学長に謝ってほしいけど、本当に謝ってほしいし、反省してほしいのは本人だ。

　私が他の学校の友人に、このセクハラ問題を話すと、「え!?　チューしただけ!?」「それだけ？」と言われた。時が止まった。他学生からみれば、「なんだそんなこと」ぐらいなのだろうか。おどろいた。確かに同じことが他の学校で起こったら、私もそういう目で見ていたかも知れない。もっとすごいこと、例えば無理やり肉体関係をせまったとかだったら、もっとマスコミや、父母や学生、教師も大きくとりあげ、マスコミ受けもすごく、学長もすんなり謝ったかも知れない。改善しようという声も大きく上がったかもしれない。しかし、セクハラ受けた生徒は十分傷ついているし、今まで知られていない、マスコミには出ていない（というか、マスコミ受けしない!?）精神的・肉体的な苦痛を受けた人がどれだけいるのだろうか？　表に出ちゃったから一応対応しとこうという態度には腹が立つ。

学生34

　セクハラ問題は上下関係があって成り立つ。

　私達生徒は教授に単位を認定してもらう。教授は卒業に不可欠な卒業論文の指導、単位認定する権利、権力をもっている。つまり、教授が上で生徒が下。こんな上下関係を利用したいやがらせ、権力の乱用は、セクハラという問題だけでなく、許しがたい。

　私が普通に考えると、このようなセクハラ問題が発生し、学部長なり学長の耳にまで届いたなら、上層部の人はその当事者を呼びつけ、「君！　な

んてことをしてくれたんだ！　生徒に対してハレンチな事を！　この学校にもドロをぬったんだぞぉー」といって「首だー！」なり「自宅謹慎だー！」という展開になるはずなのですが、どうして、教授をかばい、被害者やその周りの保護する人に対して「おまえらがよけいな事を言うから表ざたになるんだ」みたいな事になるのか、ぜんぜん分かりません。これだから大人はキタナイと思います。

それから、この学習会の中でもセクハラ的というか、生徒をバカにした発言があったように思います。

だれが卒業したい為に好きでもない教官におしりをさわらせるんだ。バカにされたものだと思った!!

もし、もしも、おしりをさわらせれてでも卒業したいからガマンという人がいるなら、それだって教授の側に「卒論の単位をあげるからさー」みたいな気持ちがないといえるのか。そういう上下関係を認識してやってるんじゃないの？　そこがセクハラの先端だと思う。

それから、学校側は、ちゃんと事実と経緯、これからの対応、反省を明らかにして、生徒側に知らせてほしい。

学生35

教育学部の生徒です。まだ、友達にも知りあいにもセクハラにあったことのある人は知りません。でも、今回のセクハラがあったのは事実なので、次の様に思います。

私は、K先生の授業を今年も、昨年もとっています。小学校の先生を目指している私にとって先生の授業は本当に小学校の教師の為の授業だという感じがして楽しく受けています。でも、いくらいい授業をしているからといっても、私達の中にはやはりセクハラのことが消えている訳ではありません。確かに、いい先生だとは思います。でも、その前に自分は教員養成課程の授業だ、将来の教師を育てていく人間なんだということを考えてほしいです。どんなにいい授業をしたとしても、人間としてやってはいけない行動をしたんです。そんな人を教える立場の人間がこんなことをしてしまったのを許せるわけがありません。人を教える立場、又、将来の教師をつくっていく立場を自覚して、悪いことをしてしまったのだから、せめて謝罪して自分からやめてほしいです。心の中に教師としての自分が少し

資料6　日本のガイドライン（各大学における例）

でもあるなら、そう思うのが当然ではありませんか？　悪いことをしてしまったのだから、教師を目指している私達の為にも、やめてほしい、ちゃんとした形を自らとってほしいと思います。

　このままでは教育学部の存続が危ないと聞きました。教員の採用だって、私でもこんなセクハラをするような教授から教わった生徒なんて、あえてとってみたいなんて思えません。どうして先生がおこしたミスで生徒までこんなに被害をうけなくてはいけないのですか？　教育学部の教授の入れかえを本当にやってほしいです。なんか、くさりきっているような感じがします。

　生徒も弱い立場だからセクハラされるんですか？　弱い立場なんかになる必要はないと思います。私達はお金を払って、教えてもらっているんです。弱い立場のはずがないと思います。もっとちゃんと自分の意見が言える状況づくりが大切だと思います。先生の中でも隠しあいなんてしないで下さい。教授と生徒が同じ立場で意見が言いあえる、そんな関係がつくられたらこんなことはなくなると思いました。

　あと、処分内容、はっきりききたいです。運動をするなら、ぜひ私も参加したいです。

学生36

　私はセクハラ問題は倫理的には起こってはいけないものだと思います。しかし、起こってしまうのが現状です。その起こってしまってからの対処というものも、セクハラ防止に対して重要な意味をもってくると思います。前回、今回の問題に対する対処というのは、セクハラに対する認識が低すぎると思います。学生の方も低いとは思いますが、<u>教授会の方々の認識も低いと思います</u>。第一、厳重注意処分って何ですか？　紙一枚受け取って、終わりっていうのはどういうことですか。<u>それなら、教官の方々はセクハラをしたい放題ではないのでしょうか。</u>せめて、目に見える形による処分をとってもらいたいものです。反省しているからとは言われても、心に残る傷はなかなかうめられません。セクハラを受けた方は、二度とその教官と顔を合わせたくないはずです。それなのに加害者は堂々と講義ができるというのはどういうことですか。もっと意識を高めなければ、セクハラは続くばかりです。個人的には、セクハラの加害者の方を停職か免職にして

いただきたいものです。他の大学では停職・免職は当たり前だと思います。

また、教官の方々には、教師である前に、人間になっていただきたいです。倫理的に、絶対に許されないこととは何かを分かっていただきたいです。学生の方々には、もっとセクハラ問題に対して重要な問題であるという認識をもっていただきたいです。単位がどうの、卒業がどうのということはあるとは思いますが、それは、本当なれば、大学側で守っていただけるものだと思っています。それが守られないときは、アスデミック・ハラスメントとなるでしょう。

さらに、話しは変わりますが、セクハラ相談員に学生も加えていただきたいと思います。セクハラとは、ずっと心の傷となるものですから、加害者だけでなく、その事実を直接知っている人に会ったら、過去のことが思い出されて、ノイローゼになると思います。だから、教授の方々の他に、学生も加えて、<u>滅多にあわない人に相談できる</u>というのはどうでしょうか。また、学生が加わることで、<u>教授会側の一方的な意見だけではなく</u>、学生の幅広い意見も入ってくるので、大学構成員全体の問題意識も高まるのではないでしょうか。

学生37

今回、学習会に参加して改めて学校・学部長の対応の甘さが目につきました。新聞で読む限りしか私達には情報が入ってこない閉鎖的状況、「厳重注意」という言葉の重みと実際の表面的な対応、どれもこれも学校・学部長の独断による行動ばかりが先行され、事後処理が山積みされている、という感じを受けます。

学生38

高知大のセクハラについては、いつも新聞から知らされることが多いと思うので、このような学習会をもっと行ってほしい。

私は高知大を卒業した者ですが、セクハラ問題が世間に取り上げられるようになってから、ひょっとしたらセクハラに関係ない、普通の（？）先生方まで「セクハラと思われる」と気にされて、2人きりで話をしたり、お茶をのむことができなくなってしまっているのでは、と思ったことがあります。きちんとしている先生方の方がピリピリと気をつかっていらっしゃるのでは。私は普通に先生方とお話をしたいのに、セクハラがあったた

資料6　日本のガイドライン（各大学における例）

め、先生方や学生の方までに変に気を使ったりしてしまうのでいやでした。
　私の職場でもセクハラのようなことがあるようです。ある人に、「あの人は酔うとセクハラする。以前からみんなのひんしゅくをかっている。」といわれたことがあります。私は歓送迎会でその人と飲んだことがあったけれど、他の女の子にちょっと（これは私のとらえ方で「ちょっと」なので、その人はどうとらえているか分かりませんが）いやらしいことをいってました。でもその男の人は立場的に上の人なので、もし、私がセクハラされてしまったら、はっきりといえるか分かりません。
　大学だけでなく、どこでもあるものでしょうか、セクハラは。
　心理の先生の授業は単位をとりやすいので、いくつも講義をうけました。後悔しています。もっとはやくからその先生のことを知っていればよかったです。
　今日の学習会はとても勉強になりました。職場でも高知大のセクハラが話題になっていたので、もっと一般の人がきちんとした情報を知ることができるような体制をとってもらいたいです。学生や先生方だけでなく。セクハラが何度もおきたことは腹立たしいことですが、このようなことが公にされるということは、意識を持った方々がいるということで、いいことだと思います。他の大学でもセクハラはあると思うけど、そういったことを表ざたにしていくことが、大切だと思いました。
学生39
　今回のセクハラ問題が明らかになった時、おそらく私だけでなく、当該教室の学生の多くは、「とうとう明らかになったか」という感じだったと思います。なぜなら、以前から飲み会の席で、肩をだかれたり、おしりをさわられたりという知りあいが何人かいたからです。ただ、誰も公にしなかっただけでした。その時は、本人はどうして相談しに行かないんだろうと思っていたのですが、今回、皆さんの話をきくなかで、本人は言い出しにくいだろう、ということと、周りにいた人間、私が訴え出なければならなかったのだ、ということを考え、自分のセクハラに対する意識がまだ低かったことに気付きました。
　前回のセクハラ問題の後、当事者の教授に学内で会った時、私は「この人まだ学内にいたんだ」とおどろきました。でも、何がいつどういう風に

第2部 参考資料及び文献リスト

おこって、どう議論され、どう解決されたのかについて、ほとんどわかりませんでした。これは、多くの学生の意見でしょう。学生（外部）への公開情報量の少なさ、というよりほとんど隠されている状況は、問題を悪化させる大きな要因の1つだと思います。最近おこったアカハラ事件や今回のセクハラは、たまたま知り合いが被害者だった為にくわしく知ることができました。しかし、それがかなり前から行われていたことには、驚きを感じるとともに、そんな教授を野ばなしにしている学内に自分がいたことに身のけがよだつ思いでした。自分はたまたま運がよくて被害者にならなかっただけなのだと、実感したからです。今も状況は変わりません。何も知らない学生がその先生の授業をうけたり、指導教官に選んだりしているのではないでしょうか。もっと学生が色々知ることができるように、特にそういった問題に興味を示さない学生でも知る機会がもてるようになったらと思います。

　今日は、この学習会に参加してよかったと思います。学内の問題は、教授会だけでも、学生だけでも解決しません。両者の意見交換は、解決と防止に必要不可欠です。今後も、何らかの形で教授側と学生の接点があればと思います。

　私は、セクハラの相談にのってくれる機関が学内にあることは知っていましたが、もし、自分が被害にあった場合に相談できるかと考えると、まだ自信はありません。まず、性的な事件については、その被害者に対して変な目でみる人間も少なくありません。これは、集団の認識力の低さの問題です。また、相談した後、自分の身（単位や進路も含めた）の安全が必ず保障されるか、解決するまで相談機関がつきあってくれるのかも気になります。セクハラは、被害者自身が被害を訴えることが特に難しい問題だと思います。だから、今日の学習会を開かれた先生方に、この問題について長く関わっていただけたら、それだけでも学生に安心感が生まれると思います。

学生40

　私が高知大学に入学した時、推薦だったので、授業料免除の手続きのとり方がわからず厚生課の事務員に尋ねた所、その事務員は私の母に向かって、別に人と会話をしながら「収入いくら？」と聞いてきた。その時、正

資料6　日本のガイドライン（各大学における例）

直いって私はこの大学はどういう大学だろう、と、とても不安になった。こんなふうに、人権侵害という問題は、権力という仮面をかぶって、あちこちで横行しているのではないか？　でもその当時の私は、ムカッとくるだけで何にムカツイテいるのか分からなかった。これが入学当初の、私自身の人権意識の低さだった。

　5月28日の読売新聞の記事について―。同学部女子学生の「上下関係に負けない自衛が必要」とあったが、これは、はっきり言って傍観者の論理だと思う。「自衛」ができるのが前提であれば、セクハラの問題は、「自衛」のデキない「女性」自身の甘さ、弱さを指摘することになり、被害者自身を否定的に見ることになりかねない。私自身、こういったものの見方をする学生、あるいは教官はそこそこいるのではないかと思う。しかし、セクハラとは、権力的に上位にいる人間が、自分自身に対して反抗しえない、下位の人間に対して、その意志いかんにかかわらず、圧力的に嫌がらせをする行為であると思うので、セクハラ問題とは「自衛」することだけでは防止できるとは思えない。何よりも、学生にとって教官と学問上で信頼関係を結ぶことは、とても大切なことであり、私たちは、自分の教官に対して、「自衛」しなくてはなないような、余計な緊張感をもつことを望んでいない。でもこのまま、セクシャルハラスメント、及びアカデミックハラスメントを行い、公然と講義を受けている教官をそのまま指をくわえて、何の処置もできないでいる大学の現状を見ていては、学生たちも徐々に、人権侵害を行っていない教官に対してまで、信頼感を失ってしまうことになるだろう。大学という知性の最高機関がこのような状態にあっては、知性もたかが知れているというような、ばかばかしい気持ちにもなってくる。結局、知というものも、権力をもつ人間に都合よくできた代物なのか。私自身、今のところこういった否定的な考え方しかできないが、どうすれば学生が自分たちの人権が守られ、とくに侵害を受けた人たちが納得できるような大学に改革されるか、私たちが動かないと何も始まらない、と今日の学習会において確信した。

学生41

　私自身はセクハラにあったことがないのですが、色んな話しを聞くと、びっくりするやら、あきれるやら…。今回、学習会で、他の先生方に対す

る圧迫の実態なども知り、大学の体質の悪い部分にぞっとしました。新聞社に送られた手紙も、何いってんだという感じです。「大学有志職員一同」とありますが、送りつけるくらいなら、「有志」というくらいなら、実名で発表したらいいのにとも思いました。その文の中に、「『数の力』によって『事実』なるものがつくり出される云々」という部分がありましたが、それは、逆の立場であるセクハラを受けた女性や、こういった問題を取り上げて下さった先生方が、おっしゃりたい言葉ではないのでしょうか。少数の、セクハラをする教授に、それ相応の処罰をと願う先生方の意見が、うやむやにされたりしている実態についてどう考えているのか。そして、最終的には（おしきるような形で）学部長の権限で、口頭による厳重注意という処罰が下されました。しかし、その学部長が、自分には関わりあいがないというような言動をとり、やめてしまうのは（教員派遣のことで引責とあっても）逃げだと思われても仕方ないでしょう。

　これからどうしていったらいいかということについては、調査を行う諮問委員会のようなところに、三権分立ではないが、学生の代表と、それぞれの学部の教授の代表、あと、出来るなら外部の識者の人もまじえての、調査機構を作れたらと思います。

教職員1

　度重なるセクハラの事態に、どうしたらよいのかと考える毎日です。今日は、学生と教員の相互の意見交換ができたことが、よかったと思います。学生の意見を聞きながら、我々の気付かないことがあったと思うとともに、学生への配慮はしすぎることはないと痛感しました。

教職員2

　最近「高知大学教育学部の○○です」と電話などで名乗る時、とても恥ずかしい感じがするようになってしまいました。外を歩いていても何となく下を向いてしまうことが多くなっています。学内でも見知らぬ学生とすれちがっても何か申しわけないように思われます。比較的厚かましい私さえこんな気持ちになっているのですから、純真な学生はもっと恥ずかしい思いをしているに違いありません。

　61歳教授は「自己教育力」と「青少年健全育成」を主な研究テーマとしているようです。自分自身を高め、セクハラ教授などを許さない健全な学

資料6　日本のガイドライン（各大学における例）

生を育成するという点で、研究と実践が見事に統一しているようです。
教職員3

　1．なぜ「キャンパス・セクハラ」がこうも起こるのだろうか。僕が思うに、その理由の一つは、大学も男性中心のコミュニティだということである。男性中心社会では、男性たちは常に〈上司—部下〉関係という上下関係しか知らず、対等なコミュニケーション関係を築くことができない。その上、大学では教官と学生の関係は権力的かつ権威的な関係にある。教官は知的権威者であると思われているし(実際には違う人が多いが)、教官の単位認定権や成績評価権の前では、学生は弱者とならざるをえない。こうした大学内の閉鎖的な関係の中では、そうした権力的関係をよほど自覚しない限り、教官は対等平等な関係を築くことができないであろう。

　第二に、更にその権力的関係を増幅させるかのように、男性教官の側には、男性中心の偏った眼で見た一面的な女性像がまだまだ根深く存在している。それはほとんどの場合女性蔑視の思想となる。「女は感情的になる」「女のくせに」というようにである。僕も含めて男性はパートナーや親しい友人の女性から注意されない限り、このバイアスは自覚されないほどのものである。

　こうした状況の中では、コミュニケーションが未熟で女性蔑視の思想をもった教官が再生産される。歪んだ形でしか女性とコミュニケーションできない男性教官のあり方こそが問われるべきであろう。

　2．最近の東京都調査によれば、企業で上司からセクハラを受けた女性は24%にのぼる。おそらく大学内も似たようなものであろう。実際何件かのセクハラ・アカハラなどの人権侵害が行われてきたことを、僕も身近に知っている。ほとんど泣き寝入りに近い状態だ。大学内にまだまだ人権侵害がある。こうした事態を積極的に解決すべき時だ。そのためには、学生、教職員も含んだ〈キャンパス・セクハラ〉人権ネット（仮称）といったものを大学内に作る必要があると考える。ここでは、1）人権問題について学内外と情報交換すると共に、2）その解決に向けて監視する大学構成員レベルでのオンブズ・パーソン制度である。

　もう一つ、今回の問題を教訓にして、高知大学自身が〈ジェンダーフリーな〉大学像を模索・検討し、積極的に提起していくべきだと考える。

第2部　参考資料及び文献リスト

教職員4

　前回のセクハラがあれだけ騒ぎになったというのに、またすぐ起こしてしまう人の精神構造が本当にわからない（もちろん、世の中にそういう人がいることがわからないわけではない、でも……）。

　確かに、女性の人権委員会が作られ、その下に調査委員会を置きうるようになったのは前進であった。けれども、その制度上の不備もさることながら、前回のセクハラの処置がうやむやに放置されていたり、予防の措置が本当に起こさないのだという積極性をもって講じられてはこなかったり、従って、事件を起こした当事者はもちろん、その言い分に陰に陽に荷担したり無関心でいたりする教官たちの意識がどうやらたいして変わっていなかったり、学生の方でも、怒ってはいても改善を求める行動に移すこともなかったりと、再発の下地は十分にあったということなのだろう。だから当然のように、学長・学部長による対応は、今回も極めて消極的なものでしかなかったし、それに異議を唱える教官もまだ多いとはいえない。

　もう、「もう起こさない」と口にするのはそらぞらしいだけだろう。それはまた起きてしまったのだ。そのことを切実に多くの者で分かち合い話し合うことからもう一度始めるしかないだろう。それは、なぜ起きるのか？

　「他でもない、あなたも／が、当事者なのです。」

教職員5

　セクハラをなくすために、この10年ほど様々に取り組んできました。でも、なかなか理解してもらえませんでした。そして残念ながら、今も学部の中で完全な理解が得られているわけではありません。そのことは、女性の人権委員会が発足した後もセクハラが再発したことで明らかです。人の痛みがわからない、ひとりよがりの判断、思い込みなどが原因でしょう。

　もっと啓発しなければと思うのですが、教官への啓発は正直に言うとむずかしいことです。それぞれが一応専門家なので、そういう人に向かって説教じみたことを話すのはプライドを傷つけて逆効果になりそうだからです。ただし、専門家といっても、それはごく一部の分野に関してであって、社会常識あるいは良識の判断力とは直結しているわけではありませんが。。。

　今回たくさんの学生さんが学習会に参加してくだって感激しました。い

資料6　日本のガイドライン（各大学における例）

ちばんの力は学生の声だと思います。キャンパス・セクシャル・ハラスメント全国ネットワークの会員からも、学習会への評価とたくさんの支援や協力の申し出が高知大学に寄せられています。

　力を合わせて運動を盛り上げていって、よりよい学習環境と職場環境をつくっていきましょう！　　　　　　　　　　　　女性の人権委員会委員

教職員6

　これまでの高知大学のみならず、さまざまな職場や教育の場でセクハラが行われてきた。同じことをしても状況や社会環境によって非難されたり、ほめられたりするのはセクハラに限らない。

　私は、今回の事件をどう評価し対処するかということを考える上で、現在の社会情勢を把握してその中で位置づけるという作業が必要だと考える。

　セクハラということばはよく（性的いやがらせ）と注記されるが、いやがらせとかいじめということばに置き換えることによって、ことの本質がぼかされている面がある。セクシュアル・ハラスメントというのは人の性的感性を傷つけることによる暴力であり、人権侵害である。

　人権に対する侵害があれば、本人はもちろん、それを許している組織や社会もその責任を問われるのは、当然である。今回の例で言えば、教育学部教授会が直接の責任を問われることになるが、学生や事務官を含む大学構成員全員が一定程度の責任を負うと考える。

　この問題から目をそらせ、無関心でいるとすれば学生といえどもセクハラを許し、認めていると言われても仕方がないだろう。私もえらそうなことを言えるほど見識があるわけではないが、教官はもちろん、事務官の方々にも学生諸君にもぜひ一緒に認識を深めていただきたい。

教職員7

　まず、学習会に集まって下さったたくさんの学生、教職員のみなさんに、呼びかけ人の一人としてお礼を申し上げます。同時に、お詫びも申し上げます。時間等の都合で案内が十分出来なかったとはいえ、「来てもせいぜい50人くらいだろう」とは、あまりにもみなさんを見くびった予測であったと反省しています。

　権力を背景にした異性への暴力であるセクハラは、絶対にあってはならない。この単純な倫理規範を内面化できない者が少なからずいることは、

「軽率ではあったと思うが、私は『加害者』ではない」という主旨の発言が、いまだに当の加害者から出てくること、それに頷く者が周りにいることから、容易に想像できます。残念ながら、彼らに理性的な理解と反省を期待することはできないようです。私たちが多数派になり、上記倫理規範をもつことが常識となるようにしなければなりません。

教職員8

(1) 「女性の人権委員会」の今の組織・権限で十分に問題に対応できないのではないか。また、先日の学習会での相談員の発言を聞いていると、なかには、その委員会で話せばよいような内容を長々と発言している方もおられ、これではとても安心して学生に相談に行くようには言えない気持ちになりました。現状のままの委員会では、私は、学生に対しては、「警察」に相談しなさい、と勧めたい気持ちです。

(2) 教育学部長の長老の教授のなかには、悪気はないかもしれませんが、強制わいせつ行為だけをセクハラと考え、学生は断り切れずに不快な気持ちを持っているかもしれないのに、二次会・三次会に連れ回ったり、酒の場に学生を下宿から呼び寄せたり、酒の場でフレンドシップを装いからだを触ったり、いかがわしい冗談を言ったりすることを、セクハラと認識していない教官が複数いるようです。このような教官に限って、「キスくらいはセクハラか」、「これは欧風挨拶だ」と、公言します。このような教授の存在を容認してしまう教育学部の体質が問題です。教育学部には、他のアカハラの問題もあります。もし、このまま自浄作用が働かないようならば、まだまだ問題を発生させるでしょうし、他学部にご迷惑をかけるだけですから、残念ですが、そろそろ学部の存在自体が問われてもよいのではないでしょうか。

(3) 学生も、しっかりしてほしい。セクハラをするような教官の授業に、のうのうと出席し、単位のため、卒業のために受講しているような若者では困ります。授業をボイコットするくらいの気概は、今の学生に望むべくもないのか。そんな姿勢の学生には、教員にならないでもらいたいものです。

教官9

私たち高知大学の全構成員は、世界的規模の民主的動向に添い、セクハ

資料6　日本のガイドライン（各大学における例）

ラについて、それがその行為を被った者の人権を侵害する卑劣な問題として認識・対応することを昨年5月に宣言した。すなわち、「セクシャルハラスメント防止に関する研修・啓発・調査」などを盛り込む「高知大学女性の人権委員会に関する規則」（規則第11号）の制定・施行がそれである。ここで言う「人権」ないしは基本的人権とは、人間が人間である以上、生まれながらにして当然に有している超実定法的な自然権をさすことは明らかである。私たちはこの基本的人権が、たとえば日本国憲法第11条により、「侵すことのできない永久の権利」として保障されていることもまた周知している。したがって私たちは、憲法第9条に反して「武力」を「行使」するのと全く同じように、否、基本的にはそれ以上に重大なものとして、セクハラが近代社会の基底的精神を蹂躙する極めて『野蛮な行為』であることをも当然熟知している筈である。

しかし、残念なことに私たちの周囲では、セクハラが違憲的行為であったり、近代社会の存在そのものをも否定するような『未開の重大問題』であると認識している者は、あまり多くないようである。様々な利害関係から、セクハラの事実を隠蔽しようとしたり、あるいは加害者を擁護する傾向さえ認められる。

私たちは、本学教育学部においてセクハラが再発した事態を真に厳しく反省し、そのことを不可欠な前提として、セクハラが基本的人権を侵害する『封建的な違憲的行為』であることを構成員の誰しもが常識として知る、その意味でごくあたりまえの大学の近代化をめざしている。本来ただそれだけのことに過ぎないのだが、なかなか理解は得難い。

教職員10

カエルあつかいされた学生たちへ

うちの学部がまたまたセクハラ事件をひきおこしてしまった。そしてまたまた加害者の教員にたいして『厳重注意』がなされた。教授会でそれが了承され、それで事件はかたづいたということになっている。

ところで、その『厳重注意』とはどんなものなのか。学部長室によばれて、しかられて、アタマをかけばいいのである。それで（たったそれだけで！）おしまいだ。それのどこが処分なのか、と思うひともいるだろう。そうなのだ。この『厳重注意』というのは、国家公務員法82条にもとづく

第2部　参考資料及び文献リスト

正式な言いかたをすれば、処分ではない。もっとも軽い処分でさえない。だからそれは、大学のつくっている（各教員の）履歴にさえ記録されないのである。

つまり、わが教授会は、ほんとうは、セクハラをおこなった教員になにも処分しなかったことになるのだ。ひょっとするとこれは、セクハラよりももっとすごいスキャンダルではないか。わが教授会はとんでもないことをしてしまった。

僕が道でカエルをふんだとする。僕はとがめられない。なぜか。僕のふんだのがカエルだからだ。わが学部の教員がセクハラをおこなった。彼は処分をうけなかった。なぜか。わが教授会が学生をカエルとみなしているからだ。そういうことだろう。

いくらなんでもそれはないだろう、と僕は思う。

教職員11

大学でセクハラが発生すると私たちは被害者、加害者、第三者のいずれかの立場に置かれる。これまでの高知大学でのセクハラ問題に関しては被害者、加害者だけの問題であるかのごとき認識が強いように思われる。

大多数を占める第三者はおおむね次のようなタイプに分かれる。第1は「自分には関係ないこと」という無関心を装うタイプ、第2は「小さなことで騒いでいる」「いつまでもセクハラを取り上げるのか」という被害者やその支援者を非難するタイプ、第3は加害者の同僚・友人などに多く、加害者を積極的に擁護するタイプ（このタイプは第2のタイプと重複する場合が多い）、第4は大学の管理者や管理的発想者に多い組織防衛のために不十分な調査と最小限の対応で事足れりとするタイプ（例えばセクハラが表面化すると文部省の受けが悪くなり、大学改革・概算要求に差し障るなどは典型的）、第5は被害者を積極的に支援する、あるいは表だっては行動したり発言したりはしないが陰ながら支援するタイプである。

学部構成員については残念ながら第1から第4のタイプの方がまだ多いように思う。このような状態ではまたまたセクハラ事件が発生する可能性は大きいと心配せざるを得ない。

特に学長をはじめとする管理責任者はセクハラについての構成員の認識レベルについてどれほどの危機感をお持ちだろうか。

資料6　日本のガイドライン（各大学における例）

　特に学長はせっかく全国に先駆けて作られた「女性の人権委員会」について開店休業が良いと今でも本気で考えておられるのだろうか。まして女性の人権委員会の活動や良心的な教官・学生のセクハラ防止の活動に対して圧力をかけたり、抑止するようなことを決してしてはならない。女性の人権委員会の諸活動を保障する体制と予算措置を積極的に取られることを切望する。　　　　　　　　　　　　　　　　　　　　女性の人権委員会委員

教職員12

　セクハラが新聞報道されたのが、97年2月でした。もっとも事件に巻き込まれてきたと同時に、直に事件を見てきた一人として、再度事件がおこってしまった今、教師としてものすごく責任を感じています。何故、あのときにきちんといろいろな問題を指摘してこなかったのだろう、そうしたらせめて同じあやまちをおかすことはなかったのではないか、と学生の皆さんに申し訳ない気持ちでいっぱいです。

　そして要は、私の場合、「女一人何ができる」と大学管理当局に「ナメられて」きたのだ、とつくづく感じるのです。今度こそ、私は立ち上がって、きちんと「しゃべる」ことにしました。露骨で品がないといわれても、もう一時同じことがおこるよりは、よっぽどマシだし、それが私の責任だと思うからです。

　深刻なセクハラの「うわさ」を「学生はノイローゼだ」「裁判を起こして無実を主張すべきだ」と語って当該教官に知らせてしまった教室の教官。それから1日おいて「弁護士に相談した」と言って、「自分は無実無限で陥れられようとしている。調査をして、教授会で報告したい。まずは教室で僕のセクハラはなかったことをお認めいただきたい」という本人の申し出を受けて、しかも教室の学生全員に「セクハラありましたか？」と1男性教官が「聞いて」いく人権侵害的な調査。しかもその調査を決定する際の教室会議で「チュッチュしました。2回しました」（えげつなくてすみません）「人権、人権なんて言っていたら音楽なんかできない」と当該教官本人の口から聞きつつ、誰もその不見識さを注意することなく、調査後も「セクハラはなかった」と一貫して報告してきた教室の教官たち。さらには当該教官本人が語ってしまった学生本人に電話をし、もっとすごかったのは「あれはセクハラではない、という学生本人の文書がある」と平気で教室会

議で発言する教官。「調査で話した」と言う学生と、「うわささえなかった」と毅然と口にした教官側。(学生が言うには)「今回は先生を助けたい」と問題行為があったと当然客観的に認められる学生に語ってしまう教官。(これも学生が言うには)「教師と生徒という前に人間として話した」のに「君がしゃべったせいで先生が公的な場で窮地に陥った」と学生に「君のためを思って」語った教官。被害者に「セクハラ相談室に言った内容について言え」と強要する教官。こういうのをセクハラっていうんじゃないでしょうか？　そして突然厳重注意となったようだけど、いつの間にか当該教官本人の報告書に「ふえて」いたセクハラの事実。そしてそのずいぶん後、報道後に教授会報告されたときにはいつの間にか「消されている」いくつかの事実。こういうのを「隠ぺい」というのではないでしょうか。

　大学のいう「二度と起こしません」って、「二度と隠ぺいに失敗しません」ってことなんでしょうか。

高知大学女性の人権委員会に関する規則

（設置）

第1条　高知大学における女性の人権擁護のための啓発・指導を行うため、女性の人権委員会（以下「委員会」という。）を置く。

（目的）

第2条　委員会は、様々な性差別の問題についてすべての大学構成員が認識を深め、教育研究の場としての大学にふさわしく、男女が互いに対等平等な関係で、能力を発揮し、コミュニケーションができる快適なキャンパスライフづくりを目指すことを目的とする。

（定義）

第3条　この規則において、「セクシャルハラスメント」とは、就学上・就労上の関係を利用してなされる次に掲げる行為をいう。

(1)　性的要求への服従又は拒否を理由に就学上・就労上の利益又は不利益に影響を与えること。

(2)　就学上・就労上の利益又は不利益を条件として、性的誘いかけをなし又は性的に好意的な態度を要求すること。

資料6　日本のガイドライン（各大学における例）

> (3) 性的言動、掲示等により不快の念を抱かせるような環境を醸成すること。
> 2　この規則において、「部局長」とは、事務局長、各学部長、附属図書館長、学生部長、各学内共同研究施設長、保健管理センター所長、情報処理センター長をいう。
> （任務）
> 第4条　委員会の任務は、次の各号に掲げる事項とする。
> (1) セクシャルハラスメント防止に関する研修・啓発・調査
> (2) セクシャルハラスメントに関する相談・救済と対応
> (3) 女性の人権擁護に関する研修・啓発
> (4) 女性の人権擁護に関する調査・研究
> (5) その他女性の人権擁護に関する事項
> （組織）
> 第5条　委員は学長が指名し、委員会は、次の委員をもって組織する。
> (1) 各学部の教官各2人
> (2) 保健管理センター教官1人
> (3) 事務系職員若干名
> 2　委員の任期は2年とし、再任を妨げない。
> 3　委員会に委員長を置く。
> 　　委員長は、委員の互選とする。
> 4　委員長は、委員会を招集し、その議長となる。
> 5　委員長は、必要がある場合は委員会の承認を得て委員以外の者の出席を求めることができる。
> （セクシャルハラスメント相談窓口）
> 第6条　委員会は、セクシャルハラスメントに関する相談、救済と対応のため、セクシャルハラスメント相談窓口を設置する。
> 2　前項のセクシャルハラスメント相談窓口に関し必要な事項は、別に定める。
> （セクシャルハラスメント調査委員会）
> 第7条　委員会は、セクシャルハラスメントに関する実態調査のため、セクシャルハラスメント調査委員会を設置することができる。

2 前項のセクシャルハラスメント調査委員会に関し必要な事項は、別に定める。
（報告）
第8条 委員会は、セクシャルハラスメント調査委員会の調査結果について、学長及び当該部局長に報告する。
（事務）
第9条 この規則を実施するための事務は庶務課において処理する。
（その他）
第10条 この規則に定めるものの他、委員会に関する取り扱いに関し必要な事項は、学長が別に定める
　　　附則
この規則は、平成9年5月16日から施行する。
　　　附則（平成10年5月15日規則第11号）
この規則は、平成10年5月15日から施行する。

高知大学セクシャルハラスメント相談窓口に関する規則

（設置）
第1条 この規則は、高知大学女性の人権委員会に関する規則第6条第2項に基づきセクシャルハラスメント相談窓口（以下「相談窓口」という。）に関する必要な事項を定める。
（任務）
第2条 相談窓口における相談員の任務は、次に掲げる事項とし、相談者のプライバシーを厳守し対応する。
(1) セクシャルハラスメントに関する相談、救済と対応
(2) セクシャルハラスメントに関する実態調査の必要性を認めた場合は、女性の人権委員会に報告するものとする。
（相談員）
第3条 相談員は、次のとおりとする。
(1) 各学部の教官各2人以上
(2) 保健管理センター教官

資料6　日本のガイドライン（各大学における例）

---

　(3)　事務系職員若干名
　(4)　その他
第4条　相談員は学長が指名する。
　（その他）
第5条　この規則に定めるものの他、相談窓口に関する取り扱いに関し必要な事項は、学長が別に定める。
　　　附則
　この規則は、平成9年5月16日から施行する。

高知大学セクシャルハラスメント調査委員会に関する規則

　（設置）
第1条　この規則は、高知大学女性の人権委員会に関する規則第7条第2項に基づきセクシャルハラスメント調査委員会（以下「委員会」という。）に関する必要な事項を定める。
　（任務）
第2条　委員会の任務は、次に掲げる事項とし、関係者のプライバシーを厳守し、迅速に対処する。
　(1)　関係者及び相談員等から事情聴取を行うなどセクシャルハラスメントに関する実態を調査する。
　(2)　調査結果について、高知大学女性の人権委員会に文書で報告するものとする。
　（組織）
第3条　委員会は、次の各号に掲げる委員をもって組織する。
　(1)　女性の人権委員会委員のうち各学部1人
　(2)　女性の人権委員会委員のうち保健管理センター委員
2　委員会に委員長を置く。委員長は委員の互選とする。
3　委員長は必要がある場合は委員会の承認を得て委員以外の者の出席を求めることができる。
　（その他）
第4条　この規則に定めるものの他、委員会に関する取り扱いに関し、必

要な事項については、学長が別に定める。
　　附則
この規則は、平成9年5月16日から施行する。

資料6　日本のガイドライン（各大学における例）

b．鳥取大学の例

性的嫌がらせの防止に関するガイドライン

(平成9年3月3日　学科長会議承認)

1　鳥取大学工学部においては、憲法、労働基準法及び男女雇用機会均等法等の精神にのっとり、性的嫌がらせの防止により、教職員及び学生が個人として尊重され、性的嫌がらせのない環境において勤労及び勉学の権利を保障するものとする。
2　性的嫌がらせとは、就労上又は就学上の関係を利用してなされる次に掲げる行為をいう。
　一　性的要求への服従又は拒否を理由に就労上又は就学上の利益又は不利益に影響を与えること[*1]。
　二　相手方が望まないにもかかわらず、あるいは、就労上又は就学上の利益又は不利益を条件として性的誘いかけをなし又は性的に好意的な態度を要求すること[*2]。
　三　性的言動、掲示等により不快の念を抱かせるような環境を醸成すること[*3]。
3　工学部長は、性的嫌がらせの発生の防止のため教職員及び学生に対する啓発指導を行うものとする。
4　工学部長は、性的嫌がらせが生じたことを知り、又は知りうべき場合には、苦情処理機関を設置する等の適切な措置を、速やかに講じるものとする。

＊1　「性的要求への服従又は拒否を理由に就労上又は就学上の利益又は不利益に影響を与えること」とは、個人的な性的要求への服従又は拒否を人事、労働条件の決定、業務指揮、学業成績等に反映させるような行為をいう。
＊2　「相手方が望まないにもかかわらず、あるいは、就労上又は就学上の利益又は不利益を条件として性的誘いかけをなし又は性的に好意的な態度を要求すること」とは、例えば次の行為等をいう。

1. 人事権、業務指揮権の行使又は利益、不利益の与奪等を条件とした性的働きかけをすること。
2. 相手への性的な関心の表現を業務遂行に混交させること。
3. 執拗もしくは強制的に、性的行為に誘ったり、交際の働きかけをすること。
4. 強引な接触、性的行為の実行。
5. 性的魅力をアピールするような服装や振る舞いを要求すること。

*3 「性的言動、掲示等により不快の念を抱かせるような環境を醸成すること」とは、例えば次の行為等をいう。

1. 正常な業務の遂行を性にかかわる話題、行動等で妨害すること。
   イ 仕事の途中に、相手の性的魅力や自分の抱く性的関心にかかわる話題で妨害する。
2. 身体への一方的な接近又は接触
   イ 相手の身体を上から下まで長い間、じろじろ眺める。眼で追う。
   ロ 相手の身体の一部（肩、背中、腰、頬、髪等）に意識的に触れる。
3. 性的な面で不快感をもよおすような話題、行動、状況づくりをすること。
   イ 相手が返答に窮するような性的又は下品な冗談をいう。
   ロ 職場の複数者が性的なからかいをする。
   ハ 職場にポルノ写真を貼る等の扇情的な雰囲気をつくる。あるいは、卑猥な絵や文章等を見ることを強要する。
   ニ 懇親会、就業後の付き合い等で集団で下品な行動をとる。
   ホ 継続的に性に関する悪質な冗談やからかい的な行動をなす。
   ヘ 相手が不快感を表明しているにもかかわらず、その場面からの離脱を妨害する。
4. 異性一般に対する蔑視的な発言や話題
   イ 異性であるという理由のみによって、性格、能力、行動、傾向等において劣っているとか望ましくないものと決めつけること。
   ロ 異性の主張や意見を異性としての魅力に結びつける。（権利を主張する女性は、性的魅力に乏しい人だから等）

資料6　日本のガイドライン（各大学における例）

> 5．悪意による、人格の評価を傷つけかねない性的表現、性的風評
>   イ　特定個人の性に関する風評を流布する。
>   ロ　異性の前で、他の異性との性的魅力の比較をする。特にいずれかを悪くいう。

HTML化する際に、文字表記を変えたところがあります。
キャンパス・セク・ハラの対策集
NSNW資料一覧
ニュース・コーナー
NSNWホームページ（テキスト版）

第2部　参考資料及び文献リスト

c．鳴門教育大学の例

鳴門教育大学セクシュアル・ハラスメントの防止等に関する指針

HTML化する際に実際の指針の表記とは変えた記号や番号があります。
　　　　　　　　　　　　　　　　　　　　　　　NSNWヴィジュアル班注

第1　目的
　この指針は、鳴門教育大学（以下「大学」という。）のすべての学生、幼児・児童・生徒及び教職員が個人として尊重され、就学、就労、教育及び研究のための環境を維持するため、セクシュアル・ハラスメント（性的嫌がらせ）（以下「セクシュアル・ハラスメント」という。）の防止とその対応等について必要な事項を定めることを目的とする。

第2　セクシュアル・ハラスメントの規準
　1．「セクシュアル・ハラスメント」とは、言葉、視覚及び行動等により、就学、就労、教育又は研究上の関係を利用して、相手の意に反する性的な性質の言動等を行うこと及びそれに伴い、相手が学業および職務を行う上で利益又は不利益を与え、就学、就労、教育及び研究のための環境を悪化させることをいい、次に掲げるとおりとする。
　　1．性的要求への服従又は拒否を理由に就学、就労、教育又は研究上の利益もしくは不利益に影響を与えること。
　　2．相手が望まないにもかかわらず、就学、就労、教育、又は研究上の利益若しくは不利益を条件として、性的誘いかけを行うこと又は性的に好意的な態度を要求すること。
　　3．性的言動及び掲示等により不快のを抱かせるような環境を作りだすこと。
　2．前項の具体例は、別表のとおり。
　3．セクシュアル・ハラスメントの存在の有無の判断は、行為者の意図にかかわらず、その行為が相手の意に反したものであるかどうかによるものとする。

資料6　日本のガイドライン（各大学における例）

第3　セクシュアル・ハラスメントに関する相談体制
 1．セクシュアル・ハラスメントに関する相談と救済に処するため、保健管理センター、学生総合相談室及び各附属学校に相談窓口を設置し
 2．相談員は、保健管理センターにあっては保健管理センター所長及び相談員（カウンセラー）を、学生総合相談室にあっては相談員（アドバイザー）をもって充てる。
 3．各附属学校における相談窓口及び相談員については、各附属学校長（幼稚園にあっては園長とする。以下同じ。）が別に定め、学長に報告をするものとする。
 4．相談員は、相談と救済に当たっては、被害を申し出た者のプライバシーを厳守し、被害の状況を保健管理センター所長、学生総合相談室長又は附属学校長を通じて学長に報告するものとする。
 5．第1項から第4項にかかわらず、セクシュアル・ハラスメントの被害を受けた者は、相談員以外の教職員に相談することができる。この場合において、相談を受けた者は、被害を申し出た者のプライバシーを厳守し、必要に応じて被害の状況を学長に報告するものとする。
第4　セクシュアル・ハラスメントに関する調査委員会
 1．学長は、第3の第4項又は第5項の報告に基づき、セクシュアル・ハラスメントに関する調査を迅速に行うため、調査委員会を置く。
 2．調査委員会は、セクシュアル・ハラスメントの生じた状況等を勘案して、学長が指名した6名以上の委員により構成する。
 3．調査委員会はセクシュアル・ハラスメントに関する調査に当たっては、当事者及びその他の関係者等から公正な事情聴取を行うものとし、事情聴取対象者の名誉・人権及びプライバシーに十分配慮しなければならない。
 4．調査委員会は、調査の結果を速やかに学長に報告するものとする。
 5．調査委員会の庶務は、総務部庶務課又は教務部学生課が行う。
第5　調査結果への対処
　　学長は、第4の第4項の報告に基づき、行為者に対して、必要な措置を厳正に講じるものとする。ただし、行為者が教員（附属学校の教員を

除く。)の場合は、教育公務員特別法(昭和24年法律第1号)の規定に基づき、必要な措置をとるものとし、行為者が学生の場合は、当該学生の処分について、学生委員会に付託するものとする。

第6 雑則

　この指針のほか、セクシュアル・ハラスメントの防止及びその対応等に関し必要な事項は別に定める。

　　附則

この指針は、平成10年2月12日から施行する。

別記 (第2の第2項関係)

1. 「性的要求への服従又は拒否を理由に就学、就労、教育又は研究上の利益もしくは不利益に影響を与えること」とは例えば次の行為等をいう。
    1. 個人的な性的要求への服従又は拒否を、人事、労働条件の決定、業務指揮に反映させること。
    2. 個人的な性的要求への服従又は拒否を、教育又は研究上の指導及び評価並びに学業成績等に反映させること。
2. 「相手が望まないにもかかわらず、就学、就労、教育又は、研究上の利益もしくは不利益を条件として、性的誘いかけを行うこと又は性的に好意的な態度を要求すること」とは、例えば次の行為等をいう。
    1. 人事権、業務指揮権行使、教育若しくは研究上の指導及び評価又は利益、不利益の与奪等を条件とした性的働きかけをすること。
    2. 相手への性的な関心の表現を業務遂行に混交させること。
    3. 執拗若しくは強制的に性的行為に誘ったり、交際の働きかけをすること。
    4. 強引な接触及び性的な行為を行うこと。
    5. 性的魅力をアピールするような服装や振る舞いを要求すること。
3. 「性的言動及び掲示等により不快のを抱かせるような環境を作りだすこと」とは、例えば次の行為等をいう。
    1. 仕事の途中に、相手の性的魅力や自分の抱く性的関心にかかわる話題等で妨害するなど、正常な業務の遂行を性にかかわる話題、行為等で妨害すること。

資料6　日本のガイドライン（各大学における例）

2．性的な意図をもって、身体への一方的な接近又は接触するなど、次の行為を行うこと。
　イ　相手の身体を上から下まで長い間じろじろ眺め又は眼で追うこと。
　ロ　相手の身体の一部（肩、背中、腰、頬、髪等）に意識的に触れること。
3．性的な面で、不快感をもよおすような話題、行動及び状況をつくるなど、次の行為を行うこと。
　イ　相手が返答に窮するような性的又は下品な冗談をいうこと。
　ロ　職場にポルノ写真、わいせつ図面を貼る等の扇情的な雰囲気をつくること。
　ハ　卑わいな絵画、映像又は文章等を見ることを強要すること。
　ニ　親睦会、終業後のつきあい等で、集団で下品な行動をとること。
　ホ　性に関する悪質な冗談やからかいを行うこと。
　ヘ　相手が不快感を表明しているにもかかわらず、その場からの離脱を妨害すること。
　ト　意図的に性的な噂をながすこと。
　チ　個人的な性体験等を尋ねること又は経験談を話したり、聞いたりすること。
4．異性一般に対する蔑視的な発言や話題など、次の行為を行うこと。
　イ　異性であるという理由のみによって、性格、能力、行動及び傾向等において劣っているとかあるいは望ましくないものと決めつけること。
　ロ　異性の主張や意見を、異性としての魅力に結びつけること。

NSNW資料一覧
キャンパス・セク・ハラの対策集
NSNWホームページ（テキスト版）

d．名古屋大学の例

名古屋大学のとりくみ

名古屋大学では、今年度から学生便覧にセクシュアル・ハラスメントについての項をたてて全学的に呼びかけを始めました。『平成9年度名古屋大学学生便覧　NAGOYA UNIVERSITY 1997』より当該箇所を引用します。

5　セクシュアル・ハラスメント

○勉学・研究には安全な環境が必要です

　名古屋大学は、学生の皆さんと教員・職員によって構成される、教育と研究を目的としたコミュニティーです。

　学生の皆さんの勉学・研究は、心理的にも身体的にも安全な環境の中で行われることによって、実り多いものになります。

　名古屋大学では、学生の皆さんの勉学・研究上の安全をおびやかすいかなる行為も黙認しません。

○大学における人間関係

　皆さんは大学の中で、学部、学科、クラス、研究室やサークルなどに所属して、自由で幅広い人間関係をもつことができます。

　大学における人間関係は、男女の自由で、対等な関係を前提としており、男女が互いに相手の立場を重んじることを前提としています。

○人間関係の陰の部分

　残念なことに、相手を対等な人間と見ることなく、差別したり、打撃を与えたりすることが、大学における人間関係においても、起こり得ます。特に、相手を性的対象と見て、心理的、身体的に、傷つけたり、圧迫したりすることは、絶対にあってはならないことです。

○大学をとりまく状況

　また、今日では、大学キャンパスといえども、聖域の中にあるわけではありません。そのため、現代の都市社会がもつさまざまな問題が生じています。たとえば、名古屋大学でも、昨年、東山キャンパスの中で、暴走族

資料6　日本のガイドライン（各大学における例）

グループによる学生への傷害事件が起こりました。学外者によるこうした行為だけでなく、学内においても、構成員から思いがけない行為を受けることもありえないことではありません。あなたがセクシュアル・ハラスメントや性暴力に直面することもあり得ます。

○セクシュアル・ハラスメント

　セクシュアル・ハラスメントとは、「性的嫌がらせ」を意味します。誰かがあなたに対して、あなたが望まない、性的な言葉を投げかけたり、性的な態度をとったり、性的な接触をしたり、さらに直接的な性行為を行い、それによってあなたが被害や不利益を受けることを含みます。大学という環境の中では、教官と学生との間で起こり得る次のような場合がもっとも典型的なセクシュアル・ハラスメントです。

　1．暗黙のうちに、またははっきりと成績のことを言葉や条件にして、このような行為に及んだ場合。
　2．このような行為に従うか断るかを学生に影響をもつ学業判断の基準として利用する場合。
　3．このような行為が、学生の学業成果を妨げたり、学生の教官に対する信頼を損なった場合。

　セクシュアル・ハラスメントは、男性から女性に対して行われる場合が最も多いのですが、男性から男性に対して、女性から男性に対しても行われる場合もあります。

　セクシュアル・ハラスメントは、このほか、クラス、サークル、ゼミナール及び研究室など、学生同士の共同生活の場でも、先輩と後輩、上級生と下級生及び指導スタッフと一般メンバーとの間において起こり得ます。

○セクシュアル・ハラスメントの被害にあったら

　あなたがこのような行為で不快に感じたり、断ったのに相手が聞き入れなかったり、もし断ったら学業成績、学生としての諸活動の円滑な遂行、就職や身体的安全に影響があるのではないかと思っている時には、助けを求めて下さい。セクシュアル・ハラスメントを判断する上では、他の人の意図ではなく、あなたがどう感じたかが大切です。

　これはなかったことにするということにはしないで下さい。問題はなくなりません。

第2部　参考資料及び文献リスト

　自分自身を責めないで下さい。他の人の行為はあなたの責任ではありません。

　その行為が不快であること、すぐに止めてもらいたいことを、相手に直接、はっきりと伝えて下さい。きっぱりと拒否し、なお執拗に行為を続けようとする場合には、逃げる、あるいは大声で叫ぶなどして自分の態度をはっきりと示すことが必要です。

　何が起きたかを必ず書き留めて下さい。出来事の日付、時間、場所や詳細について書いて下さい。誰か目撃者がいたらそれも書いて下さい。

　セクシュアル・ハラスメントについての大学の相談窓口を、以下の関係の項をよく読んで確認して下さい。

　また、あなたの信頼できる友人に被害を率直に訴え、その協力を得て解決の方法を見出すことも必要です。

　もし、あなたの知人が、セクシュアル・ハラスメントを受けた場合には、知人を被害者として受入れ、その話をよく聞いた後、相談窓口を利用して下さい。

○性的暴行について

　あなたが、知り合いの人物だけでなく、これまであなたと全く関わりをもたなかった人物によって、さまざまな性的暴行を受けることもあり得ます。その場合、恐怖と自責の念から沈黙を守ってしまいがちですが、セクシュアル・ハラスメントを受けた時と同様、大学の相談窓口や信頼できる友人に事実を報告し、必要な治療や救済を受けるようにして下さい。

○男性の皆さんに注意してほしいこと

　女性はあなたの対等なパートナーであり、力で支配する対象ではありません。相手の立場に立って考えることが、大人として必要なルールです。

　男女の意識の差が誤解を生むことがあります。相手に好意をもっていればどんな行動をとってもよい、という考えは誤っています。

○セクシュアル・ハラスメントの相談窓口

　セクシュアル・ハラスメント及び性的暴行に関する名古屋大学の相談窓口は、名古屋大学学生相談室です。学生相談室には、専任の相談室員（カウンセラー）がいます。女性の相談室員を指定することもできます。

　どのような問題も、一人で抱え込まずに相談して下さい。専門家として

資料6　日本のガイドライン（各大学における例）

対応し、プライバシーは守られます。相談することがあなたの不利になることはありません。

　学生相談室でカウンセリングを担当する相談室員の氏名・所属学部・専門・連絡用電話・面接日時・受付場所などについては、本便覧（P. 86）の学生相談室面接日程を参照して下さい。ここには2名の専任相談室員及び2名の女性相談室員の氏名・連絡用電話のみを念のために記します。

　　（相談室員の氏名省略）

○おわりに

　名古屋大学は、学生の皆さんの勉学・研究上、及び生活上の安全をおびやかす、いかなるセクシュアル・ハラスメントや性的暴力も黙認しません。

　これは認識を促すことと議論の提起をねらいとしている。

　調査票は、97年5月現在で262通が回収されている。その内訳は、性別で見ると女性93名、男性が161名、無回答8名、学内での地位は、学部生17名、院生218名、教授4名、技官1名、助手6名、非常勤講師1名、パート・アルバイト5名であった。配布回収機関の関係で、院生が全体の86.5%を占めているため、ここからは院生に対象者を絞って単純集計結果を紹介する。解答者本人がセクハラ被害を1回以上受けたことがあると答えたものは、女性の29.5%、男性の7.1%であり、他者が被害にあったのを見聞きしたことがあるのは、全体の30.5%であった。その内容は、被害経験、見聞経験ともに、「不快な言葉」「不快な性的な話題」「不快な性的な環境」「キスや接触」が多い。被害者の学内での地位は、被害経験の場合に院生が多いのは当然としても、見聞経験についても院生、学部生が多数を占め、加害者は、学生、教官が多く、とりわけ被害経験の場合に複数の加害者が多い。被害経験の際の被害者と加害者の関係は、同一講座・研究室・ゼミがほぼ半数であり、身近な関係で被害を受けていることがわかる。大学におけるセクハラ対策を必要ないと答えたものは3.2%と極めて少数であり、「相談調査機関の設置」「何がセクハラか話し合う」がとりわけ高く、「カウンセリング」「学内教育」「実態調査」と続く。この調査結果は、名大の中でセクハラ被害にあった経験のあるものが、少なからず存在していることを示している。また、教官からの被害だけでなく、院生・学生どうしの被害も数多く挙がっており、複数の加害者が挙がっていることからも、研究

室の風潮としてセクハラが日常化しているような環境が存在すると考えられる。したがって、大学内でこの問題を考えていく際には、院生の立場から当局に対して要求するという従来の運動の形式だけでなく、院生・学生同士の認識も変えていく必要があることが明らかになったと言えよう。

これまでの運動の成果と課題

 97年2月 院生自治会（名院協）が全学的なセクハラ実態調査の実施、ガイドラインの作成、相談窓口の設置などを盛り込み、学内におけるセクシュアル・ハラスメントへの対策を総長に要求。

→1997年度の学生便覧に、セクシュアル・ハラスメントに関する項目が見開き1ページで設けられ、学部入学生と大学院進入学生に配布された。

→現在ある学生相談室をセクハラ対策に積極的に活用するため、相談員の1名増員を行い、セクハラについての相談を受けつけている旨が便覧や学園だよりに掲載された。

＊けれども、相談室に実際にセクハラ被害が持ち込まれた時に、被害者の精神的ケアのみならず、どのように問題の解決がなされるのかについてはっきりとは示されていない。また、大学自治の基本単位である学部の教授会などでこの問題が取り上げられ、セクハラの定義や処分の規定を含むようなガイドライン作りが目指されるような動きは、いまだにおこなっていない。

NSNWホームページ

　　　　http://eds.ecip.nagoya-u.ac.jp/others/nsnw/

NSNWホームページ（テキスト版）
ニュースコーナーに戻る

資料6　日本のガイドライン（各大学における例）

e．日本福祉大学の例

YOUR PROBLEM IS OURS.
あなたの問題は私たちみんなの問題です

〜性暴力、セクシャル・ハラスメントの被害を未然に防ぐために〜

美浜キャンパスの学生のみなさんへ

　本学は、学生一人ひとりが、身体的・心理的に安全な環境のなかで、男女がお互いに相手の立場を尊重する人間関係をつくり、教育、学習、研究、そして学生生活を送ることができるよう努力してきました。

　しかし、残念ながら、相手を対等な人間とみず、差別や暴力や脅しといった言動が、大学という公的な場や、地域、下宿やアルバイトなどという私的な場を問わず起こりえます。

　特に、大学キャンパス周辺環境の安全問題については、未だ万全なものとは言いがたい状況にあります。この間、学生の皆さん、美浜町など地域の方々、警察とも協力してきましたが、レイプやわいせつ行為などの性暴力が起こる危険性は、今もなお否定できません。

　キャンパス周辺地域は、人口の半数を学生が占めています。そのため、自らの安全を保つなどの警戒心が薄らぎがちになります。しかし、この地域といえども、国内・都会で一般的に起きている犯罪に無縁であるわけではありません。学生であり大人として、自らの安全を確保するための注意が求められます。

　被害を未然に防ぐためには、各人がうわさに惑わされず、事実を持ちよって実効ある予防策を作る必要があります。ここで自分の身体を守り安全な生活を送るため、学生のみなさん一人ひとりにもう一度確認をしていただきたいと思います。

　また、上級生、同級生といったような学生間や、教職員等の大学構成員と学生との間、あるいはアルバイトにおける人間関係でも、本人の望まない性的な言動や、不快な接触や直接的な性行為によって被害や不利益を受けることも起こり得ます。

　このような性暴力や、セクシャル・ハラスメントは男女の性の違いにも

とづく力関係の不均衡を利用した身体的、性的、心理的な傷害や苦しみをもたらす行為や脅迫、嫌がらせであり、絶対に許されることではありません。

みなさんと大学教職員とが力を合わせ、ひとりでも人生の損失や学生生活の困難を抱える人が少ないようにとの願いを込めて、このリーフレットを作りました。他人事とは思わないで女子学生・男子学生を問わず読みましょう。

性暴力やセクシャル・ハラスメントを抑止し、被害を未然に防ぎ、安全な環境と男女の自由で対等な人間関係にもとづく、能動的で明るい学生生活が続くよう、みんなで力をあわせましょう。

1998．4　日本福祉大学

性暴力の被害を防ぐために

- 夜、「急いでいるから近道を……」が危険です！

　大学周辺にある農道などの近道には危険がいっぱいです。街灯も不十分で、木陰に人が潜んでいても夜道では見えません。暴力、いやがらせを受けたとしても助けを求める人通りもありません。万が一のときのために、防犯ブザー・防犯スプレー等の携帯が必要です。

- ひとり歩き……が危険です！

　夜間のひとり歩きは絶対にやめましょう。「一人でも大丈夫っ！」と自分に言い聞かせるくらいならば「一緒に帰ろう！」と友人を誘うことです。不審者の気配を感じた場合には、とにかく全力で逃げましょう。

- うわさに惑わされない！

　「派手な服装がいけないらしい」「自転車ならば大丈夫らしい」「犯人はもうつかまったらしい」……様々なうわさが聞こえてきませんか？どんな場合も自分の身体を護るために必要なものは、正確な情報です。大学は必要な情報を掲示、その他の方法で随時みなさんにお知らせしていきます。

- 目撃情報、不審者情報は大学窓口および警察へ！

　あなたの目撃情報が、犯罪被害を未然に防いだり、事件解決の重要

資料6　日本のガイドライン（各大学における例）

> な鍵になり、実際に犯人逮捕に結びついたこともあります。「不審な人物を見た」あるいは「大事には至らなかったものの、嫌な思いをした……」など、情報を大学窓口や警察に届けてください。情報の蓄積は有効な対策を作るためにも必要なことです。ただし、いたずらに犯人探し、被害者探しをするのは控えましょう。プライバシーや人権の侵害になりかねません。
>
> 万が一、性暴力に被害にあったら
> - 1人でいるのが不安ならば信頼する友人もしくは家族に来てもらったり、友人の家に身を寄せましょう。外出する時、不安を感じたら友人と一緒に出かけましょう。
> - 恐怖や不安、怒りや絶望、罪責感や無気力感……さまざまな心理的反応が生じるかもしれません。しかし、それは、被害の後に起こりうる当然の感情です。無理に自分を押さえたり我慢する必要はありません。
> - 自分自身を責めないでください。被害に遭ったのはあなたのせいではありません。あなたが責任をとる必要はまったくなく、あなたの人権を侵した犯人こそが許し難い相手なのです。
> - ケガや異常な出血がある場合には、ためらわずに病院へ行きましょう。あなたの大切な身体です。妊娠や性感染症の心配も早めのチェックが被害を最小限に食い止めるのです。
>   大学では信頼できる病院の紹介も可能です。
> - ためらわず警察へ届け出ることは犯人逮捕のためにも大切なことです。捜査のためには、事実経過の詳細を聞かれることでしょう。警察では女性警察官を指名してください。警察はあなたの力になり、プライバシーは守られます。
>
> セクシャル・ハラスメントについて
> - 労働省がまとめたセクシャルハラスメントの定義は「相手方の意に反した、性的な性質の言動を行ない、それに対する対応によって仕事を遂行する上で一定の不利を与えたり、またはそれを繰り返すことによって就業環境を著しく悪化させること」となっています。「仕事」を「学業」、「就業」を「就学」と置き換えると大学の場合にあてはまると考えることができます。

第2部 参考資料及び文献リスト

● セクシャル・ハラスメントは、他の人ではなく、あなたがどう感じたかが大切です。「慣習」として受け入れたり、冗談等でごまかそうとする態度を許したりする必要はありません。

　被害を受けた場合、相手に不快であること、すぐに止めてもらいたいことをはっきり伝え、周囲の人に話し、教職員や、大学の相談窓口などに助けを求めて下さい。また、なにが起きたか、日付、時間、場所等詳細に書き留めておいて下さい。

大学の相談窓口はここです

　『学生相談室』　　「保健室」　　『学生生活センター』

私たちは被害にあった女性の立場にたってお話を聞きます。
被害情報は大学として対策をたてるために貴重な力になります。
私たちは学外の専門相談窓口や医師を紹介することができます。
私たちはプライバシーを保護し、本人が希望すれば学外・学内の責任機関と連携して事件解決に努めます。

　保健室…美浜キャンパス　研究本館1階、半田キャンパス　事務管理棟
　　1階

　学生生活センター…美浜キャンパス　コミュニティセンター1階

　学生相談室…美浜キャンパス　研究本館1階およびコミュニティセンター1階

　窓口時間外の緊急相談にも応じますので、各窓口で相談してください。

　　　　　　　　　　　　　　　　　　美浜キャンパス　学生生活センター

<u>NENWホームページ（テキスト版）</u>

資料6　日本のガイドライン（各大学における例）

ｆ．北海道教育大学教育学部岩見沢校の例

オンブズマン制度について

　　　　　　　　　　　　　　平成8年2月16日　分校教授会決定
　（制度の目的）
第1　本制度は、学生が、教員または職員（以下、「教職員」という。）によって、学習上不当な不利益を受けたと考えた場合、及び、教職員の権限を背景に性的いやがらせをはじめとする人格的利益の侵害等の学生生活上の不利益を受けたと考えた場合、オンブズマンへ申し立てる権利を学生に保障し、その申立てを受けて事実を調査し主事に報告することをオンブズマンに義務づけることにより、学生生活上の不当な不利益からの救済手段を学生に認めることを目的とする。
　（任務）
第2条　オンブズマンは、前条にいう申立てを受けて、申立てにかかる事実を調査して主事に報告することを任務とする。
　（委員の任命とその公示）
第3条　主事は、本制度を達成するために適切と思われる者を教員の中から3名選任し、教授会の承認を得なければならない。
2　オンブズマン委員は、両性より構成されなければならない。
3　オンブズマン委員の任期は、2年とする。ただし、再任を妨げない。
4　オンブズマン委員が当該事案と利害関係を有すると被害者が主張した場合で、かつ、そのことにつき客観的な合理性があると認められる場合は、主事はオンブズマン委員と協議のうえ、他の委員を選任するものとし、教授会にその旨を報告しなければならない。
5　主事は、オンブズマン委員について、学生に周知できる方法で公示しなければならない。
　（申立て事項）
第4条　オンブズマンへの申立ての対象となる行為は、学習上不当な不利益取扱い、性的いやがらせをはじめとする人格的利益の侵害、その他、学生生活上の不利益取扱いであり、授業中・授業外を問わず、教職員に

第2部　参考資料及び文献リスト

よるもの一切を含むものとする。
　（申立て権者）
第5条　申立て事項にあたる行為があったと考えた者はすべて（被害者本人及び第3者を含む。）申立てを行うことができる。
　（申立ての相手方）
第6条　申立ては、オンブズマン委員に対して行うものとする。
　（調査の開始）
第7条　オンブズマン委員が調査を開始するためには、被害者本人の調査開始の同意を得なければならない。
　（調査の手続）
第8条　調査は、申立ての適否を判断するために必要な範囲内に限定される。
2　オンブズマン委員は、調査に際して、加害者と申立てられている者及び被害者のプライバシーに配慮しなければならない。また、オンブズマン委員は、プライバシー情報を収集する場合に、本人の同意を得なければならない。
3　オンブズマン委員は、調査に先立ち、本条第1項及び第2項に定める事項を相手方に告知しなければならない。
4　オンブズマン委員は、調査の際に、両当事者の意見を聴取しなければならない。
5　オンブズマン委員は、調査で知り得た秘密を他に漏らしてはならない。
　（教授会への報告）
第9条　オンブズマン委員は、両当事者からの意見聴取を終えた時点で調査報告書を作成し、主事に提出しなければならない。
2　主事は、オンブズマン委員からの報告書を受け取った後、速やかに教授会でその報告書に基づいて報告しなければならない。報告書を受け取った日の後の次回の教授会で主事が報告をしなかった場合、オンブズマン委員は調査結果について教授会で報告しなければならない。
3　前項に定める報告は次の各号によるものとする。
(1)　オンブズマン委員が申立てに相当の理由があると判断した事案については、事案の概要と調査内容を報告する。

資料6　日本のガイドライン（各大学における例）

> (2) オンブズマン委員が申立てに全く理由がないと判断した事案については、申立てがあったという事実及びその申立てに理由がなかったことを報告する。
> (3) オンブズマン委員が申立てに相当の理由があるとはいえないと判断した事案については、前号に準じた報告をする。
> 4　主事は、前項第3号に該当する事案については、オンブズマン委員による調査結果に基づき適切な措置を取ることができる。
> （制度の周知）
> 第10条　主事は、オンブズマン制度が設立されたことにつき、学生に何らかの方法で周知しなければならない。
> 　　　附則
> 　この制度は、平成8年4月1日から施行する。

g．東邦学園短期大学の例

セクシュアル・ハラスメントガイドラインについて

東邦学園短期大学は、本学の学生のみなさんが、ひとりひとりかけがえのない個人として尊重され、セクシュアル・ハラスメントなど人権侵害と性差別のない環境のもとで安心して学習できるように、このほど、セクシュアル・ハラスメントガイドラインを制定しました。

東邦学園短期大学は、みなさんの学生生活上の安全を責任を持って守ります。

(1) セクシュアル・ハラスメントとは？

大学におけるセクシュアル・ハラスメントとは、「教職員が学生に対して、あるいは学生間で、優位な地位や上下関係を利用して、相手方の望まない性的な行為や言動を行って不快感を与えたり、学生生活上の環境を悪化させる」ことをいいます。

学生が「いやだ」と拒否できない関係にあることを悪用して行われる教職員や先輩などによる性的な行為や言動が、セクシュアル・ハラスメントに当たります。手を握ったり、抱きついたり、性的な言葉でからかったり、性的な誘いかけをするなどが例として考えられますが、学生の立場では、「いやだ」と思っても、「先生だから仕方がない」とか、「断ったら成績にひびく」と我慢してしまうことが多いのではないでしょうか。でも、学生だからと、被害を受けても黙っていたり、あきらめたりすることはありません。責任があるのは、セクハラを行った加害者の方ですし、そのような行為を黙認していた大学にも責任があるのです。

あなたの「いやだ」「不快だ」という気持ちを大事にして下さい。そして、いやなことには、はっきり「ノー」と言いましょう。回りの人たちも冷たい目で見たり、無関心になったりせずに、被害を受けた人を支えて下さい。

(2) なぜ大学でセクシュアル・ハラスメントが問題なのでしょうか？

大学は真理探求の場だから、セクシュアル・ハラスメントなんて起きないと考えているかも知れません。しかし、最近、全国で起きたいくつ

資料6　日本のガイドライン（各大学における例）

かの事件を通して、大学が決して「聖域」ではなく、むしろセクシュアル・ハラスメントが起きやすく、しかも表面化しにくいことが明らかになってきました。

たとえば、教員に、あなたの体形についてみんなの前でからかわれたら、あなたはどんな気持になるでしょうか。あなたはとてもいやな気持になるでしょうし、こころが傷つくでしょう。このような教員の行為は、学生を意思をもった個人として尊重せず、学生の人間としての誇りを侵害するものです。あなたの気持など考えず、あなたを単なる性的存在と扱うような教員への信頼は失われ、「またいやな思いをするかもしれない」と大学から足が遠のいたり、学習する意欲が薄れたりするかもしれません。これでは、学生のみなさんの、安全な環境のもとで安心して学習する権利が奪われてしまうことになります。

また、女性を性的対象としてだけ扱ったり、軽視したり、馬鹿にしたりすることは、教育の場でも決して許されてはなりません。だれもが対等な個人として、差別のない環境で学習する権利があります。ですから、安全に差別されずに学ぶ権利を侵害するセクシュアル・ハラスメントは、大学にとってあってはならない問題なのです。

(3) ガイドラインを作りました

本学では、教職員が話し合いを重ね、セクシュアル・ハラスメントのない大学づくりをめざして、次のようなガイドラインを制定しました。現在、ガイドラインに基づいて、相談窓口や解決のための機構づくりを準備中です。

　　　東邦学園短期大学セクシュアル・ハラスメントガイドライン

　東邦学園短期大学は、個人の尊厳、法の下の平等、学習の権利、研究の自由、勤労の権利を定めた日本国憲法、教育基本法、男女雇用機会均等法および労働基準法の精神にのっとり、セクシュアル・ハラスメントなどの人権侵害を防止します。そして、すべての学生・教職員が対等な個人として尊重され、セクシュアル・ハラスメントなど人権侵害と性差別のない公正で安全な環境において、学習・研究し、働く機会と権利を保障することに努めます。

　東邦学園短期大学は、セクシュアル・ハラスメントなど人権侵害と

性差別のない大学づくりに取り組むとともに、万一セクシュアル・ハラスメントなど人権侵害が発生した場合には、責任をもって速やかに適正な手続きによる適切な対応を行います。東邦学園短期大学は、セクシュアル・ハラスメントなど人権侵害を受けた学生・教職員が安心して被害を訴えることができ、個人の秘密が厳守される相談窓口を設置します。そして、調査および制裁権限が与えられた機関によって、被害の訴えに適切に対応します。

セクシュアル・ハラスメントとは、優位な地位や力関係を利用して行われる、相手の望まない性的な言動または行為によって、相手に対して不利益を与えたり、不快な思いをさせることにより、学習・研究・就労環境を悪化させることをいいます。

セクシュアル・ハラスメントは、次のような行為をさします。
(1) 優位に立つ地位、立場、権限を利用し、成績あるいは人事評価などの上での利益の対価として、または不利益をこうむらないための代償として、性的性質の要求が行われること。
(2) 性的性質の言動やいやがらせ、掲示などにより相手に不快感を抱かせ、学習研究環境や労働環境を悪化させること。

(4) 困った時は遠慮しないで相談を!

セクシュアル・ハラスメントを受けたり、悩んだりしたときは、黙っていないで相談して下さい。じっと我慢したり、自分を責めることはありません。秘密は厳守します。安心して相談に来て下さい。

暫定的に、次の教員を相談窓口とします。あなたが話しやすい教員に連絡をとって下さい。

氏名省略

たとえば、こんなことがセクシュアル・ハラスメントになります。
＊むりやりキスをする。セックスを強要する。
＊むやみにからだに触る。研究室など個室で二人きりになったときに勘違いされやすい。
＊いきなり抱きついてきたり、手を握ったりする。
＊体形や服装、化粧についていやみを言ったり、からかったりする。「化粧

資料6　日本のガイドライン（各大学における例）

が濃いね」「太ったね」「胸がないね」「足が太いね」など。
＊無理に食事に誘う。
＊じっと胸元を見つめる。
＊性体験を聞く。「初体験はいつ？」「まだ経験ないの？」「男はいるの？」「色気ないね」など。
＊異性との関係について聞いたり、噂を流す。「昨日と同じ服だけれど、彼と泊まったの？」「ずいぶん遊んでいる子らしいよ」など。
＊授業中に、ブスとか美人とか女性を比較する言葉を言う。
＊コンパで隣に座らせて、お酌を強要する。
＊卑猥なことを言って、相手の反応をみる。

h．慶應義塾大学の例

慶應義塾セクシュアル・ハラスメント防止のためのガイドライン

「慶應義塾は国際的な教育・研究・医療機関として、また建学以来、気品の泉源・智徳の模範たることを願い発展してきた組織として、いかなるハラスメントも容認しません。その第一段階の取り組みとして、セクシュアル・ハラスメント防止のためのガイドラインを以下のとおり定めます。」

ガイドライン作成の背景

　セクシュアル・ハラスメントは日本語の適訳がないことからも明らかなように新しい概念です。従来は社交辞令やあたりまえのことと思われていた言動、男女間の役割分担や、価値観（男性はこうあるべき、女性はこうあるべきという考え）を表現することが相手にとって不快ととらえられ、セクシュアル・ハラスメントとして受けとめられることもあります。このような場合、自分では意図していなくても無意識のうちにセクシュアル・ハラスメントの加害者になってしまう可能性があります。

　慶應義塾は教職員、学生・生徒など異なった立場の人々がかかわり、また、世界のさまざまな地域から国籍、民族、宗教、文化背景などの異なった人々が集まり、教育・研究等の活動に従事している教育・研究・医療機関です。このような環境は、各自の意識や価値観が多様であるために、潜在的にセクシュアル・ハラスメントが発生しやすい状況にあるともいえましょう。

　このガイドラインは、国際的な視野に立ってどのような行為がセクシュアル・ハラスメントに該当するかを明示することでその防止をはかると同時に、不幸にしてハラスメントが起こってしまった場合には、対処・問題解決の方法を示して、慶應義塾の職務に携わる者全員が、快適に本来の活動に従事できるような環境を作ることを目的として作成されたものです。

1　セクシュアル・ハラスメントとは

　セクシュアル・ハラスメント（通称セクハラ）は、新聞・雑誌等で、わ

資料6　日本のガイドライン（各大学における例）

いせつ行為や、男女間の関係のこじれや、刑事犯罪まで含むような誤った脈絡で紹介されることが多く、その定義が誤解されている場合があります。実際には、このような悪質な場合だけでなく、従来はあたりまえのことと考えられてきた無意識の言動が、相手や第三者にとって不快であればセクシュアル・ハラスメントとなることがあります。慶應義塾では、セクシュアル・ハラスメントを以下のようなことと考えます。

① 性的な言葉や行為により、相手に屈辱や精神的苦痛を感じさせたり、不快な思いをさせたりすること。ストーキング、電子メールによる脅迫、わいせつ物の送付、無言電話なども当然、悪質なセクシュアル・ハラスメントと考えられます。

② 性的な言葉や行為にとって相手の望まない行為を要求し、これを拒んだ者に対し、職場、教育等の場で人事上その他の不利益を与えるなどの嫌がらせに及んだり、それをほのめかしたりすること。

2　加害者にならないために（見分け方のヒント）

セクシュアル・ハラスメントは個人によって感じ方が異なるために、判断がつかないと思われがちです。判断がつかない場合、たとえば、自分の言動が、自分の親族や身近な人に向けられた場合を想定してください。それが不快であれば、その言動はセクシュアル・ハラスメントになる可能性が高いと考えてください。

3　対処方法

セクシュアル・ハラスメントは、基本的には自分が被害に遭っていると感じたら該当すると考えてください。セクシュアル・ハラスメントは被害者の責任で起こることではありませんから、自分を責めたり、我慢をしないで、事態が悪化しないうちに解決するよう行動してください。相手と敵対的な関係にない場合は、直接不快であることを口頭または文書で相手に知らせるなどして、自分で解決が可能な場合もあります。（注：前述のとおり、相手が自分に不快感をもたらしていることに気づいていない場合があります。）

被害に遭った場合には

　　すみやかに、相談窓口に相談してください。先に説明したとおり、加害者は必ずしも意図的に加害者になっているとは限りませんので、以下

の方法にしたがって解決を試みてください。
●慶應義塾の相談窓口で相談

慶應義塾ハラスメント防止委員会委員長(通称「オンブズ・パーソン」)、慶應義塾ハラスメント防止委員会副委員長および相談員には守秘義務を課しています。相談した内容が相談者の了承を得ずに部外者等に漏れることはありませんので安心して相談してください。

慶應義塾では、相談の窓口は一本化していません。その理由は、相談希望者には、それぞれ個別の事情があり、
① なるべく身近な相談員に相談したい場合
② 所属する部門の責任者に相談したい場合
③ 所属を離れた第三者に相談したい場合
などが想定されるからです。自分が一番相談しやすい窓口を利用してください。

セクシュアル・ハラスメントは部外者には実状が分かりにくいことがあります。被害に遭ったとき(あるいは遭ったと思ったとき)は、誰からどのような被害を受けたかなど詳しく記録しておくと客観的に事態を判断する助けになったり、後で問題解決の役に立つことがありますので、他人に見せるかどうかは別として出来るだけ正確な記録を取っておくことをおすすめします。

●相談手段

相談は、相談窓口担当者に電話または電子メールで連絡してください。

プライバシーを守れるような場を設定した対面での相談も可能です。
緊急の場合
●緊急の場合とは、
　　身体に危険が及ぶ可能性がある場合
を意味します。このような場合は、ただちに警察に連絡してください。

4 調停を必要とする場合の手続き

セクシュアル・ハラスメントが長期に及び、個別の相談等で解決が不可能な場合は調停を依頼することができます。調停には以下の形態があります。

資料6　日本のガイドライン（各大学における例）

> ① 該当者が所属する部門単位（学部・病院・学校など）の所属長あるいは慶應義塾ハラスメント防止委員会委員長（オンブズ・パーソン）に調査を依頼することにより、調査委員会を招集し、ヒアリング等の調査を行います。調査委員会には、慶應義塾ハラスメント防止委員会委員長（オンブズ・パーソン）がオブザーバーとして参加し、必要な情報や事例などの情報を所属部門から独立した立場で提供します。
> ② 加害者・被害者の所属する部門が同一でない場合は、慶應義塾ハラスメント防止委員会委員長（オンブズ・パーソン）が調査委員長となり、関係各部門から委員を選定し委員会を設置します。
> ③ 加害者・被害者が所属の部門や所属長にハラスメントについて報告を望まず、部外者（第三者）による仲裁を求めた場合は、所属長に連絡せず、慶應義塾ハラスメント防止委員会委員長（オンブズ・パーソン）が、該当者に直接連絡をとり調停を進めます。その結果については、関係者が氏名等の公表を望まない場合は、氏名等をふせて関係部門の所属長に事実の経過およびその調停結果のみについて報告します。
> ④ 調停のために調査を実施した結果、加害者の行為が意図的かつ悪意によるケースであるという判断に委員会が至った場合、それぞれの調査委員会の責任で関係部門所属長等に調査結果を報告し、その結果、慶應義塾の規程により加害者は懲戒処分などの対象になる場合もあります。
>
> 5　その他
> 　慶應義塾内でセクシュアル・ハラスメントについて相談等を受けた人は、相談窓口のいずれかに報告してください。特に被害者から相談を受けた場合は、すみやかに、直接相談窓口に相談するよう勧めてください。
>
> 6　啓発活動
> 　慶應義塾ではセクシュアル・ハラスメント防止に関する情報の収集・提供、および相談員の指導等の啓発活動を、継続的に実施しています。

第2部　参考資料及び文献リスト

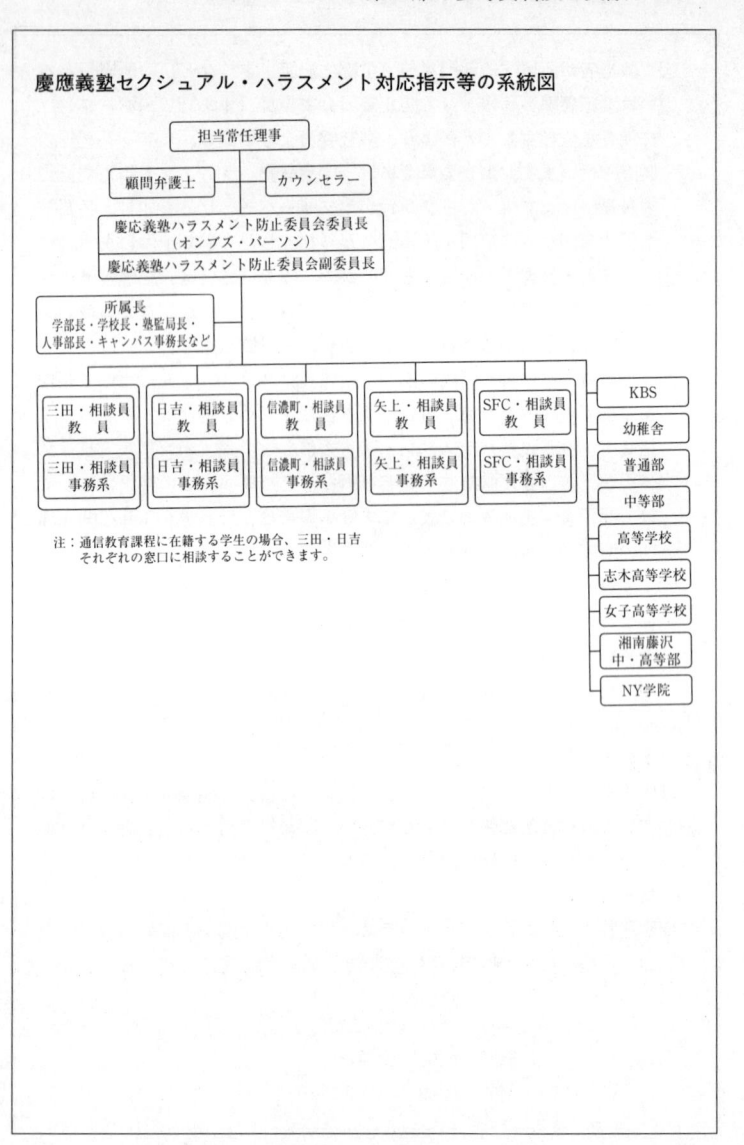

慶應義塾セクシュアル・ハラスメント対応指示等の系統図

```
                    ┌──────────────┐
                    │ 担当常任理事 │
                    └──────┬───────┘
          ┌────────────────┼────────────────┐
    ┌─────┴─────┐                    ┌──────┴──────┐
    │顧問弁護士 │                    │カウンセラー │
    └───────────┘                    └─────────────┘
                    │
    ┌───────────────┴────────────────────────┐
    │ 慶応義塾ハラスメント防止委員会委員長   │
    │        （オンブズ・パーソン）          │
    └────────────────┬───────────────────────┘
    ┌────────────────┴───────────────────────┐
    │ 慶応義塾ハラスメント防止委員会副委員長 │
    └────────────────┬───────────────────────┘
┌────────────────────┴───┐
│       所属長           │
│ 学部長・学校長・塾監局長・│
│ 人事部長・キャンパス事務長など │
└────────┬───────────────┘
```

三田・相談員 教員	日吉・相談員 教員	信濃町・相談員 教員	矢上・相談員 教員	SFC・相談員 教員
三田・相談員 事務系	日吉・相談員 事務系	信濃町・相談員 事務系	矢上・相談員 事務系	SFC・相談員 事務系

- KBS
- 幼稚舎
- 普通部
- 中等部
- 高等学校
- 志木高等学校
- 女子高等学校
- 湘南藤沢中・高等部
- NY学院

注：通信教育課程に在籍する学生の場合、三田・日吉
　　それぞれの窓口に相談することができます。

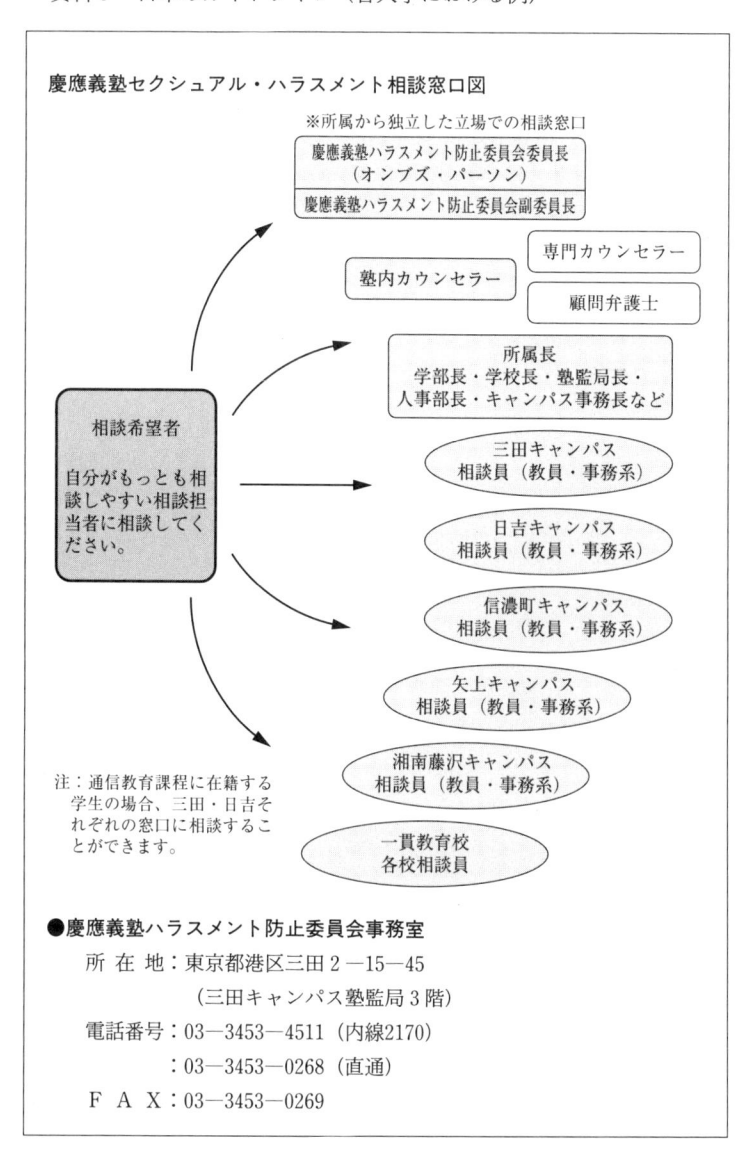

資料6　日本のガイドライン（各大学における例）

慶應義塾セクシュアル・ハラスメント相談窓口図

※所属から独立した立場での相談窓口

- 慶應義塾ハラスメント防止委員会委員長
  （オンブズ・パーソン）
- 慶應義塾ハラスメント防止委員会副委員長

- 塾内カウンセラー
- 専門カウンセラー
- 顧問弁護士

- 所属長
  学部長・学校長・塾監局長・
  人事部長・キャンパス事務長など

- 三田キャンパス相談員（教員・事務系）
- 日吉キャンパス相談員（教員・事務系）
- 信濃町キャンパス相談員（教員・事務系）
- 矢上キャンパス相談員（教員・事務系）
- 湘南藤沢キャンパス相談員（教員・事務系）
- 一貫教育校各校相談員

相談希望者
自分がもっとも相談しやすい相談担当者に相談してください。

注：通信教育課程に在籍する学生の場合、三田・日吉それぞれの窓口に相談することができます。

●**慶應義塾ハラスメント防止委員会事務室**

　所 在 地：東京都港区三田2―15―45
　　　　　　（三田キャンパス塾監局3階）
　電話番号：03―3453―4511（内線2170）
　　　　：03―3453―0268（直通）
　Ｆ Ａ Ｘ：03―3453―0269

E-mail ：harass-pco@adst.keio.ac.jp
開室時間：月〜金曜日 8：30〜16：30
　　　　　（不在時は留守番電話にメッセージを残してください。）
　慶應義塾ハラスメント防止委員会では、ホームページも開設しています。
相談員の個別氏名・連絡先はここをご参照ください。
　U R L：http://www.harass-pco.keio.ac.jp

資料6　日本のガイドライン（各大学における例）

1．和光大学の例

はじめに

　人間は平等であるべきである。民族・国籍・人種・出身・職業などの違いによって差別があってはならない。性もその一つである。
　ましてや地位や立場の違いを利用して、それらの差別をハラスメントに使うことなど、もってのほかである。
　日本ではこれらのことが概して無視されてきたが、最近になってやっと問題になり、取り上げられるようになった。本学に於いても類似のケースがあったことをきっかけに、「セクシュアル・ハラスメントに関するガイドライン」を作り、この種の許すことのできない問題が起こらないようにする体制を作り上げることにした。
　この「ガイドライン」はそのための基本方針と具体的な対応策を分り易く解説したもので、学生諸君をはじめ教員、職員など大学関係者がよく読み、セクシュアル・ハラスメントの防止に努めるよう努力しなければならない。
　得てして抽象的になりがちなこの種のガイドラインを、具体的で、分り易い形にまとめたのは、下記の人々で、心からの感謝をこの紙面を借りて述べさせていただく。
　　（氏名省略）

和光大学長

誰もが安心して勉強・研究できる大学づくりを

　1996年10月頃、ある教員によって、数名の女子学生に対するセクシュアル・ハラスメント（性的いやがらせ）とみられる行為が判明しました。
　大学は、問題解決のために対策会議を設ける一方、当該学部教授会でも事実の究明に努めました。その結果、当該教員の辞職勧告および授業担当科目を休講とする決議を出しました（添付資料参照）。
　その際に、学生生活部は、このような問題に対するガイダンス、解決に

導く体制が不十分であったことを深く反省して、「セクシュアル・ハラスメントに関するガイドライン」の作成を被害学生を含めた全大学に約束しました。その後、本学は学生生活部を中心として、ガイドラインの作成のために細部にわたって慎重に検討を続けた結果、今後成案を得てここに公表します。

このガイドラインでは、曖昧になりがちなセクシュアル・ハラスメントの定義を明確にし、相互理解の確認をとると共に、万が一、発生した場合の、学生へのガイド、学生生活部の対応の仕方、大学としての方針、協議方法を記しました。

セクシュアル・ハラスメントが二度と起こらない大学環境を保障するのは、学生・教員・職員を問わず、全学構成員です。ガイドラインの趣旨を良く理解され、基本的人権を互いに尊重し、セクシュアル・ハラスメントのない大学づくりのために、皆さんがご協力くださるよう訴えます。

1998年3月16日
学生生活部長

セクシュアル・ハラスメントに関するガイドライン

大学はすべての人の人権が守られる場です。年齢・性・出身地・身分や、民族・国籍の違いなどによって、大学生活上、いかなる不利益も生じてはなりません。セクシュアル・ハラスメントも、人権を守る立場から、決して許してはならない問題です。

I セクシュアル・ハラスメントに対する基本方針

和光大学は、教職員・学生からなるコミュニティーです。どのようなコミュニティーにも、セクシュアル・ハラスメントの起こる可能性はあります。残念なことに、本学においても、1996年度にセクシュアル・ハラスメントの存在が明らかになったことは、すでに公示でお知らせしたとおりです。本学に限らず、例えば、京都大学のアンケート調査では、その女子卒業生の約半数が在学中に教職員から何らかのセクシュアル・ハラスメントを受けたことがあると答えています。大学におけるセクシュアル・ハラス

資料6　日本のガイドライン（各大学における例）

メントは、看過することのできない一般的な問題なのです。

　和光大学は、このコミュニティーの構成員である誰もが、ここでの仕事・勉学・生活の自由と権利を、セクシュアル・ハラスメントによって妨げられてはならないと考えます。また、その誰もに、セクシュアル・ハラスメントを防止する義務があるとも考えています。

II　セクシュアル・ハラスメントとは何か

　大学では、教員と学生、先輩と後輩、職員と学生など、さまざまな人間関係が築かれます。それは、相互に人格を尊重し、信頼し合うことのできるものでなければなりません。

　ところが、相対的に強い立場にある者が弱い立場にある者に対して、その人格を無視して、性的に不快なことばを投げかけたり、不快な行動をとる場合があります。これがセクシュアル・ハラスメントです。大学において最も生じやすいセクシュアル・ハラスメントの例は、成績を評価する力を持つ教員が、学生の意思に反して性的嫌がらせを行う場合です。しかし、力の不均衡は、社会的権力の強弱に限ったことではなく、例えば学生から学生への、あるいは、男子学生から女性教員へのといった例もあります。

　セクシュアル・ハラスメントは、「これこれ」の発言や行為が必ず相当する、とは言えないものです。なぜなら、同じ行為でも、築かれている人間関係、状況、本人の意識の違いによって、それが「望まない」不快なものであるかどうかが異なるからです。次の事例は明らかにセクシュアル・ハラスメントの行為と言えるでしょう。

・ある教員が学生に突然襲いかかってキスを強要したり、性的な関係を求めたりするので、その学生はすっかりおびえてしまい、大学へも来られなくなってしまった。

では、次の場合はどうでしょうか。

・普段から相談にのってくれていた教員が、勉学意欲を失って休みがちな学生に、何度も電話をかけてくれたり、参考になる書物を贈ってくれたりしたので、その学生は大変勇気づけられ、感謝している。

　この場合の教員の行為は、相互の信頼関係の上になされたものであり、セクシュアル・ハラスメントとは言えません。ところが、同じ行為でも、

第2部　参考資料及び文献リスト

次のような状況で行われたらどうでしょうか。

・ある教員が理由もなく何度も電話をかけてきたり、突然書物を贈ってきたりしたが、なぜ自分だけそのようなことをされるのかが学生にはわからず、親密な関係を強要されているようで、こわくなった。

この場合、教員の行為は学生の意思を無視したものであり、その学生がこの行為を、教育上の必要性もなく、単に教員自身の性的欲求を満たすためのものだと受けとめた場合、セクシュアル・ハラスメントの問題と判断されるでしょう。

つまり、例えば、実技を伴う授業という状況で、教育に必要な行為として教員から学生に対する身体的接触があった場合など、相互の信頼関係の上でその行為が行われ、不快感・恐怖感などを喚起させない場合は、セクシュアル・ハラスメントに相当するとは言えないのです。安易に、「身体に触ればセクシュアル・ハラスメント」といった固定的な判断をするのは誤っています。他にも、セクシュアル・ハラスメントの一例として〈異性を容姿に基づいてランク付けし、不快な気持ちにさせる〉〈公的な場で異性全般を侮辱した発言、あるいは軽蔑した発言をし、意欲を失わせたり傷つけたりする〉〈公的な場で異性のみ、あるいは特定の個人のみに声をかけ、不快な気持ちにさせる〉〈卑わいな冗談を言ったり、わいせつな物（ビデオ、ポスターなど）を見せて困らせる〉などが挙げられますが、いずれも、個々の状況に応じて、セクシュアル・ハラスメントと判断されるものです。

また、それが、明らかに逸脱した行為であろうと、暗示などにとどまる微妙な行為であろうと、本人が不快に思ったり、恐怖を感じたりするならば、同じように問題です。「他の人は平気なのにこんなことでいやがる私がおかしいのだろうか」などと悩むこと自体が、すでに、大学生活で得られる自由と権利を妨げられていることだからです。

なお、参考として、法的にセクシュアル・ハラスメントがどのように判断されているかを紹介します。

ある大学の教授が、非常勤講師先で女子大学生に性的関係を強要し、さらに自分の研究室で勤務させ、性的関係を強要し続けたという事件がありました。その事件に関し、逆に教授の側が名誉を傷つけられたとして女性の側を訴え、裁判が行われましたが、1997年3月に、女性の側の全面勝訴

資料6　日本のガイドライン（各大学における例）

の判決が下されました。

　その判決文では、その女性には研究を行いたいという希望があり、その研究分野の第一人者であった教授に逆らえば、解雇、推薦妨害、学会追放などの不利益を受け、研究者としての将来を閉ざされることになりかねないという構図の中で、性的関係が強要されたとし、これは、

　<u>「性的な言動または行為によって相手方の望まない行為を要求し、これを拒んだ者に対し職業、教育の場で人事上の不利益を与えるなどの嫌がらせに及ぶこと」</u>

というセクシュアル・ハラスメントに該当すると述べられています。

III　セクシュアル・ハラスメントを防ぐために

　セクシュアル・ハラスメントは女性だけの問題ではありません。女性教員から男子学生への例や、同性同士の例もあります。また、男性教員から女子学生に対する性的なことばや行動が、その授業に出ている他の男子学生の勉学意欲を妨げるなど、間接的被害の場合も、セクシュアル・ハラスメントの問題と言えます。つまり、セクシュアル・ハラスメントは、男性にも女性にも、どのような立場にいる人にも、起こり得る問題なのです。

　もしも、性的に不快なことばや行動を受けたときには、毅然とした態度で「いやだ」という意思の表明をすることが大切です。日本文化の中では、人間関係をうまく築いていきたいのにはっきりと相手の行為を拒否してしまっては、その後の交流がぎくしゃくしたものになりはしないか、かえって相手に失礼にならないか、などと考えためらわれるかもしれません。しかし自分の「いやだ」という意思を表明することは、悪いことではないのです。むしろ、あいまいな態度でいるために、相手に自分の行為がセクシュアル・ハラスメントに相当するという自覚を持たせず、問題を深刻にしていくことが多いのです。

　また、私たちは、誰でも嫌がらせを受ける可能性があるのと同時に、誰でもセクシュアル・ハラスメントを起こしてしまう可能性もあることに留意しなければなりません。私たちは、個々人が何を不快と思うかについて、敏感でなければならないのです。セクシュアル・ハラスメントの行為をする人々は、よく、自分の行動を無害の挨拶とか、好意の意思表示として正

当化します。セクシュアル・ハラスメントをする側には自分の発言や行動がセクシュアル・ハラスメントに該当するという意識がなくても、その犠牲者の心はひどく傷ついていることがあります。相手の気持ちを気遣うことは、セクシュアル・ハラスメントを防ぐことにとどまらず、望ましい人間関係を築くために当然の配慮です。

例えば、次のようなことをあなたならどう思いますか。

- 就職についての相談をしに事務の窓口に行ったところ、「どうせ結婚するまでの腰掛けでしょ」と言われ、傷ついた。

もしも、セクシュアル・ハラスメントと思われる事態に第三者として遭遇した場合、すぐに弱い立場の人の味方になってあげてください。黙っているということは、セクシュアル・ハラスメントを容認しているということになります。セクシュアル・ハラスメントは、コミュニティーの構成員すべてに関わる問題であり、誰もに、セクシュアル・ハラスメントを防止する義務があるのです。

IV 本学学生がセクシュアル・ハラスメントを受けた場合

もしあなたがセクシュアル・ハラスメントを受けていると思ったならば、

1. 自分を責める必要はありません。勇気を出して、言葉と態度でイヤ！という気持ちをはっきりと相手に伝えましょう。率直な気持ちを手紙に書いてみるのもいいでしょう。

   小さな勇気は大きな効果をもたらします。

2. あなたが受けたセクシュアル・ハラスメントと思われる行為について、その日時、場所、行為の内容、第三者が居合わせたか否かなど、なるべく詳しく記録をとっておきましょう。

3. すぐ相談しましょう。決してひとりだけで悩んだり、我慢したりせず、信頼できる友人や教職員などに速やかに事実を明かし、相談し、悩みを分かち合うことが重要です。

4. あなたの気持ちを直接相手に示すことができない場合、あるいは示してもセクシュアル・ハラスメントと思われる行為が続く場合には、学生生活部に助けを求めてください。

「学生生活センター」に直接出向き、学生生活主任、または相談協力員

資料6　日本のガイドライン（各大学における例）

に相談することができます。あるいは、学生生活部長、学生生活課の窓口、医務室の職員に伝えることもできます。「学生生活ホットライン」による相談も可能ですが、その場合は匿名ではなしに、必ず名前を名乗ってください。学生生活部との信頼関係を築くための大切な第一歩です（学生生活相談員の名前・相談日時、ホットラインなどについては、別紙参照）。

もしあなたがセクシュアル・ハラスメントと思われる行為の場面を目撃したら、

1. セクシュアル・ハラスメントはみなさんの学内生活に響くものです。決して放置しないようにしましょう。
2. 被害者の側にたって相談相手になり、必要な場合は、証人になってあげましょう。
3. 必要に応じて、被害者に相談窓口まで行くように勧めたり、同行してあげましょう。

学生生活部はどのように対応するのか

・学生生活部は、皆さんのプライバシーを厳守するとともに、セクシュアル・ハラスメント行為者とされる者からの仕返し、報復などを含めて、相談による不利益は一切生じないように十分に配慮することを約束します。また、訴えを受けた場合には、速やかに対応し、解決を図るように努力します。

・皆さんから相談を受けた場合、学生生活部は、その内容により、以下のように対応します。いずれの場合も、相談を求めた学生（以下、相談者とします）とともに考え、可能な限り、相談者の主体的な選択、判断を重視します。セクシュアル・ハラスメントが起こった場合には、相手にその行為を認識させ、やめさせることが私たちの最大の目的なので、話し合いで解決できるケースは多いかと思います。

1. 学生生活部の相談員は、被害を訴えた学生の話を聞き、アドバイスをしながら解決策を探るとともに、学生相談者との接触を続けて、その後の経過を注意深く観察していきます。必要に応じて、事態の仲裁を模索する場合もあります。相談員は、当事者のプライバシーを守りながら、相談内容を記録し、学生生活部長に報告します。
2. 学生生活部長は、相談員と協議のうえ、相談者に最も良いと思わ

第2部 参考資料及び文献リスト

れる対応を選択します。具体的には以下のようなケースがあります。いずれにしても、できる限り相談者とともに考え、相談者のプライバシーを保護し、相談者が不利益を被ることがないように努めます。

(1) 当面、事態の成り行きを見守ります。
(2) 必要に応じて、被害を訴えた学生と接触し、事態の仲裁を模索します（訴えられた側と接触することが必要と判断される場合には、相談者の承諾を得ます。）。
(3) 必要に応じて、次のような措置をとります。
  ○学生生活主任連絡会議を開催し、相談内容を報告します。
  ○学生生活主任連絡会議の議を経て、当事者とされる教職員および学生への聴き取りなどをしたうえで、対応を協議します。
  ○学生生活主任連絡会議が事態を深刻であると判断した場合、学生生活部長は、相談者の承諾を得たうえで、学長に臨時対策機関の設置を要請します。

3．学生生活部は、問題の解決まできちんと見守り、セクシュアル・ハラスメントを許さない大学環境の形成に向けて、努力を惜しみません。

Ⅴ　学生生活部の要請に対する大学側の対応指針
―セクシュアル・ハラスメント行為者が教員とされる場合―

・学生生活主任連絡会議が事態を深刻であると判断し、学生生活部長が学長に調査結果の報告と「対策会議」の設置を要請した場合、学長は以下のように対応します。

1．学長は、運営委員会を速やかに招集し、当事者とされる教員および学生（以後、当事者とします）のプライバシーを厳守しながら、学生生活主任連絡会議による調査結果と要請内容を報告します。運営委員会の議を経て、「対策会議」という独立した臨時機関を設置し、その構成員を任命します（ただし、構成員の選定にあたっては、性別の構成を配慮したうえで、学生生活部長と当事者とされる教員の所属学部長を構成員に加えます）。

(1) 対策会議はまず「調査委員会」を独立した臨時機関として設置し、

資料6　日本のガイドライン（各大学における例）

　　　調査委員を任命します（ただし、調査委員の選定にあたっては、学生生活主任を加え、さらに性別や所属学部などの構成を配慮します）。対策会議は、調査委員会による調査過程などで当事者の人権が守られているか、調査が公正な手続きに基づいて行われているかを、問題が解決されるまで、注意深く監視し続けます。
　(2)　調査委員会は、対策会議の承諾を受けたうえで、当事者および第三者に必要に応じて聴取り調査を行い、その結果に基づいて基本的な対応を決定し、調査結果と対応の仕方を迅速に対策会議に勧告します。
　(3)　対策会議は、調査委員会の報告を受けて、その内容を当事者に開示し、当事者からの異議申立を受け付け、全体の過程を精査します。調査終了後、対策会議は調査委員会の調査結果と勧告とともに、対策会議としての意見を学長に報告します。
2．対策会議からの報告を受けて、学長は、運営委員会を速やかに招集し、対策会議による調査結果と意見を報告します。必要と認める場合には、学長は意見書を添えて、当事者とされる教員の所属する学部教授会に審議を依頼します。当該教授会は一連の問題の経緯や調査結果などを検討し、必要に応じて当事者とされる教員に意見を表明する機会を与えたうえで、学部としての対応を決定し、その内容を学長と当該教員に報告します。
3．当該学部教授会の決定を受けて、学長は、運営委員会の議を経て、他学部教授会に一連の問題の経緯、調査結果、当該学部教授会の決定した対応策などを報告し、意見を求めます。そのうえで、学長は、大学としての対応を決定します。また、被害を訴えた学生にもその結果を知らせ、必要に応じて、当事者のプライバシーを尊重しながら、大学全体に向けてその経過を公表します。

―セクシュアル・ハラスメント行為者が職員とされる場合―
・学生生活主任連絡会議が事態を深刻であると判断し、学生生活部長が学長に調査結果の報告と「対策会議」の設置を要請した場合、学長は以下のように対応します。
　1．学長は、当事者とされる職員および学生（以後、当事者とします）

のプライバシーを厳守しながら、事務局長に学生生活主任連絡会議による調査結果と要請内容を報告します。学長は、運営委員会に報告し、事務局長と協議のうえ、「対策会議」という独立した臨時機関を設置し、その構成員を任命します（ただし、構成員の選定にあたっては、性別並びに教員と職員の構成等を配慮したうえで、学生生活部長を構成員に加えます）。

(1) 対策会議はまず「調査委員会」を独立した臨時機関として設置し、調査委員を任命します（ただし、調査委員の選定にあたっては、学生生活主任を加え、さらに性別や当事者とされる職員の所属部局などを配慮した構成とします）。対策会議は、調査委員会による調査過程などで当事者の人権が守られているか、調査が公正な手続きに基づいて行われているかを、問題が解決されるまで注意深く監視し続けます。

(2) 調査委員会は、対策会議の承諾を受けたうえで、当事者および第三者に必要に応じて聴き取り調査を行い、その結果を迅速に対策会議に報告します。

(3) 対策会議は、調査委員会の報告を受けて、その内容を当事者に開示し、当事者からの異議申立を受け付け、全体の過程を精査します。調査終了後、対策会議は、就業規則に基づく対応のあり方を学長と事務局長に報告します。

2．対策会議からの報告を受けて、学長は、事務局長と協議のうえ、具体的な処置を決定します。学長は、運営委員会の審議を経たうえで、当事者のプライバシーを尊重しながら、上記の一連の経過、調査結果などを大学全体に向けて公表します。

資料①

1996年10月、経済学部学生から、経済学部所属の一教員による性的嫌がらせを受けているという訴えが、経済学部教員に出された。11月に、別の経済学部学生から学生生活部に同じ教員の態度から精神的圧迫を感じたという訴えがなされた。

経済学部ではこれを受けて、学部長、学科長が同教員に事実の有無をた

資料6　日本のガイドライン（各大学における例）

ずね、同時に同様の状態にある学生が他に数名いるという情報が入ったため、上記1名の学生のほか3名の学生から学部長が事情を聴取した。

経済学部では、この問題についてまず事実を明らかにする必要があるという理由で、12月13日に調査委員会を設けた。学生生活部でも、学生生活主任連絡会議でこの問題を取り上げ、事実の究明と人権保障のあり方について、努力を重ねた。12月20日には大学としての責任を果たすという立場から、学長、3学部長、教務部長、学生生活部長、事務局長から成るこの問題についての対策会議を設置した。

経済学部の調査委員会は、1996年12月から1997年2月にかけて2回、教員と学生からの聴き取りを実施、対策会議も同教員からの意見聴取を実施した。

以上の作業を通じて、身体への接触および性的な不快感を抱かせる言動、状況づくりなど、学生にたいする性的嫌がらせの行為が事実と認められるにいたった。その結果、経済学部教授会は3月14日、同教員の辞職を勧告し、1997年度の授業担当科目を休講とする旨決議した。同教員は4月30日、これを受け入れることを、文書で回答した。

以上のような事実があったので、これを全学の教職員、学生諸君に公示する。

大学としてはこのような問題について、社会的責任を果たすことが常に求められており、一定のセクシュアル・ハラスメントのガイドラインのまとめなど、こうした問題の再発防止に努力しなければならないと考える。

1997年5月19日

和　光　大　学

資料②

1997年5月19日

お 知 ら せ

本学において去年、一専任教員と数名の女子学生の間にセクシュアル・ハラスメントとみられる事件がありました。

大学はセクシュアル・ハラスメントが生じた疑いを、黙認できない問題

としてただちに受けとめ、公正な手続きにもとづき、適切な対応の仕方を模索してきました。その結論は公示で報告された通りです。このような結論を出すまでに長い日々を要したのは、学生・当該教員のそれぞれの人権に慎重に配慮する必要があったからです。

私たちは、和光大学は学生と教職員から構成される共生・共学を目指すコミュニティーであるべきと考えます。学生生活部としては、今回の事件が被害を受けた学生に不快・不信感を与えたことを極めて残念に思います。また、それが一般の学生の大学に対するイメージ、教職員との間の信頼・友好関係を損ないかねないことを憂慮します。

セクシュアル・ハラスメントは、いつでもどこでも起こり得る行為であるにもかかわらず、今回の事件が表面化するまで、この種の問題に対するガイダンス、解決に導く体制が不十分であったことを深く反省しています。そして、こうしたことが再発しないように、夏休み前までにセクシュアル・ハラスメントについてのガイドラインをまとめ、相談・指導体制を整備する方針です。

今回のような問題に対しては学生のみなさんの協力も必要です。性別・立場を問わず、誰かがあなたが望まない性的な意味を含んだことばをなげかけたり、同様なニュアンスで心理的・身体的に悪い影響を与えたりするような行動をとった場合には、まず、相手にそのことをはっきり伝えて、態度で示してください。それができない場合には、一人で悩まずに、信頼できる友人、教職員あるいは学生生活部にさっそく相談してください。私たちは、みなさんのプライバシーを厳守し、不利になるようなことはいたしません。

学生生活部は、今後、学生のみなさんの大学生活上の安全をおびやかす、いかなるセクシュアル・ハラスメントも許さず、安心して勉強・研究できる環境を学生のみなさんとともに作ることを目指します。

学生生活部長
学生生活主任代表
学生生活主任
（氏名省略）

資料6　日本のガイドライン（各大学における例）

セクシュアル・ハラスメントに関するガイドライン
　1998年3月20日発行
　発行　和光大学
　　〒195-8585　東京都町田市金井町2160番地
　　TEL　044-989-7490（学生生活課）

J．東京経済大学の例

セクシャル・ハラスメントを防止するために

みなさん、最近、「セクハラ」ということばを耳にすることがあると思います。「セクハラ」は、英語のセクシャル・ハラスメント（Sexual Harassment）を縮めた表現で、「性的ないやがらせ」を意味することばです。セクシャル・ハラスメントは、性にもとづく差別であり重大な人権侵害です。そして、これを防止するためには、みなさんの協力が必要です。

どんなことがセクシャル・ハラスメントになるのでしょう

セクシャル・ハラスメントをもうすこし詳しく定義すれば、「自分が意図するとしないとにかかわらず、その言動が相手にとって意に反する性的な言動であると受けとめられ、それによって、その人を不快にし、差別し、脅威や屈辱感、あるいは利益や不利益を与え、また、そこで学び、働く環境を悪化させること」といえるでしょう。

具体的には、こんな例があげられます。

- ●ことばによる場合

  性的な冗談やからかい、食事・デートへの執拗な誘い、意図的に性的な噂を流布する、個人的な性的体験や猥談などを一方的に話したり、また、話すよう強要したりするなど

- ●目に見えるものの場合

  ヌードポスター、わいせつな図版や写真の配布や掲示など

- ●行動による場合

  性的関係の強要、からだへの不要な接触、強制わいせつ行為、レイプなど

これ以外にも、これらの例に明確には当てはまらなくとも、ひとの意に反して繰り返し行われる類似の性的な言動や性差別発言や性的な冗談などもセクシャル・ハラスメントに含まれます。また、強制わいせつ行為やレイプなど、明確に犯罪となるものもあります。

本人にそのつもりがなくても……

セクシャル・ハラスメントを考える上で肝心なことの一つは、性的な言

資料6　日本のガイドライン（各大学における例）

動による「不快さ」を判断する基準は、した側がどう思っていたかではなく、された側がどう感じたか、どう思ったかにあるということです。だから、自分はそんなことはしていないと思っていても、その行為やことばが他者にとってセクシャル・ハラスメントにあたることがあることを知っておいてほしいのです。

　このようなセクシャル・ハラスメントは、些細な問題ではなく、実は深刻な人権侵害にあたることを理解してください。

もし、セクシャル・ハラスメントに遭ったら

あなたがセクシャル・ハラスメントの被害を受けたとき
　次のような行動をとりましょう。
1　イヤだと思ったら相手にはっきりとNOの意志を伝える。
2　あなたの受けたセクシャル・ハラスメントの事実について、日時・場所・具体的なやりとり、周囲の状況・会話や電話の内容などについて記録をつけておく。
3　本学のセクシャル・ハラスメント相談窓口にコンタクトする。（相談窓口は学生部、学生相談室、二部事務室にあります。電話でもOK。コンタクトの方法はこのパンフの最後のページをみてください）

セクシャル・ハラスメントを受けている友人がいたら
　見過ごさないで、手を差しのべたいものです。具体的には、次のような行動が考えられます。
1　被害を受けている場面を目撃したら、注意をするか他の人に助けを求める。
2　相談窓口に行くようすすめ、必要なら付き添ったり、証人になったりする。
3　本人自身が窓口に行く決心ができないときは、本人の気持ちを確認しながら、代わりに窓口にコンタクトし、人権コーディネータと連絡をとる。（その際、当事者の名前は告げる必要がありません。）

セクシャル・ハラスメント防止ガイドラインと人権委員会
　本学では、セクシャル・ハラスメントを許さず、また、起こさせない環境をつくるため、97年11月に「セクシャル・ハラスメント防止ガイドライ

ン」を制定しました。そして、セクシャル・ハラスメント防止の啓発と問題解決を担当する組織として人権委員会を発足させました。

ガイドラインの制定をつうじて、本学は、セクシャル・ハラスメントを憲法で保障された人格権に対する侵害のひとつであると考え、たんにセクシャル・ハラスメントを防止するだけでなく、ひろく人権の尊重を推進し、万一、人権侵害が生じた場合は毅然とした対応をとることを明確に表明しています。

セクシャル・ハラスメントのタイプ

セクシャル・ハラスメントを整理すると、つぎの2つのタイプに大きく分けられます。

1　地位利用・対価型

職務上の地位を利用して相手に不利な扱いをすると脅しながら（あるいは、有利な扱いをする代償として）性的な要求をするような場合。

あってはならないことですが、たとえば、先輩後輩の上下関係を利用し、男性の先輩がコンパの際、後輩の女性に飲酒を強要し、からだにさわったりする。教員が成績を有利にするといって性的な関係を迫ったりする、などがこのタイプです。

2　環境型

特定の個人に対するはっきりとした不利益はなくとも、仕事や勉学の妨げとなるような環境の悪化がある場合

たとえば、ヌードポスターがみんなの使う部屋の壁に貼られていて恥ずかしい思いをいつもさせられる、などがこのタイプです。

資料6　日本のガイドライン（各大学における例）

セクシャル・ハラスメントに取り組む学内体制

セクシャル・ハラスメントに対する組織図

```
                          トリートメント
                          相談・調査
                                              ┌─────────┐
                                              │申し立てた者│
                                              └─────────┘
  ┌────────┐  事実調査等   ┌──────┐   ┌──┐   │学生部事務室│
  │人権委員会│ ←報告書──   │コーディ│ ← │窓│   │第二部事務室│
  └────────┘              │ネーター│   │口│   │学生相談室│
   職員2名                 └──────┘   └──┘
   教員3名
  ●セクシャルハラスメントを防止
   するための調査・政策の立案                  ┌───────────┐
  ●広報・啓発活動                             │申し立てられた者│
  ●処分手続き／チェック機能                    └───────────┘
                          トリートメント
                          相　談
```

〈窓　口〉

セクシャル・ハラスメントを申し立てることができる窓口は、学生相談室、学生部事務室、第二部事務室さらに教員間や職員間という場合もあるので、教員と職員がさらに比較的行きやすい場として学生相談室が設けられています。いつつ大事なことは、窓口は受付だけだということです。窓口はコーディネーターに通報するだけで、内容についての判断は一切してはいけません。窓口で相談を受けることもあるでしょうが、そこで判断をせず、即、コーディネーターに伝えてほしいのです。

〈コーディネーター〉

専門的な訓練を受けている人で、ケースワーカーのような人を想定しています。本来、コーディネーターは、被害者だけでなく、加害者にもアクセスし双方の言い分を専門的に判断し、必要に応じて外部の専門家と連絡をとり、さらにトリートメントも行います。

〈人権委員会〉

「3名の教員と2名の職員」から成り、この手続きにすべての責任を持ちます。学内者としてコーディネーターの調査やトリートメントなどを主にしてチェックし、かつコーディネーターを援助します。人権委員会は直接当事者に対応しません。これはセカンド・ハラスメントを防止するためです。処分すべき場合には、人権委員会が権限を有する機関を通して教授会が正式に決定しますが、学生の処分は学生委員会が決定します。たとえば、学生の処分は、人権委員会はその間にたって一定の役割を担うことになります。

301

第2部　参考資料及び文献リスト

相談窓口へのコンタクトの方法は

　あなたが、授業やサークル活動などあらゆる学生生活の場で、セクシャル・ハラスメントを受けたとき

ステップ1　窓口にいく。(あるいは、窓口に電話をかける)窓口は3カ所です。

　　学生部事務室　042-328-7758
　　第2部事務室　042-328-7756
　　学生相談室　　042-328-7722

　アドバイス　学生部事務室と2部事務室は6号館1階にあります。学生相談室は、1号館の西側にあるビルの2階にあります。

ステップ2　応対した職員に「セクシャル・ハラスメントの件で相談があります」と告げてください。しかし、あなたは、その職員に、名前や学部など、あなたのプライバシーに関わることについてなにも告げる必要はありません。

　アドバイス　職員は、あなたがこの一言をいうまであなたがなぜきたのか知りません。ほかの仕事で忙しくてニコニコしていないかもしれませんが、あなたからこの一言を聞いた後は、冷静に穏やかにちゃんと対応します。心配しないでください。

ステップ3　応対した職員は、その場で、あなたをプライバシーが保てる場所に案内し、人権コーディネータに連絡を取ります。連絡がとれるまで、そこでしばらく待ちます。

　アドバイス　電話の場合は、保留の状態になります。いずれの場合も、連絡はすぐにとれる体制になっていますので長く待つことはありません。

ステップ4　人権コーディネータと連絡がついたら、窓口の職員はその場を離れます。あなたの相談にはこの人権コーディネータが応対します。

　アドバイス　人権コーディネータが現れたら(電話にでたら)、相談をその場で始めてもかまいませんが、緊急な場合でないなら、あらためて面談する日時を決めた方がよいでしょう。安心して面談できる場所を学内に用意しています。

資料6　日本のガイドライン（各大学における例）

　以上のステップは、あなたがセクシャル・ハラスメントを受けた本人である場合も、代理人や友人の場合も基本的に同じです。
人権コーディネータが対応します
　人権コーディネータは、このような問題を解決するために特別の訓練を受けた専門科です。プライバシーは完全に守られますので安心して相談を始めてください。
　相談者の訴えや相談にもとづいて、人権コーディネータは、迅速に問題の解決に当たります。その際、あなたの心のケアにも十分配慮をいたします。
　問題解決の過程で、相談者に直接接触するのは、原則的に人権コーディネータに限られます。相談者は、同じことを違った職員や担当者から何度も繰り返して聞かれたりすることはありません。
セクシャル・ハラスメントをした者に対する処分は……
　セクシャル・ハラスメントを行った者に対する処分などについては、人権コーディネータ、人権委員会、大学の関係部局が緊密に連携しながら、教育的な指導、言動や行動の改善や矯正、学内規定にもとづく制裁や処分などを適切に行います。また、法的な対応が必要な場合は、関係機関と連携をとり必要な援助や手助けを行います。

K．法政大学の例

ストップ・ザ・セクハラ
一人で悩まず、相談員に連絡を！

　法政大学では1998年4月から「セクシュアル・ハラスメント防止に関する規程」が施行されています。
　性的な嫌がらせで、困ったり悩んだりしているなら、今すぐ相談員へ連絡して下さい。
　プライバシーは厳守されます。不利になることはありません。

セクシュアル・ハラスメント防止に関する規程

（目的）
第1条　学校法人法政大学（以下、「大学」という。）は、基本的人権の尊重、法の下の平等などを定める憲法、教育基本法、労働基準法及び男女雇用機会均等法等の精神に則り、学内におけるセクシュアル・ハラスメントを防止することにより、院生・学生・生徒（以下、「学生」という。）及び教職員が個人として尊重され、快適な学園環境のもとでの学生の勉学、教職員の業務遂行を保障するため、また、万一セクシュアル・ハラスメントが学内関係者に生じた場合の救済等を行うため、これを制定する。

（定義）
第2条　セクシュアル・ハラスメントとは、相手の意に反して行われる性的性質の言動をいい、大学における基本的なものとして次のようなものをいう。
(1)　職務上の地位や権限（例えば教員対学生、上司対部下等）を利用し、又は成績評価、卒業判定、人事考課等において、相手への利益の対価あるいは相手が不利益を被らないための代償として、相手の意に反して行われる性的性質の要求
(2)　正常な勉学、課外活動、研究、業務の遂行を妨げるなど、教育・研

資料6　日本のガイドライン（各大学における例）

究環境、就職環境等を悪化させる性的性質の言動
2　前項の具体的内容は、司法、行政等がセクシュアル・ハラスメントと規定する言動を基準とし、学内の関係組織は必要により、大学における基本的なこのような言動を例示して、学内広報等、適当な方法で学生、教職員に周知するものとする。

（禁止及び啓発）
第3条　大学は、セクシュアル・ハラスメントを差別、人権侵害として禁止するとともに、その防止のため教職員、学生に対する啓発指導を行うものとする。

（相談窓口）
第4条　大学は、セクシュアル・ハラスメント問題に対処するため、セクシュアル・ハラスメント相談員数人を置いてその氏名、連絡先を公表し、学生、教職員が常時、相談、助言、救済等が受けられるようにする。
　　セクシュアル・ハラスメント相談員に関する規程は別に定める。
2　前項により事実確認、救済措置等が困難な場合は、総長はただちにセクシュアル・ハラスメント調査委員会を開催し、事実確認、救済等の必要な措置をとるものとする。
　　セクシュアル・ハラスメント調査委員会に関する規程は別に定める。
3　前2項の運用にあたっては、相談内容等に関して、個人のプライバシー保護に十分配慮するものとする。

（規程改正、担当事務部）
第5条　この規程の改廃は学部長会議及び部長会議の議を経て理事会が行う。
2　前項に関する事務は総務部が担当する。
　　付則
1　この規程は、1998年4月1日から施行する。

セクシュアル・ハラスメント調査委員会規程

（目的）
第1条　この規程はセクシュアル・ハラスメント防止に関する規程（規程

第580号）第4条第2項に定めるセクシュアル・ハラスメント調査委員会（以下、「委員会」という。）のうち、大学院及び大学に関する委員会に必要な事項について定める。

（委員会の構成）

第2条　委員会は、総長が委嘱する次の委員をもって構成する。
(1)　学部・教養部長のなかから学部長会議の互選による　　2名
(2)　職員管理職のなかから　　2名
(3)　学生相談室長
(4)　相談員のなかから学生相談室長の推薦による　　2名

2　前項第3号以外の委員は、年度初めに委嘱するものとする。

3　事案が委員会に諮問された時点で、第1項第4号委員のなかに当該事案に関係する相談員が含まれていない場合は、これに加えて当該事案の相談員を委嘱する。

（任期）

第3条　委員の任期は、前条第1項第3号委員は在任期間とし、他の委員は2年として再任を妨げない。ただし、前条第3項により委嘱された委員は、当該事案が委員会に諮問された時点から答申終了までとする。

（任務）

第4条　委員会は、総長から諮問された事案について調査にあたり、その調査結果及び対応方法について総長に答申する。

2　委員会は、必要により当該事案の関係者から事情を聴取することができる。

3　委員会は、必要により当該事案に関する専門家の意見を求めることができる。

（委員会開催）

第5条　総長は、学生相談室長からセクシュアル・ハラスメント調査委員会の開催要請があった場合は、ただちに同委員長に対し委員会の開催を求めるものとする。

（運営）

第6条　委員会には委員長を置き、委員会を主宰する。

2　委員長は、第2条第1項第1号委員のなかから委員会において選出す

資料6　日本のガイドライン（各大学における例）

　　る。
3　委員会は、委員の過半数の出席により成立し、出席委員の過半数をもって決する。ただし、委員会の合意により成立条件等について、その都度決めることができるものとする。
4　委員会は非公開とする。
　（関係者の出席）
第7条　委員会は必要により、事案の関係者あるいは事案の調査に必要と認められる者に対して出席を求め、事情を聴取することができる。
2　前項により出席を要請された者は事情聴取に応じ、また意見の陳述、弁明を行うことができる。
　（措置）
第8条　総長は、委員会からの答申について、ただちに必要な措置をとるものとする。
　（守秘義務）
第9条　委員及び第10条に定める事務担当者は、相談者のプライバシーの保護に努めるとともに、委員会に関して知り得たことを他に漏らしたり、私事に利用してはならない。
　（委員会事務部）
第10条　委員会に関する事務は、セクシュアル・ハラスメント相談員規程第8条に定める原則規定を準用する。ただし、委員会において他の事務部が適当と認めた場合はこの限りではない。
　（規程改正等）
第11条　この規程の改廃は、学部長会議及び部長会議の議を経るものとし、委員の委嘱、解嘱、規程の改廃等に関する事務は総務部が担当する。
　　　付則
1　この規程は、1998年4月1日から施行する。

セクシュアル・ハラスメント相談員一覧

（氏名省略）

L．立教大学の例

セクシュアル・ハラスメント相談のためのガイド

　立教大学では、セクシュアル・ハラスメントにこのように対応します。
　セクシュアル・ハラスメントと思われる行為にあったら、目撃したら、悩んでいるならセクシュアル・ハラスメント相談員へ
　相談員名簿は、学生部、武蔵野新座キャンパス事務部、学生相談所等でもらえます。
　相談員が皆さんのお話をうかがいます。相談員はプライバシーを厳守します。またセクシュアル・ハラスメントの行為者だと思われる人からの報復を含め、相談者の不利益となることが生じないように十分な配慮をします。

相談員への連絡方法

　各相談員には、直接会いに行くか、電話・手紙等で連絡をしてください。その場合、氏名を名乗ってください。
　相談員が連絡をとるとき、また信頼関係に基づいて相談を進めるために必要です。
　解決の方法は、状況や個人によってさまざまです。相談者の納得のいく解決が得られるように一緒に考えます。
　相談者の希望があった場合、セクシュアル・ハラスメント防止対策委員会で検討し、必要に応じて調査を行います。その結果によって適正・公正な措置をとります。
　セクシュアル・ハラスメントをなくすには、人権や性の違いに関する正しい認識が必要です。立教大学では講演会や研修会等によってセクシュアル・ハラスメントについて学び、考えるための機会を提供します。ぜひご参加ください。

　　　　　　　　　立教大学セクシュアル・ハラスメント防止対策委員会

資料6　日本のガイドライン（各大学における例）

セクシュアル・ハラスメント防止宣言

　立教大学では、個々人の人格と人権が尊重され、それぞれの能力が最大限に発揮されるような、自由な学問と教育の場であることをめざしています。そして、その前提として、学生と教職員からなるすべての構成員が、大学における勉学、教育、研究、労働、その他の諸活動を相互信頼のもとに進められるよう、大学生活の環境を整えていくことが重要であると考えています。

　セクシュアル・ハラスメントとは、相手が望まない性的な意味合いを持つ言動により相手の人格を傷つけること、利益・不利益を条件もしくは結果とするような性的な働きかけ、性的な言動や提示による大学環境の悪化などの行為を指します。そして、現状では、特に男性から女性へのセクシュアル・ハラスメントが圧倒的に多く発生しています。その背景には、さまざまな力関係、性別役割分業に関する固定的な観念、さらにはセクシュアリティに関する差別的な通念の作用があります。大学の場合、こうした一般社会における通念や力関係のほかに、研究や成績の評価にかかわる力関係などが加わって、独特のセクシュアル・ハラスメントを生じさせています。それは、大学の拠って立つ学問の自由そのものへの侵害といえるでしょう。

　セクシュアル・ハラスメントは、個人の人格尊重を傷つけ、人権——特に女性の人権——を侵害する行為です。同時に、大学の教育・研究を支える環境を損なう行為でもあります。大学には、このような行為を許さない、生じさせない環境を保持する責任があります。また、セクシュアル・ハラスメントが生じた場合には、個人の尊重と人権を擁護するために、厳正な対応をもって解決に努めなければなりません。

　立教大学は、セクシュアル・ハラスメントに対し、断固たる態度でこれを排除し、防止することを宣言します。また、この問題に関して常に適切な対応と解決を求める姿勢を確認し、セクシュアル・ハラスメント防止対策ガイドラインと、同規定を作成します。それらに基づき、対応と解決のための制度的な整備を行うとともに、セクシュアル・ハラスメントに関する構成員の理解と認識を得るための諸活動を継続的に行うことによって、

セクシュアル・ハラスメントのない環境作りに取り組みます。
立教大学　1999年3月

セクシュアル・ハラスメントとは？

本人が意図しているかどうかにかかわらず、相手には性的に不快と思われる言動で人格を傷つけることをセクシュアル・ハラスメントといいます。

先輩・後輩、教職員・学生といった力関係を利用して、性的な誘いかけや嫌がらせを繰り返すような場合(地位利用型)、性的誘いかけを受けるか受けないかで相手に利益や不利益を与える場合(対価型)、あるいは不特定の相手に対して、わいせつな写真や画像を掲示して職場や教育環境を悪化させる場合（環境型）。セクシュアル・ハラスメントにもさまざまなタイプがあることがわかります。

こうしたセクシュアル・ハラスメントの根底には、男らしさ・女らしさに関する固定的な見方や規範があります。男女を問わず、だれにでも起こりうる身近な問題なのです。

重要なのは、それが相手の自尊心を深く傷つけ、人権侵害になるということを理解することです。

事例　ゼミ合宿のコンパで、慣例だからと、女子学生はゆかたを着て、おしゃくをするように強要されました。

事例　課外活動で、先輩が容姿について評価したり、異性関係についての無責任なうわさを流したりすることが多く、活動に参加するのが苦痛になりました。

相手がどう感じているかに注意しましょう

　性的なことがらに限らず、相手がどのように感じているのかに注意を払うことはマナーの基本です。自分にそのつもりがなかった、あるいは冗談のつもりだった場合でも、相手が傷ついていたら、まず相手の気持ちを認めましょう。そして、自分の行動をあらためることで自分の誠意を伝えましょう。

率直なコミュニケーションで信頼関係を築きましょう

　「場の雰囲気をこわすのでは」という気づかいから、「いや」と言う

資料6　日本のガイドライン（各大学における例）

のをためらうこともあるでしょう。でも、それでは相手に自分の気持ちが理解されません。自分がどう感じているのか、率直に伝えましょう。

性による差別をなくしましょう

　セクシュアル・ハラスメントの多くは、根強い女性への差別や固定化された性役割観に基づいています。習慣化された行動の中に、セクシュアル・ハラスメントがひそんでいることは少なくありません。「おかしいな」「いやだな」と思ったら、声をあげてそのような習慣を変えていきましょう。

事例　教員が不必要に体に触れたり、理由もなく学外で二人きりで会うことを求め、断ると、卒論の評価によっては卒業ができなくなることをほのめかしました。

言葉と態度ではっきり断りましょう

　人はだれでも自分がだれとどのような関係をもつか自分で決める権利があります。立場や年齢によらず、「いやなことはいや」と言っていいのです。意志を持って立ちむかえば、解決の道がきっとあります。

自分を責めることはありません。

　「自分にスキがあったから」などと、自分を責めることはありませんし、そのような非難を恐れて口を閉ざすこともありません。セクシュアル・ハラスメントをなくすことは自分自身を大切にすることから始まります。

記録をとっておきましょう

　セクシュアル・ハラスメントと思われる行為にあったら、日時・場所・行為の内容・そこにいあわせた人などについて、なるべくくわしく記録を残しておきましょう。

ひとりで悩まず、相談しましょう

　勇気をもって信頼のできる人に相談し、解決にむけての協力や意見を求めましょう。悲しさ、怒り、くやしさ、不安などの感情を自分の中にためこまず、家族や友人、大学の相談員に相談することも大切です。

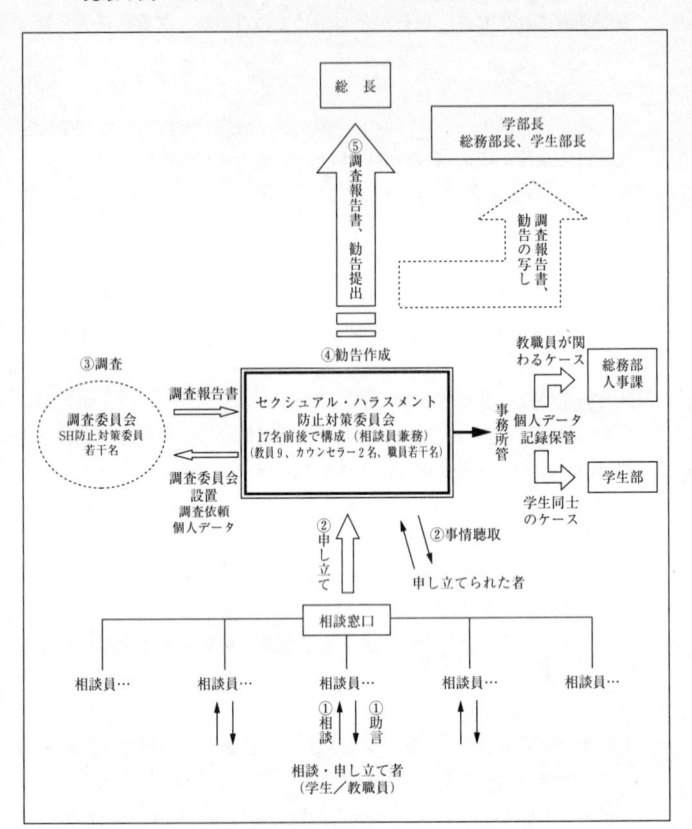

見取り図　セクシュアル・ハラスメント相談と申し立てへの対応

```
                                    総　長
                                                  学部長
                                                  総務部長、学生部長
           ⑤調査報告書、
             勧告提出                    勧告の写し
                                    ④勧告作成
   ③調査                                              教職員が関
         調査報告書    セクシュアル・ハラスメント      わるケース      総務部
   調査委員会         防止対策委員会                            人事課
   SH防止対策委員会    17名前後で構成（相談員兼務）  事務所管
   若干名             （教員9、カウンセラー2名、職員若干名） 個人データ
         調査委員会                                    記録保管
         設置                                          学生同士    学生部
         調査依頼                                      のケース
         個人データ     ②申し立て  ②事情聴取
                                  申し立てられた者
                        相談窓口
   相談員…  相談員…  相談員…   相談員…  相談員…
              ①相  ①助
              談    言
              相談・申し立て者
              （学生／教職員）
```

規程を運用する際に想定される主なステップ

① 相談窓口での相談：相談者への助言と本人による事態への対応、相談員は防止対策委員会へ匿名のままケース報告

② 防止対策委員会への「被害者」による申し立て：防止対策委員会による調停、同委員会による申し立て者、ならびに申し立てられた者への事情聴取（申し立てられた者の説明・釈明を含む）

資料6　日本のガイドライン（各大学における例）

③　調査委員会による調査：防止対策委員会による調停が不調に終わった場合のよりくわしい事実関係の究明、当事者ならびに関係者に対する聴取・調査、調査報告書の作成
④　総長への勧告の作成：防止対策委員会として、調査報告書の結果に基づいた、適切な処置にかんする勧告の作成
⑤　総長への調査報告書と勧告の提出

1　セクシュアル・ハラスメント防止宣言

部長会採択　1999年3月3日

　立教大学は、個々人の人格と人権が尊重され、それぞれの能力が最大限に発揮されるような、自由な学問と教育の場であることをめざしています。そして、その前提として、全ての学生と教職員からなる構成員が、大学における勉学、教育、研究、労働、その他の諸活動を相互信頼のもとに進められるよう、大学生活の環境を整えていくことが重要であると考えています。

　セクシュアル・ハラスメントとは、相手が望まない性的な意味合いを持つ言動により相手の人格を傷つけること、利益・不利益を条件もしくは結果とするような性的な働きかけ、性的な言動や掲示による大学環境の悪化などの行為を指します。そして、現状では、特に男性から女性へのセクシュアル・ハラスメントが圧倒的に多く発生しています。その背景には、さまざまな力関係、性別役割分業に関する固定的な観念、さらにはセクシュアリティに関する差別的な通念の作用があります。大学の場合、こうした一般社会における通念や力関係のほかに、研究や成績の評価にかかわる力関係などが加わって、独特のセクシュアル・ハラスメントを生じさせています。それは、大学の拠って立つ学問の自由そのものへの侵害といえるでしょう。

　セクシュアル・ハラスメントは、個人の人格的尊重を傷つけ、人権——特に女性の人権——を侵害する行為です。同時に、大学の教育・研究を支える環境を損なう行為でもあります。大学には、このような行為を許さない、生じさせない環境を保持する責任があります。また、セクシュアル・ハラスメントが生じた場合には、個人の尊重と人権を擁護するために、厳

正な対応をもって解決に努めなければなりません。

　立教大学は、セクシュアル・ハラスメントに対し、断固たる態度でこれを排除し、防止することを宣言します。また、この問題に関して常に適切な対応と解決を求める姿勢を確認し、セクシュアル・ハラスメント防止対策ガイドラインと、同規程を作成します。それらに基づき、対応と解決のための制度的な整備を行うとともに、セクシュアル・ハラスメントに関する構成員の理解と認識を得るための諸活動を継続的に行うことによって、セクシュアル・ハラスメントのない環境作りに取り組みます。

2　セクシュアル・ハラスメント防止対策委員会規程

施行　1999年4月1日

（目的）

第1条　セクシュアル・ハラスメント防止対策委員会（以下「委員会」という。）は、セクシュアル・ハラスメント防止宣言（1999年3月3日部長会採択）に基づき、立教大学におけるセクシュアル・ハラスメントの防止とその対策を推進し、かつ、特に女性の人権を擁護することを目的とする。

（セクシュアル・ハラスメントの定義）

第2条　前条にいう「セクシュアル・ハラスメント」とは、教育、研究、就業ならびに課外活動等における関係を利用してなされる以下の行為を指す。

(1)　本人がその意図するところであるか否かにかかわらず、相手方には性的と認められる言動をくり返し、その者の尊厳を傷つけること。

(2)　利益もしくは不利益を条件、または結果として、相手方に性的な要求をしたり、誘いかけること。

(3)　性的な言動や掲示等によって、教育、研究、就業および課外活動等における環境を悪化させること。

（委員会の任務、ならびにプライバシーの保護）

第3条　委員会は、次の各号に掲げる事項を任務とする。

(1)　セクシュアル・ハラスメントに関する相談への対応

(2)　セクシュアル・ハラスメント問題の対処に関する総長への勧告。

資料6　日本のガイドライン（各大学における例）

> (3)　セクシュアル・ハラスメント問題における被害者の救済。
> (4)　セクシュアル・ハラスメント防止に関する情報収集、研修および啓発活動。
> (5)　委員会の組織と運営に関する事項。
> (6)　その他セクシュアル・ハラスメントに関する事項。
> 2　前項第1号、第2号、第3号の任務遂行に際しては、委員会は、相談者および関係者のプライバシーを尊重しなければならない。
> （委員）
> 第4条　委員会は、次の各号に掲げられる委員によって構成する。
> (1)　部長会の構成員　　　　　　　　　　　　　1名
> (2)　各学部および全学共通カリキュラム運営センター　各1名
> (3)　カウンセラー　　　　　　　　　　　　　　2名
> (4)　職員　　　　　　　　　　　　　　　　　若干名
> 2　前項第1号の委員は、総長の指名に基づき、部長会の承認を得るものとする。
> 3　本条第1項第2号の委員は、総長の指名に基づき、その所属する学部教授会または全学共通カリキュラム運営センター運営委員会の承認を得るものとする。
> 4　本条第1項第3号、第4号の委員は総長の指名に基づくものとする。
> 5　委員の性差比率は、原則として20%を超えないものとする。
> （委員の任期および守秘義務）
> 第5条　委員の任期は2年とする。ただし、再任を妨げない。
> 2　委員は、任期中および退任後、第3条第1項第1号の任務によって知り得た個人に関する情報を、他に漏らしてはならない。
> （委員長）
> 第6条　委員長は、委員会を統括し、かつ、委員会を代表する。
> 2　委員長は、総長の指名に基づくものとする。
> 3　委員長は、必要が発生した場合、委員会の承認を得て委員以外の者の出席を求めることができる。
> （招集、定足数）
> 第7条　委員長は、委員会を招集し、その議長となる。

2 委員会は、委員の3分の2以上の出席によって成立する。
（セクシュアル・ハラスメント相談窓口）
第8条　委員会は、セクシュアル・ハラスメントに関する相談への対応のため、セクシュアル・ハラスメント相談窓口を設置する。
2 前項のセクシュアル・ハラスメント相談窓口については別に規程を定める。
（セクシュアル・ハラスメント調査委員会）
第9条　委員会は、セクシュアル・ハラスメントに関する調査のため、セクシュアル・ハラスメント調査委員会を設置することができる。
2 前項のセクシュアル・ハラスメント調査委員会については別に規程を定める。
（調査報告書の取り扱いおよび総長への勧告）
第10条　委員会は、セクシュアル・ハラスメント調査委員会が作成した調査委員会を受理した後、30日以内（就業規則第6条に定める休日、および第7条に定める休暇を除く。以下に示す日数についても同様。）に以下の各号に示す手続きを完了する。
(1) 調査報告書に基づき、総長への勧告を行う。
(2) 勤務員が関わるケースについては、調査報告書、ならびに勧告の写しを総長および当該学部長または総務部長に各1部ずつ提出し、その原本は総務部人事課に保管する。
(3) 学生のみが関わるケースについては、調査報告書および勧告の写しを当該学部長および学生部長に各1部ずつ提出し、その原本は学生部に保管する。
2 前項第2号に関して、総長は、調査報告書、および勧告を受理してから40日以内に、勧告に基づいて適切な処置を行う。教員に関わるケースについては、当該学部教授会の議を経ることとする。
3 第1項第3号に関して、総長は、調査報告書および勧告を受理してから40日以内に、勧告に基づき、当該学部教授会の議を経て適切な処置を行う。
（記録の保管）
第11条　委員会は、第3条第1項第1号、第2号、第3号の任務を通じて

資料6　日本のガイドライン（各大学における例）

得られたセクシュアル・ハラスメントに関する情報を記録し、これを以下のとおり保管する。
(1) 勤務員が関わるケースについては、総務部人事課が記録を保管する。
(2) 学生のみが関わるケースについては、学生部が記録を保管する。
(3) 記録の保管期間については別に定める。
（事務局）
第12条　委員会に事務局を置く。
（改正）
第13条　この規程の改正は、委員会の議を経て総長が行う。
　　　付則
1　この規程は1999年4月1日から施行する。
2　この規程は施行の2年後に見直すものとする。

3　セクシュアル・ハラスメント相談窓口規程

　　　　　　　　　　　　　　　　　　　　施行　1999年4月1日
（設置）
第1条　セクシュアル・ハラスメント防止対策委員会規程第8条第2項に基づき、立教大学にセクシュアル・ハラスメント相談窓口（以下、「相談窓口」という。）を設置する。
（相談員）
第2条　相談窓口は相談員によって担われる。
2　相談員は、セクシュアル・ハラスメント防止対策委員がこれを兼ねる。
3　相談員の氏名および学内連絡先は、毎学年度の初めに公表する。
（任務およびプライバシーの保護）
第3条　相談員の任務は、次の各号に掲げる事項とする。
(1) 学生および勤務員のセクシュアル・ハラスメントに関する相談に応じる。
(2) 前号の相談内容について、セクシュアル・ハラスメント防止対策委員会に報告する。
2　前項第1号、第2号の任務遂行において、当該相談員は、相談者および関係者のプライバシーを保護しなければならない。

(研修)

第4条　相談員は、その任務を遂行する上で必要な研修を受けなければならない。

(改正)

第5条　この規程の改正は、セクシュアル・ハラスメント防止対策委員会の議を経て総長が行う。

　　付則
1　この規程は1999年4月1日から施行する。
2　この規程は施行の2年後に見直すものとする。

4　セクシュアル・ハラスメント調査委員会規程

施行　1999年4月1日

(設置)

第1条　セクシュアル・ハラスメント防止対策委員会（以下、「防止対策委員会」という。）は、その必要に応じて、防止対策委員会規程第9条第2項に基づき、セクシュアル・ハラスメント調査委員会（以下、「委員会」という。）を設置することができる。

(任務およびプライバシーの保護)

第2条　委員会は、次の各号に掲げる事項を任務とする。
  (1)　相談員および関係者等からの事情聴取等、委任されたセクシュアル・ハラスメント問題に関する調査を行うこと。
  (2)　委員会設置から90日以内（就業規則第6条に定める休日、および第7条に定める休暇を除く。）に調査報告書を作成し、防止対策委員会に提出すること。
2　前項第1号、第2号の任務遂行において、委員会は関係者のプライバシーを保護しなければならない。

(委員)

第3条　委員会は、防止対策委員の中から防止対策委員会委員長が指名する若干名の者により構成される。
2　委員の性差比率は、原則として20％を超えないものとする。

(委員長)

資料6　日本のガイドライン（各大学における例）

第4条　委員会は、防止対策委員会委員長の指名に基づく委員長により運営される。
2　委員長は、その任務遂行の上で必要が生じた場合には、防止対策委員会の承認を得て、委員以外の者の協力を求めることができる。
（虚偽の申し立て、証言）
第5条　委員会の調査において、故意に虚偽の申し立てや証言を行ったことが判明した者について、委員会は総長に対してその処分を勧告することができる。
（記録の保管）
第6条　委員会が第2条の任務を行う過程で得た情報の記録は、防止対策委員会規程第11条第1項に基づいて保管することとする。
（改正）
第7条　この規程の改正は、セクシュアル・ハラスメント防止対策委員会の議を経て総長が行う。
　　　付則
1　この規程は1999年4月1日から施行する。
2　この規程は施行の2年後に見直すものとする。

第 2 部　参考資料及び文献リスト

M．国際基督教大学の例

人権侵害とセクシュアル・ハラスメント

相談窓口について
Human Rights and Sexual Harassment:
The Role of Human Rights Advisors

国際基督教大学
International Christian University

ICUは「世界人権宣言」を基本的理念として創設された大学です。本学では、いかなる人権侵害も許容されません。ICUの教職員、学生すべてが、この理念を大切にし、お互いの人格を尊重し合うことが期待されています。

セクシュアル・ハラスメントは、一種の人権侵害と見なすことができます。本学は、その教育使命の一環として、性、人種、宗教、年齢、性指向、障害などに基づく差別や人権侵害のない教育環境を維持するべく努めています。

本学においてセクシュアル・ハラスメントや他の人権侵害を受けた人は、秘密は守られますので、安心して以下の人権相談員に相談してください。

　　　　　　　　　　　　　　　　　　　　　　　　学　　長
　　　　　　　　　　　　　　　　　　　　　　　　学生部長

〈相談窓口と電話番号〉
（氏名省略）

◘セクシュアル・ハラスメントとは？

セクシュアル・ハラスメントとは、性的な言動によって、相手の望まない行為を要求し、これを拒んだ者に対して、教育・職業の場で不利益を与えるなどの嫌がらせをすることです。さらに、歓迎されない性的な言動によって、相手に屈辱や精神的苦痛を感じさせたり、不快な思いをさせることも指します。

教職員と学生との間だけではなく、学生同士の共同生活の場（クラス、クラブ、サークル、寮、研究室など）においても、セクシュアル・ハラス

資料6　日本のガイドライン（各大学における例）

メントは起こり得ます。

◘セクシュアル・ハラスメントは次のように分けられます
◆対価型・地位利用型
　地位や立場の違いを利用し、何らかの利益の代償や対価として性的要求を行なうこと。
(例)成績評価や推薦、昇進などと引き換えに、性的要求を迫ること。
◆環境型
　はっきりとした不利益は伴わないが、望みもしない性的言動が耐えがたい程度まで行なわれ、学業環境や就業環境の悪化につながること。
(例1)　性的な噂を流したり、人を侮辱する性的内容の冗談。
(例2)　ポルノグラフィーや性的漫画を公の場所で見せたり、提示すること。
(例3)　望みもしないデート、飲食などにしつこく誘うこと。
(例4)　不必要に身体に触れること。
　この他にも、さまざまな例があります。

◘セクシュアル・ハラスメントの判断基準
　セクシュアル・ハラスメントか否かを判断する際、学業・職業生活において、見過ごすことのできない具体的な被害や不利益が生じていること、または生じようとしていることが重要になります。
　対価型・地位利用型は、具体的な不利益の有無が判断の基準となるので、比較的理解しやすいといえます。
　これに対して、環境型はその範囲を判断しにくい面があります。その判断の基準は、不快な性的言動が繰り返されている程度や、その不快さの程度などによるからです。

◘セクシュアル・ハラスメントを起こさないために
○日常生活において男女間の対等な関係を形成する。
○いやなことははっきりと意思表示する。
○誤解を招かないよう、よりよいコミュニケーションを心がける、など。

◘被害にあったときの対処方法
○不快であることを相手にはっきりと伝える。
○自分を責めない。
○詳細な記録をつける。
○身近な信頼できる人に相談する。
○相談窓口やアドヴァイザーに相談する、など。

◘セクシュアル・ハラスメントなど人権侵害を受けた人の権利
1．自分の気持ちと判断にしたがって、何をするかを決める権利があります。
2．被害を主張する権利があります。
3．被害にあったという理由でおとしめられることなく、公正に扱われる権利があります。
4．プライヴァシーを守る権利があります。
5．怒り・悔しさ・悲しみ・不安などの感情を訴える権利があります。
6．必要な情報やアドヴァイスを受ける権利があります。

◘人権侵害とセクシュアル・ハラスメントに関する相談窓口では……
　相談窓口では、キャンパス内外での性暴力や人権侵害を受けている学生への相談活動を行なっています。特に、性暴力や人権侵害などの被害を受けた人たちを下記の方法によって援助します。
○被害を乗り切るために、相談者がなにを望んでいるかを見つける手助けをします。
○相談者が望めば、加害者と面談を行ない、問題を非公式に調停することができます。
○法律や医療、援助・保護機関などの情報を伝えます。
○相談者が望めば、医師・弁護士・カウンセラーなどを紹介します。
　被害の経験を話すことは、とても大切です。真剣に聞いてくれる人に話すことによって自分自身の気持ちに耳を傾け、自分の手で受け止めることができます。問題の解決に立ち向かうために、希望と力を見出すことも大切です。必要な援助を受ける機会を自分の力で生み出しましょう。

資料6　日本のガイドライン（各大学における例）

The International Christian University was established based upon "the Universal Declaration of Human Rights" as part of its fundamental commitments. The violation of human rights is not tolerated at ICU. It is incumbent upon each member of the ICU community to protect human rights and to respect each other's personality.

Sexual harassument is defined as a violation of human rights. As part of its educational mission, ICU is committed to maintaining an environment free of prejudice and undertakes the overcoming of discrimination based on gender, ethnicity, religion, age sexual orientation, disability or other characteristics.

Any person who has experienced sexual or other harassment at ICU is encouraged to consult with one of the designated persons listed below. Please feel free to seek information and advice. All communications made during the consultation will be kept as strictly confidential.

President
Dean of Students

★What is sexual harassment?

Sexual harassment is defined as unwelcome sexual advances, requests for sexual favors, and other verbal or physical conduct of a sexual nature. Such conduct constitutes sexual harassment when:

a) submission to or rejection of such conduct is made implicitly or explicitly a term or condition of instruction, employment, or participation in University activites;
b) submission to or rejection of such conduct by an individual is used as a basis for evaluation in making academic or personnel decisions affecting an individual; or
c) such conduct has the purpose or effect of interfering with an individual's academic or work perfomance or creating an intimidating, hostile, or offensive academic or work environment.

Sexual harassment may occur between students in situations such as class activites, clubs and circles, dormitories and seminar rooms. Sexual harassment may also occur between or among academic staff, general staff and students.

★Sexual harassment falls into the following categories:

◆"Quid Pro Quo" Sexual Harassment

"Quid pro quo" sexual harassment occurs when sexual favors are sought based upon unequal power in exchange for some reward.

(Example) unwelcome advances and requests for sexual favors that are factored into decisions about grades, recommendations, promotions or raises

◆"Hostile Environment" Sexual Harassment

"Hostile environment" sexual harassment is unwelcome sexual conduct that is sufficiently severe or pervasive that it alters the conditions of education or employment and creates an environment that a reasonable person would find intimidating, hostile or offensive.

(Example 1) sexual rumors, humor or jokes about sex that insult someone

(Example 2) visual displays of pornography or sexual comics in a public space

(Example 3) persistent and unwanted requests or demands for dating or similar meetings

(Example 4) unnecessary/unwanted physical contact

★How to judge sexual harassment

In judging sexual harassment, you must take into account whether you are experiencing or may experience actual damage or disadvan-

資料6 日本のガイドライン(各大学における例)

tage in your academic or professional life.

The occurrence of "quid pro quo" sexual harassment is relatively easy to determine since usually a disadvantage can be objectively established.

"Hostile environment" sexual harassment, in contrast, is difficult to judge since individuals may differ on what they consider to be inappropriate and offensive conduct.

★To avoid sexual harassment, it is important to:

☆develop and maintain an equal relationship between men and women,
☆speak up when you come across inappropriate, offensive behavior, and
☆try to avoid misunderstandings through frank and open discussion.

★How you can deal with sexual harassment

☆Clearly communicate your disapproval of any behavior that makes you feel uncomfortable.
☆Don't feel guilty or blame yourself.
☆Keep records of offensive conduct or events in detail.
☆Talk to someone you trust and share your feelings.
☆Consult a Human Rights Advisor or your academic advisor for support and information.

★Rights of those who have experienced sexual or other harassment

If you believe you are a victim of sexual or other harassment, you have the right:
1. to decide what you wish to do according to your own feelings and judgment;

2. to clearly express what you have experienced;
3. to be treated fairly;
4. to have your privacy protected;
5. to reveal your anger, regret, sadness, anxiety and other feelings; and
6. to have access to necessary information and to seek advice.

★Human Rights Advisors—What can/do they do?

Human Rights Advisors give advice and support to students who suffer from sexual harassment or any violation of human rights, and aid students in taking steps to resolve specific incidents, regardless of whether offenses have occurred on or off campus.

Students can expect help in the following ways:

☆helping the complainant to decide what action to take

☆facilitating a resolution by arranging a hearing with the alleged perpetrator, if requested by the complainant

☆provideing information to the complainant with regard to legal procedures to formally handle a complaint

☆provideing information about the availability of supporting and/or sheltering organizations

☆providing health and medical-related information to the complainant

☆introducing a medical doctor, a lawyer and/or a counselor to the complainant upon her/his request

If you experience sexual or other harassment, you are encouraged to seek advice and support, regardless of whether you wish to do nothing about the incident, or to pursue a complaint or resolution. The Human Rights Advisors are a resource for all students who may have experienced harassment.

資料6　日本のガイドライン（各大学における例）

常務理事会　1999年1月18日

国際基督教大学
セクシュアル・ハラスメント及び人権侵害防止対策基本綱領
(1998年12月10日)

　国際基督教大学教授会は、以下の「セクシュアル・ハラスメント及び人権侵害防止対策基本綱領」を1998年12月10日（世界人権宣言デー）に採択した。

I．セクシュアル・ハラスメント及び人権侵害防止対策基本方針

　本学では、人権についての基本理念からして、どのようなハラスメントも許されるべきではない。国連は教育機関でのセクシュアル・ハラスメントを、女性に対する暴力の一形態と規定し、「国連における女性に対するあらゆる差別を撲滅する会議」の趣旨に沿って、そのような行為を防止するよう勧告している。

　セクシュアル・ハラスメントは、他の人権侵害と同様に、力の不均衡に基づいて起こるものである。国連の定義では女性のみが言及されているが、男性がセクシュアル・ハラスメントの被害者になることもある。本学は、その教育使命の一環として、性・人種・宗教・年齢・性指向・障害などに基づく差別や人権侵害のない教育環境を、維持するべく努めなければならない。

　セクシュアル・ハラスメントには以下の二種類がある。一つは、何らかの利益の代償や対価として、暗黙ないしは明白に性的要求がなされる場合、いま一つは、性的偏見に基づく言葉や行為によって、不快で、脅迫的で、敵対的な環境が作り出される場合である。

　本学において、セクシュアル・ハラスメントや他の人権侵害を受けた者は、別に指定される「人権相談員」に助言を求めることが望ましい。本学は、ハラスメントがあったと判断される場合には、適正な手続きに則って事実を調査し、必要な処置を講ずる責任を負っている。

第2部　参考資料及び文献リスト

Ⅱ．セクシュアル・ハラスメント及び人権侵害防止対策実施綱領

本学のセクシュアル・ハラスメント及び人権侵害防止対策実施綱領は、(1)教育活動、(2)相談窓口の設置、(3)被害調査の手続きの整備に分けられる。

A．教育活動

1．人権教育センター（HREC）

大学に「人権教育センター（HREC）」を設置する。人権教育センターは、人権侵害を防止するための啓蒙活動を行うと共に、人権問題やセクシュアル・ハラスメントに関する資料を整備し、被害の届け出を考慮している者に、直接有用な情報を提供することを目的とする。

2．人権相談員研修

被害の届け出を扱う教職員は、全員がセクシュアル・ハラスメント対応研修を受けなければならない。大学は、学外の専門指導者に委嘱し、まず少数の学内担当者（後述の人権相談員など）に研修を受けさせる。次に、これら研修を受けた担当者が、本学に相応しい研修内容を立案策定し、関係者（行政担当者、研究科長、学科長、その他希望者など）の研修を担当する。

3．学生用パンフレット

学生に配付するため、セクシュアル・ハラスメント防止のためのパンフレットを作成する。また、セクシュアル・ハラスメント及び人権侵害防止対策基本綱領を、学生・教職員用ハンドブックに掲載する。

B．相談窓口

1．人権相談員

人権問題やセクシュアル・ハラスメントに関する相談窓口として、人権相談員を選任する。

人権相談員は、人権問題やセクシュアル・ハラスメントに関する相談を

資料6　日本のガイドライン（各大学における例）

希望する者が、誰でも相談を受けることのできる窓口として、学内に広く公示し周知されなければならない。

被害の届け出は次の手順による。まず人権相談員が相談希望者と面談し、公式の調査が必要かどうかを判断する。公式の調査が必要であると判断された場合には、後述の「調査委員会」にこれを委ねる。

人権相談員は、被害申立て者の同意を得た上で、加害者と面談を行ない、問題を非公式にに調停することができる。人権相談員は、すべての相談記録を「機密扱い」として保存しなければならない。相談員は、相互の間で定期的に情報を交換することができる。

人権相談員は、研修により相談者へのカウンセリング能力、および個々の問題に対する判断能力を養う。

2．その他の窓口

人権問題やセクシュアル・ハラスメントに関しては、研究科長、学科長、教養学部長、大学院部長、学生部長、部課長など、教職員の中で管理責任を担う者も相談窓口となる。学生の場合には、アカデミック・アドヴァイザへもこれに加えられる。すべての教職員は、可能な限り上記人権相談員の立案するセクシュアル・ハラスメント対応研修を受けることが望ましい。また、学生の中から「学生カウンセラー」の養成も検討の余地がある。

これらの窓口となった者は、被害申立て者の同意を得た上で、害を加えたと申し立てられている者との面談を行ない、問題を非公式に調停することができる。これらすべての窓口で相談を受けた場合には、問題の発生を人権相談員に報告し、あるいはその調停を依頼する。

上記研修の機会は、これらの窓口担当者にも与えられる。

C．調査委員会

人権相談員は、非公式に問題を解決する方途を模索したのちに、被害申立て者と面談を行ない、正式調査が必要かどうかを決定する立場にある。人権相談員は被害申立て者の要請に基づき、専門的判断の上で、正式調査が必要であると考えられる場合には、その旨を学長に報告しなければならない。学長はこれを受け、調査委員会を召集する。調査委員会の召集は公

式の手続きであり、その委員会の判断は公式の記録となる。

調査委員会は、三名の常任委員に加えて、これら常任委員の推薦により、人権相談員の中から一名を選任して構成する。人権相談員の中から選任される委員は、原則として当該問題の相談担当者以外の者とする。これは、カウンセリングと調査の役割を明確に区別しておくためである。

三名の常任委員は、関連諸法規についての研修を受けなければならない。これは、申立ての調査に際して、関係者双方の人権を適正な手続きに則って擁護するためである。

調査委員会委員は、法律に関する研修等に基づき、適切な調査手続きを決定する。適正な手続きの中には、「推定無罪」の原則、関係者双方からの事情聴取、調査中の完全な守秘義務、などが含まれる。

大学は、必要に応じて調査委員会が法律専門家から助言を受けることができるように配慮しなければならない。

D．懲戒手続き

調査終了後、問題は大学規程による懲戒手続き（「就業規則」第9章および「懲戒審査委員会規程」）に則り、迅速に処理されなければならない。ただし、同規程中の「審査」の部分は本調査委員会の調査によって代行されたものとみなす。調査委員会の報告および懲戒手続きの結果は、公式記録として適切な部署に保存される。

資料6　日本のガイドライン（各大学における例）

E&F 1999. 1. 18

Policy Statment against Sexual Harassment and
Human Rights Violations
December 10, 1998

Ⅰ. Sexual Harassment Policy Statment

As part of the fundamental commitment of ICU to human rights, harassment of any nature is not tolerated. The United Nations has defined sexual harassment in educational institutions as a from of violence against women, and recommended that educational institutions prevent such behavior in line with the United Nations Convention on the Elimination of All Forms of Discrimination against Women.

Sexual harassment, like other forms of harassment, is based on unequal power. While the United Nations definition focuses on women, men nay also be victims of sexual harassment. As part of its educational mission, ICU is committed to maintaining an environment free of discrimination or harassment based on gender, ethnicity, religion, age, sexual orientation, disability or other characteristics.

Sexual harassment occurs when sexual favors are sought implicitly or explicitly in exchange for a reward or when an intimidating, hostile or offensive atmosphere is created by remarks or behaviors of a sexual nature or based on gender stereotypes.

Victims of sexual or other harassment at ICU are encouraged to seek the advice of one of the designated persons. ICU is committed to investigating cases of harassment, to due process, and to undertaking appropriate actions when harassment is judged to have occurred.

II. Implementation Structure

The implementation structure involves (1) establishing educational resources, (2) setting up "channels" to receive complaints, and (3) developing a procedure for investigating complaints.

A. Educational Resources
1. A Human Rights Education Center (HREC) should be established. The HREC, in addition to conducting educational activities to prevent human rights violations, should contain resources and information about human rights and sexual harassment, including materials directly useful for victims who are considering registering a complaint.
2. Sexual Harassment Procedures Training should be offered to all university members who serve in the complaint process described below. We suggest that the university contract with an outside trainer who is expert in sexual harassment complaint procedures (e.g. consulting compaies), and train a small number of ICU members (e.g. the human rights advisors described below). These ICU members would thereafter develop a training program appropriate for the ICU community and undertake training of relevant staff members to be involved in the complaint procedure (e.g. administrators, division chairs, etc.).
3. A Student Brochure should be developed for distribution, and the policy statement should also be reproduced in the Student and Faculty Handbooks.

資料6　日本のガイドライン（各大学における例）

B. Complaint Channels

1. Human Rights Advisors should be designated for the purpose of receiving sexual harassment/human rights complaints.

   The Human Rights Advisors would receive training from an outside consultant, and on that basis develop a training program for other and future ICU members involved in the sexual harassment complaint procedure, or otherwise interested in receiving such training.

   The Human Rights Advisors will be publicly designated as counselors available to anyone who wishes to make a sexual harassment/human rights complaint.

   As the first step in the complaint procedure, the Human Rights Advisors will counsel the alleged victim and determine if it is appropriate and desired that an official investigation be undertaken. Should an official investigation be appropriate/desired, the matter will be handled as explained under C. Investigating Committee, below.

   The Human Rights Advisors may attempt to settle the complaint informally, with the alleged victim's consent, including consulting with the alleged perpertrator. The Human Rights Advisors should keep a confidential record of all complaints, and may share information regularly among themselves.

   The training of Human Rights Advisors will provide them with the ability to counsel complaints and decide the actions to be taken in each case.

2. Other Channels for receiving complaints will be any official post in the faculty and administrative structure (e.g. division chairs, deans, *ka-cho* of administrative offices, etc.), as well as any academic advisor (for the case of student complaints).

As far as practical, personnel in all official functions should receive training in sexual harassment/human rights complaints hadling (to be offered by the Human Rights Advisors as explained above). We may also consider training several "peer counselors" among students.

A channel receiveing a complaint may attempt to settle the complaint informally, with the alleged victim's consent, including consulting with the alleged perpetrator. All channels receiving complaints will report or pass on complaints to the Human Rights Advisors.

Training will also be made available to other channels.

C. Investigation Committee

The Human Rights Advisors, having had the opportunity to seek informal settlements of complaints, are, in the best position to decide, in consultation with alleged victims, when a complaint deserves formal investigation. Based on their professional judgment, and if requested by the alleged victim, the Human Rights Advisors will recommend to the University President that an investigation is necessary. The President will then call the Investigation Committee into force. The calling of the Investigation Committee is an official act, and its judgment will become an official record.

The Investigation Committee should have three core members, and will co-opt one more member per case from the pool of Human Rights Advisors. In principle, the co-opted member should be different from any members counseling the victim in the case. This is to create a clear division of functions between counseling and investigation.

資料6 日本のガイドライン（各大学における例）

Core members of the Investigation Committee should receive legal training in order to enable them to investigate complaints in a way consistent with due process and protecting the human rights of alleged victims and perpetrators.

The legal training of the Investigation Committee members will establish the proper investigation procedures. We expect these will involve hearing from both sides, following the principle of "innocent until proven guilty," and complete confidentiality of all complaints under investigation.

The university should arrange for a legal expert to be available as needed, to the Investigation Committee.

D. Disciplinary Procedures

Upon completion of the investigation, the matter will be promptly handled accordeng to the University Disciplinary Procedures. However, the work of the Investigation Committee replaces the investigation step outlined under the University Disciplinary Procedures. The report of the Investigation Committee and the outcome of the Disciplinary Procedures shall be filed in the appropriate university record.

N. 明治学院大学の例

セクシュアル・ハラスメント相談の手引き

セクシュアル・ハラスメントの被害を受けたら、先ず相談しよう

セクシュアル・ハラスメントの被害にあっている友人がいたら相談するように勧めよう

不快な場面を見かけた場合も相談しよう

明治学院大学セクシュアル・ハラスメント防止宣言

明治学院大学は、すべての学生および教職員が、個人として尊重され、たがいの信頼のもとに勉学や課外活動、そして研究、業務にいそしむことのできるような環境を作り、これを維持していくことをなにより重要と考えています。相互信頼を損なうような行為は、学則第1条に明記されているキリスト教の建学の精神にもとるのはもちろん、学問と言論の自由をおびやかし、教育・研究の場としての大学の存立そのものを危うくするものです。

セクシュアル・ハラスメントは、まさしくそのような行為であって、すべての学生および教職員、とくに女性の人権を侵害し、大学の秩序を乱し、大学の諸活動の円滑な遂行を阻害します。

本学では、いかなる個人による、いかなる形態のものであっても、セクシュアル・ハラスメントとみなされる行為がそのまま黙認されたり見過ごされたりすることはけっしてありません。そのため本学は、「セクシュアル・ハラスメント人権委員会」を設置して、学生・教職員の相談に応じるとともに、セクシュアル・ハラスメント防止のための啓発活動を行うなど、セクシュアル・ハラスメントの問題に真剣に取り組みます。

1　セクシュアル・ハラスメントとは

　明治学院大学では、勉学上・課外活動上・研究上・就業上の関係を利用してなされる次のような行為は、すべてセクシュアル・ハラスメントとみなされます。

(1) 利益または不利益を条件として、はっきりと、またはほのめかしな

資料6　日本のガイドライン（各大学における例）

がら、相手方に性的な要求・誘いかけをすること。
(2) 性的要求・誘いかけに応じたか否かによって、相手方に利益または不利益を与えること。
(3) 性的な含意のある言動を繰り返すことによって、相手方に不快の念を抱かせること。

たとえば……

直接的な行動によるセクシュアル・ハラスメント……

- ある教員が、就職の紹介をすることを条件に学生に性的な関係を強要した。
- サークルのコンパで上級生に身体を触られた。
- 同じ課の職員が、毎晩電話をかけてきて性的な言葉を繰り返す。

ことばによるセクシュアル・ハラスメント……

- 卑猥な冗談を言う。
- 異性の容姿を話題の対象にして不快な思いをさせる。

このような行為はセクシュアル・ハラスメントです。

誰かが傷つくこと、傷つけられそうなことは、けっして見過ごしてはいけません。私たちのまわりにこのようなことがあったら、すぐ相談して下さい。

2　まず相談してみよう！

身体に接触すればすべてセクシュアル・ハラスメントになるわけではありません。相互の信頼関係が成立している関係の中で、不快感や恐怖感を伴わない身体接触はあり得ることです。しかし、信頼関係もなく、不快感や恐怖感を感じるような行為に対しては、断固として「嫌だ」という意思を伝えるべきです。

「嫌だ」という意思表示をしたにもかかわらずセクシュアル・ハラスメントが続いたとき、あるいは「嫌だ」という意思を伝えることができない条件下で起こったセクシュアル・ハラスメントは是非相談して下さい。

また、直接の被害者だけでなく、他の学生や教職員に対するセクシュアル・ハラスメントを不快に思う学生や教職員も相談して下さい。また、セクシュアル・ハラスメントの被害を受けている友人や同僚がいたら、

第2部 参考資料及び文献リスト

相談に行くように勧め、証人になってあげて下さい。

3 相談の流れ

① 先ず相談員（次ページに一覧があります）に電話をします。どの相談員でも構いません。電話をする気持ちになれない時は、手紙でもよいと思います。しかし、必ず、所属と氏名を教えて下さい。相談の日時を決めるために連絡をとることが必要になるからです。

　氏名はもちろん、相談の内容はすべて厳重な秘密扱いとなります。相談員は、任期中も退任後も、相談員として知りえた情報を他に漏らすことは決してありません。安心して相談して下さい。

　また、セクシュアル・ハラスメントの相談をした本人だけではなく、証言をした学生や教職員もいかなる形態であれ不利益を受けることは決してありません。

② 相談員は相談の内容をセクシュアル・ハラスメント人権委員会に報告します。そして、必要であると判断された場合は、被害者および相談員の同意のもとに、委員会内に調査委員会が組織され当事者からの事情聴取が行われ、問題の解決とその再発の防止のために必要な処置をとります。

③ 被害者に対しては、可能な限り最善の救済が与えられます。救済には心理的ケアなどの支援が含まれます。

④ 加害者とされた者は、事実が確認された後、学則および就業規則による懲戒の対象とされることがあります。懲戒には、停学・退学、停職・免職、などの処分が含まれます。

セクハラにあったら、セクハラを目撃したら相談員に連絡をとろう！

相談員と話すには… ⇒
- 電話で ⎫
- 手紙で ⎬ 面会の予約をする
- 電子メールで ⎭
- オフィス・アワーにたずねていく。

必ず秘密は守ります。あなたの力になります。

資料6　日本のガイドライン（各大学における例）

1998年4月1日

明治学院大学
セクシュアル・ハラスメント防止宣言

　明治学院大学は、すべての学生および教職員が、個人として尊重され、たがいの信頼のもとに勉学や課外活動、そして研究、業務にいそしむことのできるような環境をつくり、これを維持していくことをなにより重要と考えています。相互信頼を損なうような行為は、学則第1条に明記されているキリスト教の建学の精神にもとるのはもちろん、学問と言論の自由をおびやかし、教育研究の場としての大学の存立そのものを危うくするものです。

　セクシュアル・ハラスメント（性的嫌がらせ）は、まさしくそのような行為であって、すべての学生および教職員、とくに女性の人権を侵害し、大学の秩序を乱し、その活動の円滑な遂行を阻害します。

　本学では、いかなる個人による、いかなる形態のものであっても、セクシュアル・ハラスメントとみなされる行為がそのまま黙認されたり見過ごされたりすることはけっしてありません。そのため本学は、「セクシュアル・ハラスメント人権委員会」を設置して、学生・教職員の相談に応ずるとともに、セクシュアル・ハラスメント防止のための啓発活動を行うなど、セクシュアル・ハラスメントの問題に真剣に取り組みます。

セクシュアル・ハラスメントとは

　本学では、勉学上・課外活動上・研究上・就業上の関係利用してなされる次のような行為は、すべてセクシュアル・ハラスメントとみなされます。

(1) 利益または不利益を条件として、はっきりと、またはほのめかしながら、相手方に性的な要求・誘いかけをすること。
(2) 性的要求・誘いかけに応じたか否かによって、相手方に利益または不利益を与えること。
(3) 性的な含意のある言動を繰り返すことによって、相手方に不快の念を抱かせること。

第2部　参考資料及び文献リスト

セクシュアル・ハラスメントについての相談

　セクシュアル・ハラスメントの被害を受けたと思う学生や教職員は、次の名簿にあるセクシュアル・ハラスメント相談員のだれにでも、学内の電話番号で日時を予約したうえで、いつでも相談することができます。ひとりで悩まずに、勇気をもってできるだけ早急に相談してください。

　この相談は、セクシュアル・ハラスメントの直接の被害者だけではなく、他の学生や教職員に対するセクシュアル・ハラスメントを不快に思う学生や教職員によっても行うことができます。また、すでに卒業、あるいは退職した人も、過去の被害について同様の相談をすることができます。

秘密は厳守されます

　相談およびその内容はすべて厳重な秘密扱いとなります。「セクシュアル・ハラスメント相談窓口」の相談員は、任期中も退任後も、相談員として知りえた情報を他に漏らすことはけっしてありません。

相談者、証言者たちの保護

　セクシュアル・ハラスメントについて相談をしたり、事実の調査で証言等をした学生や教職員は、いかなる形態であれ不利益を受けることはけっしてありません。万一不利益を受けた場合は、セクシュアル・ハラスメントの被害を受けたときと同様の手続きで、相談員に相談することができます。

この制度についてもっとくわしく知りたい学生は

　「明治学院大学セクシュアル・ハラスメント防止方策」やこれと関連する諸規則は、白金・横浜両キャンパスの学生相談センターに常置されています。いつでも閲覧することができますのでそちらにおいでください。

1998年3月18日　大学評議会承認

明治学院大学セクシュアル・ハラスメント人権委員会に関する規則

　（設置）

第1条　明治学院大学におけるセクシュアル・ハラスメント防止と、とくに女性の人権擁護のために、「明治学院大学セクシュアル・ハラスメント防止宣言」に基づいて、セクシュアル・ハラスメント人権委員会（以下

資料6　日本のガイドライン（各大学における例）

「委員会」という。）を設置する。
（定義）
第2条　この規則において、「セクシュアル・ハラスメント」とは、勉学上・課外活動上・研究上・就業上の関係を利用してなされる次の行為をいう。
(1) 利益または不利益を条件として、はっきりと、またはほのめかしながら、相手方に性的な要求・誘いかけをすること。
(2) 性的要求・誘いかけに応じたか否かによって、相手方に利益または不利益を与えること。
(3) 性的な含意のある言動を繰り返すことによって、相手方に不快の念を抱かせること。
（任務）
第3条　委員会の任務は次の各号に掲げる事項とする。
(1) セクシュアル・ハラスメントに関する相談とその対応。
(2) セクシュアル・ハラスメント問題の処置に関する学長および当該学部の長もしくは当該事務部門の長への勧告。
(3) セクシュアル・ハラスメント問題における被害者の救済。
(4) セクシュアル・ハラスメント防止に関する情報収集、研修・啓発活動の促進。
(5) 委員会の組織および運営に関する事項。
(6) その他セクシュアル・ハラスメントに関する重要事項。
（組織）
第4条　委員会は教員12名、職員4名の委員をもって組織する。
(1) 教員委員は学長の指名に基づき、その教員の所属する学部教授会（一般教育部教授会を含む）の承認を得るものとする。
(2) 職員委員は学長の指名に基づき、大学事務局長の同意を得るものとする。
2　委員の性差の比率は20%を超えてはならない。
3　委員の任期は2年とし、再任を妨げない。
4　委員は、その任期中および退任後、この規則の第3条第1号の任務によって知りえた情報を他に漏らしてはならない。
（委員長）

第2部　参考資料及び文献リスト

第5条　委員会に委員長を置く。委員長は委員の互選による。
2　委員長は委員会を招集し、その議長となる。
3　委員長は必要ある場合委員会の承認を得て委員以外の者の出席を求めることができる。

（セクシュアル・ハラスメント相談窓口）
第6条　委員会は、セクシュアル・ハラスメントに関する相談とその対応のため、セクシュアル・ハラスメント相談窓口を設置する。
2　前項のセクシュアル・ハラスメント相談窓口に関する必要な事項は別に定める。

（調査委員会）
第7条　委員会は、セクシュアル・ハラスメントに関する調査のため、調査委員会を設置することができる。
2　前項の調査委員会に関する必要な事項は別に定める。

（事務）
第8条　この規則を実施するための事務は人事課が所管する。

　　付則
1　この規則は1998年4月1日から施行する。
2　この規則は施行の2年後に見直すものとする。

1998年3月18日　大学評議会承認

明治学院大学セクシュアル・ハラスメント相談窓口に関する規則

（設置）
第1条　明治学院大学セクシュアル・ハラスメント人権委員会に関する規則第6条第2項に基づき、本学にセクシュアル・ハラスメント相談窓口（以下「相談窓口」という。）を設置する。

（任務）
第2条　相談窓口における相談員の任務は次に掲げる事項とする。
(1)　学生・教職員のセクシュアル・ハラスメントに関する相談に応ずる。
(2)　前号の相談について調査の必要性が認められる場合は、ただちにセクシュアル・ハラスメント人権委員会に報告する。

資料6　日本のガイドライン（各大学における例）

（相談員）
第3条　相談員は明治学院大学セクシュアル・ハラスメント人権委員がこれを兼ねる。
2　相談員の氏名およびその学内の連絡先は、毎学年度のはじめに学内に公表する。
　　付則
1　この規則は1998年4月1日から施行する。
2　この規則は施行の2年後に見直すものとする。

1998年3月18日　大学評議会承認

明治学院大学セクシュアル・ハラスメント調査委員会に関する規則

（設置）
第1条　明治学院大学セクシュアル・ハラスメント人権委員会に関する規則第7条第2項に基づき、委員会はその内部に調査委員会（以下「委員会」という。）を設置することができる。
（任務）
第2条　委員会の任務は、次に掲げる項目とし、いずれも関係者の秘密を厳守したうえで対処する。
(1)　相談員および関係者等からの事情聴取など、セクシュアル・ハラスメントに関する調査を行う。
(2)　調査結果について、委員会の設置の日から3か月以内に、文書をもってセクシュアル・ハラスメント人権委員会に報告する。
(3)　必要な場合、調査を委託されたセクシュアル・ハラスメント問題について、その適切な処置をセクシュアル・ハラスメント人権委員会に勧告する。
（組織）
第3条　委員会は、セクシュアル・ハラスメント人権委員会委員長の指名するセクシュアル・ハラスメント人権委員会委員若干名をもって組織する。
2　委員の性差の比率は20％を超えてはならない。

3 委員会に委員長を置く。委員長は委員の互選による。
4 委員会は必要と認めた場合、セクシュアル・ハラスメント人権委員会の承認を得て、委員以外の者の協力を求めることができる。

　　付則
1 この規則は1998年4月1日から施行する。
2 この規則は施行の2年後に見直すものとする。

外国人留学生向けガイドライン

Sexual Harassment: A Consultation Guide

- If you believe you are being sexually harassed, consult a harassment advisor.
- If you believe your friend is being sexually harassed, encourage her/him to consult a harassment advisor.
- If you witness a case of sexual harassment, consult a harassment advisor.

Meiji Gakuin Will Not Tolerate Sexual Harassment

Meiji Gakuin University is dedicated to provide and maintain an environment in which all members of the university community can learn, work, and do research with mutual respect and trust. A breach of mutual trust is inconsistent with the Christian foundation of the university declared in the first clause of shool regulations, threatening to the freedom of learning and apeech, and incompatible with the nature of the university as an academic institution.

Sexual harassment is an egregious instance of mutual trust. It violates human rights, especially those of women, threatens the order of the university, and can have a negative impact on an individual's academic or work performance.

Sexual harassment in any form will not be tolerated throughout Meiji Gakuin University. To that end, the Committee on Human

資料6　日本のガイドライン（各大学における例）

Rights and Sexual Harassment has been established. It provides advice and guidance to university members who believe they have been sexually harassed. It also offers educational programs to prevent sexual harassment.

1. What is Sexual Harassment?

Any conduct in educational and working contexts constitutes sexual harassment when:

1. explicit or implicit sexual advances or requests for sexual favors are made as a condition of advantage or disadvantage.
2. submission to or rejection of sexual advances or requests for sexual favors is made a condition of advantage or disadvantage.
3. sexually offensive language is used repeatedly.

Examples of Sexual Harassment

Direct conduct which constitutes sexual harassment

- A faculty member seeks sexual relationships with a student in return for the promise of helping her/him find a job.
- A senior student touches the body of a junior student in extracurricular activities.
- A staff employee makes a telephone call to his/her colleague to have a sexually offensive talk every night.

Verbal conduct which constitutes sexual harassment

- To tell lewd jokes.
- To talk about a person of the opposite sex in a sexually offensive manner.

Sexually harassing behavior should not be tolerated. If you know of the occurrence of sexual harassment, contact a harassment advisor promptly.

2. Consult a Harassment Advisor First

Physical contact does not constitute sexual harassment unless it is unwelcome. But say "No" when such conduct is not based on mutual trust and is sexually offensive.

Consult a harassment advisor when your rejection does not stop the harassment, or when you are in a situation in which you cannot say "No".

A harassment advisor can be consulted not only by victims of sexual harassment but also by those who know of the occurrence of sexual harassment. When you believe your friend or colleague is being sexually harassed, it is also good to encourage her/him to consult a harassment advisor.

3. Procedures of Consultation

1. Make a telephone call to a harassment advisor (see 'Contacts' at the end of the leaflet). You can write a letter to an advisor. In that case, do not forget to write your name and department so that the advisor can contact you to arrange a meeting.

    Your name and any other information which harassment advisors learn in the course of consultation will be kept confidential. Even after their retirement, advisors are obliged to maintain confidentiality of what they have learned.

    Victims or witnesses will not suffer any form of disadvantage by reporting or giving evidence.

2. The harassment advisor will report to the Committee on Huma Rights and Sexual Harassment. At investigation subcommittee will be organized to gather evidence, if necessary, with the consent of the victim and the harassment advisor consulted first. The Committee on Human Rights and Sexual Harassment will take steps to resolve the complaint and to prevent further sexual harassment.

資料6　日本のガイドライン（各大学における例）

3. The victim will be offered every possible support, including psychological counseling.
4. The charged party will be subject to disciplinary action when the charge is confirmed, including suspension and expulsion from school, and suspension and dismissal from office, according to school and work regulations.

4. Steps to Take

If you are sexually harassed,
If you witness sexually harassing behavior,　　contact an harassment advisor.

To talk with an advisor,
- make a telephone call
- write a letter
- send an e-mail
- visit the advisor during office hours.

and arrange a meeting

Harassment advisors will maintain confidentiality and support you.
Contacts on Shirokane campus
Contacts on Yokohama campus

a. University of Ever Green

SEXUAL HARASSMENT POLICY
Date Adopted: July 3, 1992

- Our Commitment
- Our Responsibility
- Guiding Principles
- Definitions

Our Strategy

- Education and Training
- Multiple Sources of Information, Policy Clarification, Assistance

Procedures

- Optional Processes
- Confidentiality and Record Keeping
- Procedure for Filing and Investigating Formal Complaints
- Sanctions
- Sanctions Against Knowingly Filing False Accusations of Sexual Harassment
- Appeal Process

Appendices

- A – AAUP Statement on Professional Ethics
- B – Sexual Harassment Education
- C – Ombudsperson
- D – External Agencies

資料7　海外のガイドライン（各大学における例）

・E - Investigative Teams

Back to Top

POLICY

Our Commitment

The Evergreen State College endeavors to promote, maintain and encourage a learning and work environment free from all forms of discrimination, including sexual harassment. Students, staff, faculty and the public should be aware that the College is committed to the prevention and elimination of sexual harassment.
Back to Top

Our Responsibility

All members of the college community have the responsibility to conduct themselves in such a way as to contribute to an environment free of sexual harassment. Taking positive educational steps to sensitize employees and students with respect to this issue is also a responsibility of college administration.

Should an administrator, supervisor, faculty member or student have knowledge of conduct involving sexual harassment or receive a complaint of sexual harassment that involves a member of the community under his or her administrative jurisdiction, immediate steps must be taken to deal with the matter appropriately. These steps are outlined in the Procedures section.

Back to Top
___

Guiding Principles

Sexual harassment is illegal. The college's policy on sexual harassment addresses violations of Chapter 49.60 RCW, the law against discrimination, Title VII of the 1964 Civil Rights Act as amended, and Title IX of the Federal Education Amendment of 1972. Title IX requires universities and other federally funded educational institutions to establish adequate grievance procedures for alleged violations. See related sections in the Faculty Handbook (Section 3.300, Affirmative Action), the Evergreen Social Contract (Section III, Freedom and Civility and Section VI, Prohibition Against Discrimination), and the Policies and Procedures Manual (Section IIIA, Affirmative Action). Individuals who have been found to violate these policies will be subject to sanctions, including dismissal and expulsion. All sanctions, except dismissal and expulsion, will include education.

Sexual harassment is discrimination. Operating within a complicated system of prejudice and oppression, sexual harassment cannot always be separated from discrimination based on gender, sexual preference, age, physical ability, class, race or cultural difference. This policy recognizes the interconnected nature of these forms of discrimination, and seeks to provide a method to combat all discrimination that is expressed as unwelcome, coercive behavior of a sexual nature (i.e., sexual harassment).

Complaints of sexual harassment will be handled in a fair and impartial manner. The filing of a charge often results in considerable stress for both the complainant and the alleged offender; therefore, both parties must be treated with respect throughout the process. State-

資料7 海外のガイドライン（各大学における例）

ments or actions which impugn the integrity of either party must be avoided by members of the community. <u>Further, community members must refrain from prejudging the respondent.</u> All parties must mutually respect the rights and responsibilities of the complainant and respondent during the course of the bringing of a charge and/or its resolution.

The complainant or respondent may secure a supportive individual at any point in the process to advise and assist in an advocacy or supportive role.

Retaliation against individuals participating in the procedures described here is a violation of federal civil rights law and state law concerning sexual harassment. Complaints of retaliation must be filed with the civil rights officer. If the complaint is substantiated, the finding will be forwarded to the appropriate appointing authority or, in the case of students, to the vice president for student affairs.

Knowingly filing false charges of sexual harassment undermines the intent of this policy and will be considered serious misconduct. In such cases, the affirmative action office will notify the complainant's hiring authority or, in the case of students, the vice president for student affairs.

Consenting romantic and sexual relationships between faculty and student or between supervisor and employee place participants at risk for complaints of sexual harassment, at the time of the involvement or later. Such romantic liaisons create an environment charged with potential conflict of interest and possible use of academic or supervisory leverage to maintain or promote the relationship. Amorous relationships that the parties view as mutual may still raise questions of favoritism as well as of an exploitative abuse of trust and power. Complaints and grievances may arise from students or employees not directly involved in the relationship, but whose education or employment is adversely affected.

Faculty and supervisors must remove themselves from participation in evaluative decisions that may reward or penalize a student or employee with whom the faculty or supervisor has, or has had, an amorous relationship. Faculty or supervisors in such a situation are responsible for making arrangements for evaluative decisions to be made by other appropriate persons. Faculty are referred to the American Association of University Professors' (AAUP) Statement on Professional Ethics; see Appendix A for the full text of this statement.

This college subscribes to the AAUP's philosophy on academic freedom. That is, " academic freedom in its teaching aspect is fundamental for the protection of the rights of the teacher in teaching and of the student to freedom in learning." The academic environment must be free from sexual harassment and all forms of discrimination in order to support diversity in a climate of mutual respect. This policy should not be seen as an infringement on the use or expression of controversial ideas, materials or lectures addressing issues of sex and sexuality. This policy ensures that individual dignity and the educational process will not be endangered by inappropriate personal conduct of a sexual nature.

Back to Top

Definitions

The following definition is an adaptation of the Equal Opportunity

資料7　海外のガイドライン（各大学における例）

Commission's guidelines for the workplace, the Washington State Human Rights Commission policy, and Chapter 49.60 RCW.

A member of The Evergreen State College community will be judged to have committed an act of sexual harassment in either of the following circumstances:

when that person uses authority or power (explicitly or implicitly) to coerce another person into **unwanted sexual relations** or to punish another person for his or her refusal.

when that person, through verbal, written or physical conduct of a **sexual nature**, adversely affects another person's ability to work or learn, by creating a hostile, intimidating or offensive environment.

Unwelcome sexual advances, requests for **sexual** favors, and other verbal, written or physical conduct of a sexual nature constitute sexual harassment when:

a) a person threatens (explicitly or implicitly) another individual's employment or education as a consequence of that individual not submitting to such **sexual** conduct;

b) a person makes decisions regarding an individual's employment or education based on that individual's submission to or rejection of a request for **sexual** favors;

c) such **sexual** conduct interferes unreasonably with an individual's work or academic performance, or when such **sexual** conduct creates an intimidating, hostile or offensive environment.

This policy recognizes that sexual harassment occurs as an abuse of a power differential (e.g., faculty to student, staff to student, administrator to staff). It also occurs between persons of similar status (e.g., student to student, faculty to faculty, staff to staff) and where there is no power differential (e.g., student to faculty, staff to administrator).

Whether alleged conduct constitutes **sexual** harassment will be decided on a case-by-case basis considering the entire set of circumstances and evidence.

Back to Top

OUR STRATEGY

Education and Training

Ongoing education and training shall be used as the preventative strategy for dealing with issues surrounding sexual harassment. College administrators will be trained and will endeavor to keep up to date on issues, laws and responsibilities pertaining to sexual harassment. The civil rights officer, in consultation with the faculty Agenda Committee, deans, staff and students, will develop and implement appropriate
educational programs dealing with the legal and broader sensitizing issues of sexual harassment. Programs will occur throughout the academic year so that educational opportunities are always available. This will include the dissemination of information and provision of education to the campus-wide community concerning sexual harass-

ment issues on a quarterly basis. See Appendix B for an enumeration of goals, responsibilities and suggestions for a sexual harassment education program.

Education is a critical part of the overall program to address sexual harassment. Administrators, deans and supervisors are responsible for ensuring that all employees are aware of this policy, the types of conduct prohibited by it, and the avenues available for resolution of violations. They are also responsible for ensuring that their respective working and learning areas remain free from sexual harassment.

Back to Top

Multiple Sources of Information, Policy Clarification, Assistance

The resolution process involves adherence to the Social Contract and to federal requirements (see Guiding Principles) throughout the process. The aim is to reach a mutually agreeable resolution, if possible, and to afford due process to participants in sexual harassment disputes. This presumes that every member of the Evergreen community has the responsibility to become informed as to the process and components of the procedures so that they can be a knowledgeable resource to others.

Any member of the Evergreen community (student, staff, faculty) who is concerned about a situation which may involve sexual harassment should seek information, clarification and guidance as soon as possible. Multiple sources of information and support are available. Contact any of the following individuals or offices for informal discussion, policy clarification or general assistance.

The appropriate supervisor, union steward, faculty, dean or college officer

Director of Human Resources

Dean of Student and Academic Support Services

Counseling Center

Housing Director, Assistant Directors, Student Managers

First Peoples' Advising Services

KEY Student Services

Civil Rights Officer

Every effort should be made to avoid identifying specific individuals in these discussions, as the intent is to provide information regarding policy, procedures and resources. These employees will be trained in issues surrounding confidentiality, notification of the civil rights officer and other professional procedures. Records will be kept by these individuals regarding date and time of the inquiry, nature of the situation in question, and the information provided. No names or specific characteristics of the situation will be kept. This ensures a minimal form of institutional record keeping without identifying individuals.

Complaints and/or concerns of sexual harassment arising from off-campus academic work, such as internships and community projects, should be directed to the Office of Academic Planning and Experiential

資料7　海外のガイドライン（各大学における例）

Learning, the civil rights officer, and the sponsoring faculty member.

Complaints and/or concerns of sexual harassment that may interconnect with other forms of discrimination should also be directed to the civil rights officer.

Back to Top

PROCEDURES

Optional Processes to Resolve Sexual Harassment Complaints

The resolution processes that follow identify a range of options from seeking clarification to mediation to filing a formal complaint with the civil rights officer. A complainant may choose to pursue any of these options. **These are not steps that need to be pursued sequentially**. Rather, they are a range of types and degrees of action.

a) Advice from Civil rights officer or Ombudsperson

Individuals may obtain information without filing a complaint. In addition to the civil rights officer, a second person of a gender opposite that of the civil rights officer will be designated and trained to help facilitate individuals (complainant and respondent) through the complaint resolution process. See Appendix C for guidelines on selection of the ombudsperson. The civil rights officer and ombudsperson maintain a neutral position and should in no way be considered an advocate for either party. The civil rights officer and ombudsperson provide clarification and information to all individuals involved.

Records will be kept by the civil rights officer regarding date and time of the complaint, constituency of complainant and the accused, and resulting action taken or not taken. No names or specific characteristics of the situation will be kept. This ensures a minimal form of institutional record keeping without identifying individuals.

b) Direct Resolution

An individual may resolve the matter directly with the perceived harasser. This requires no intervention by the civil rights officer.

c) Verbal Notification

People may seek the assistance of the civil rights officer to notify an individual that a concern has been brought to the civil rights officer's attention. In this capacity the civil rights officer does not mediate but merely informs the individual of perceived sexual harassment. The verbal complaint must be specific and clear. The civil rights officer must reveal the name of the person who has brought the concern forward. Records will be kept by the civil rights officer regarding date and time of the complaint, constituency of both parties, and resulting action taken or not taken. No names or specific characteristics of the situation will be kept. This ensures a minimal form of institutional record keeping without identifying individuals.

d) Mediation

An individual may seek the assistance of the civil rights officer to serve as a mediator or to locate a qualified sexual harassment mediator. In this role the mediator listens to both sides of the situation and provides advice on resolution. Resolution is an agreement reached by

資料7　海外のガイドライン（各大学における例）

both parties. Records of mediation and resolution will be kept by the Affirmative Action Office.

e) Filing a Formal Complaint Under The Evergreen State College Policy

Evergreen's policy allows formal complaints to be filed within 300 days of the alleged act of sexual harassment. See Section **Procedures for Filing and Investigating Formal Complaints** for further guidance. Records of formal complaints and their resolutions will be kept by the civil rights officer.

f) Formal Complaints with External Agencies

Evergreen's policies and procedures are not intended to impair or limit the right of anyone to seek a remedy available under state or federal law. A complainant may file a complaint with an external agency to meet state and federal agency deadlines without jeopardizing his or her right to a college hearing. See Appendix D for information about whom to contact.

Back to Top

Confidentiality and Record Keeping

Disclosure of names of complainants is required only in verbal notification, mediation and formal complaint cases. In preliminary reviews of a sexual harassment complaint, every effort should be made by all parties to protect the privacy of the complainant and the respondent. Confidentiality cannot be assured.

第2部 参考資料及び文献リスト

The civil rights officer maintains documentation and records with names only for complaints processed and resolved by mediation or formal
procedures. Disciplinary actions, including sanctions, may become part of an employee's official personnel record or a student's educational record.

Back to Top

Procedure for Filing and Investigating Formal Complaints

Deadlines cited in this document are intended to serve as reasonable limits for actions to occur. They are not meant to interfere with issues of due process. In the interest of the parties concerned, all matters should be handled as expeditiously as possible. A formal investigation can be terminated at any time should a mutually satisfactory resolution be reached before a written finding is made.

a) Any formal complaint of sexual harassment should be filed by the complainant as soon as possible with the civil rights officer so that incidents can be investigated and processed more effectively. The complainant should be aware that facts are harder to substantiate and the investigation becomes more difficult as time passes. All cases will be pursued to the extent evidence is available.

Any person may begin formal grievance procedures concerning discrimination or retaliation by any person or unit of the college by filing a written description of the alleged violation of this policy with the civil rights officer. The civil rights officer will provide forms for this

資料7　海外のガイドライン（各大学における例）

---

purpose. Statements should be detailed, accurate and truthful, and must include a suggested resolution.

The College reserves the right to initiate an investigation of an employee, student or faculty member where there is substantial evidence that sexual harassment has occurred.

b) The respondent will be immediately notified by the civil rights officer that a formal complaint of sexual harassment has been made. The respondent will receive a copy of the written complaint. The respondent is encouraged to provide the civil rights officer a written response to the complaint. If the respondent fails to or chooses not to answer a charge or participate in an investigation concerning sexual harassment, this will not prevent the process from proceeding by her/his silence or absence. Failure to respond may result in the investigation proceeding solely on the basis of the complainant's testimony and evidence.

c) The civil rights officer will form an investigative team composed of two people from the pool of investigators designated by the president. See Appendix E for guidelines regarding selection, composition and responsibilities of investigative teams. The investigation must be completed in 30 business days. If, for any reason, more time is needed to complete an investigation, the complainant and respondent will be informed in writing of the reasons the investigation is delayed, and the probable date of completion.

d) Any case found to lack merit by the investigative team will be dismissed by the team.

e) If, in the course of the investigation, it is found that knowingly false accusations were made, the investigative team will include evidence of such intent in their report. The report will then be forwarded by the affirmative action afficer to the complainant's appointing authority or, in the case of students, the vice president for student affairs.

f) After the investigation is completed, the investigative team will discuss the investigation and work toward consensus about the findings. The civil rights officer will draft a written report for the team's review and discussion. In the event that the team members cannot reach consensus about the findings, the civil rights officer has the responsibility to make the final decision.

The civil rights officer shall write the final report regarding the disposition of the complaint. The report will include: 1) statement of allegation, 2) reply to the allegation by the respondent, 3) statement of evidence, and 4) findings. The report will be forwarded to the parties involved.

g) If sexual harassment has occurred, sanctions and a rationale for these sanctions will be recommended by the civil rights officer to the respondent's appointing authority or, in the case of students, the grievance officer. Both parties will be notified of the recommended sanctions.

h) All written proceedings, including the complaint, the response, testimony of witnesses, and other documentation relating to the complaint, will be placed in a confidential file in the Civil Rights Office for a period of six years in order to comply with appropriate statutes of limitations (see WAC 40.14.060). At the end of the specified time period the file will be returned to the respondent if he or she

資料7　海外のガイドライン（各大学における例）

can be located. This is important if there is further litigation by either the complainant or the respondent. The records will not become a part of the personnel file unless this is a stipulated part of the sanction.

Back to Top

Sanctions

Sanctions to be considered by the civil rights officer and the appointing authority or, in the case of students, the grievance officer, can vary in type, intensity and duration, depending on the specifics of each case. All sanctions, with the exception of termination or dismissal, will include sexual harassment education. Examples of sanctions to be considered are:

a) termination of employment

b) suspensions with or without pay

c) a public acknowledgement and/or apology

d) community/public service

e) letters of reprimand to be placed in official employment file or portfolio

f) attendance at workshops or seminars dealing with sexual harassment

第 2 部　参考資料及び文献リスト

g) preparing and/or offering campus seminars or workshops on sexual harassment

h) a reduction of responsibilities

i) a denial or postponement of leaves, sabbaticals or salary increases

j) dismissal from the college (students)

Additionally, the results of mediation between the complainant and the
respondent may include sanctions agreed upon by all parties to the mediation.

Back to Top

Sanctions Against Knowingly Filing False Accusations of Sexual Harassment

The college considers the intentional filing of a false complaint of sexual harassment to be serious misconduct. Sanctions for such an offense might include dismissal from the college or terminated employment.

A finding that sexual harassment did not occur will not in itself be the basis for a charge of a false accusation. This section should not be construed as a warning against the raising of a complaint.

Back to Top

資料7　海外のガイドライン（各大学における例）

Appeal Process

a) Classified staff may appeal according to the rules of the State Personnel Board.

b) Administrative and exempt staff may appeal according to the procedures outlined in the affirmative action policy. Final appeal on the findings rests with The Evergreen State College Board of Trustees, as outlined in the affirmative action policy.

c) Students may appeal according to procedures in the student conduct code (see Social Contract, WAC 174-120-080).

d) If the sanction is dismissal, faculty may appeal pursuant to the procedures specified in the policy on Mid-Contract Termination With Adequate Cause (WAC 174-122). The appeal would be made at the faculty inquiry committee stage of the process.

e) Faculty appeal for sanctions less than termination should be made to the president.

Back to Top

APPENDIX A

AAUP STATEMENT ON PROFESSIONAL ETHICS

The statement which follows, a revision of a statement originally adopted in 1966, was approved by Committee B on Professional Ethics, adopted by the Council, and endorsed by the Seventy-third Annual Meeting in June 1987.

Introduction

From its inception, the American Association of University Professors has recognized that membership in the academic profession carries with it special responsibilities. The Association has consistently affirmed these responsibilities in major policy statements, providing guidance to professors in such matters as their utterances as citizens, the exercise of their responsibilities to students and colleagues, and their conduct when resigning from an institution or when undertaking sponsored research.1 The Statement on Professional Ethics that follows sets forth those general standards that serve as a reminder of the variety of responsibilities assumed by all members of the profession.

In the enforcement of ethical standards, the academic profession differs from those of law and medicine, whose associations act to ensure the integrity of members engaged in private practice. In the academic profession the individual institution of higher learning provides this assurance and so should normally handle questions concerning propriety of conduct within its own framework by reference to a faculty group. The Association supports such local action and stands ready, through the general secretary and Committee B, to counsel with members of the academic community concerning questions of professional ethics and to inquire into complaints when local consideration is impossible or inappropriate. If the alleged offense is deemed sufficiently serious to raise the possibility of adverse action, the procedures should be in accordance with the 1940 Statement of Principles on Academic Freedom and Tenure, the 1958 Statement on Procedural Standards in Faculty Dismissal Proceedings, or the applicable

資料7　海外のガイドライン（各大学における例）

provisions of the Association's Recommended Institutional Regulations on Academic Freedom and Tenure.

The Statement

I. Professors, guided by a deep conviction of the worth and dignity of the advancement of knowledge, recognize the special responsibilities placed upon them. Their primary responsibility to their subject is to seek and to state the truth as they see it. To this end professors devote their energies to developing and improving their scholarly competence. They accept the obligation to exercise critical self-discipline and judgment in using, extending and transmitting knowledge. They practice intellectual honesty. Although professors may follow subsidiary interests, these interests must never seriously hamper or compromise their freedom of inquiry.

II. As teachers, professors encourage the free pursuit of learning in their students. They hold before them the best scholarly and ethical standards of their discipline. Professors demonstrate respect for students as individuals and adhere to their proper roles as intellectual guides and counselors. Professors make every reasonable effort to foster honest academic conduct and to ensure that their evaluations of students reflect each student's true merit. They respect the confidential nature of the relationship between professor and student. They avoid any exploitation, harassment or discriminatory treatment of students. They acknowledge significant academic or scholarly assistance from them. They protect their academic freedom.

III. As colleagues, professors have obligations that derive from common membership in the community of scholars. Professors do not discriminate against or harass colleagues. They respect and defend the free inquiry of associates. In the exchange of criticism and ideas professors show due respect for the opinions of others. Professors acknowledge academic debt and strive to be objective in their professional judgment of colleagues. Professors accept their share of faculty responsibilities for the governance of their institution.

IV. As members of an academic institution, professors seek above all to be effective teachers and scholars. Although professors observe the stated regulations of the institution, provided the regulations do not contravene academic freedom, they maintain their right to criticize and seek revision. Professors give due regard to their paramount responsibilities within their institution in determining the amount and character of work done outside it. When considering the interruption or termination of their service, professors recognize the effect of their decision upon the program of the institution and give due notice of their intentions.

V. As members of their community, professors have the rights and obligations of other citizens. Professors measure the urgency of these obligations in the light of their responsibilities to their subject, to their students, to their profession, and to their institution. When they speak or act as private persons they avoid creating the impression of speaking or acting for their college or university. As citizens engaged in a profession that depends upon freedom for its health and integrity, professors have a particular obligation to promote conditions of free inquiry and to further public understanding of academic freedom.

Back to Top

資料7 海外のガイドライン（各大学における例）

APPENDIX B

SEXUAL HARASSMENT EDUCATION

Purpose

Education is a major step towards eliminating the existence of sexual harassment on campus. The goals are to:

- stop and/or prevent sexual harassment at The Evergreen State College
- enable employees and students to distinguish between behavior that is appropriate, inappropriate, legal and illegal
- provide the Evergreen community with a clear understanding of their rights and responsibilities in the area of sexual harassment
- teach the skills needed to decide what is and is not sexual harassment and to teach the skills to handle the problem should it arise
- understand the interaction of race, class, gender and sexual orientation as it relates to sexual harassment

Overview

Programs dealing with various aspects of sexual harassment will be offered on a regular basis each academic year. This is a community of learning and in keeping with the philosophy of Evergreen, sexual harassment education will incorporate faculty, staff and students.

This education plan draws on a variety of resources and approaches the topic in diverse ways with an appreciation of the different ways that different campus constituencies experience sexual harassment. This allows for the use of pamphlets, lectures, videos, case studies, debates and discussions in a program that does not ignore the diversity, cultural and otherwise, that this college seeks to support.

These programs will be offered to the campus three times throughout the year and in various languages. In addition, the overview workshop will be part of existing forums such as new student orientation, student employee training, new faculty orientation, an academic deans' meeting, deans' groups, the president's monthly breakfast meeting, deans and directors in Finance and Administration and Student Affairs divisions, staff meetings, faculty retreat, and a faculty meeting. Sexual harassment education will be addressed by trained community members early in the schedule of Core programs. This reaches a large number of students and prepares faculty and students to address prevention of sexual harassment in program covenants. Specific workshops for the sexual harassment investigators, contact resources, sexual harassment panel, union stewards, union meetings, supervisors, new employees, general and staff meetings, and offices will be implemented. Strong encouragement for participation from division heads is important.

These numerous programs are best accomplished through development of a speaker's bureau comprised of Evergreen students, staff and faculty that reflect diversity in culture, gender and sexual orientation. They will be trained to provide sexual harassment education. Effective education methods will include role plays, small group discussion and interactive theater.

資料7　海外のガイドライン（各大学における例）

Evaluation

Each program will be evaluated by participants and presenters for its educational value. The overall sexual harassment education series will be reviewed each year in preparation for updating and revising the next year's series in keeping with the needs of the Evergreen community.

Implementation

The college's implementation of sexual harassment education will be coordinated by the civil rights officer in conjunction with a committee comprised of a representative from the faculty, the staff and the students. Diversity in race and gender is imperative. A fourth participant will represent the union if the staff representative is not a classified employee. This group will design specific programs and carry out this responsibility to the community. Under the direction of the civil rights officer, this group will also be responsible for keeping up to date on all changes in the sexual harassment case law and developing educational strategies to convey this information to the community.

Proposed Program Series on Sexual Harassment

a) Understanding Sexual Harassment

A ninety-minute overview of sexual harassment: its definition, its history, and specific examples of what is and is not sexual harassment.

Facilitated by off-campus experts for a fee (e.g., Human Rights Commission or University of Washington professionals) or by trained

campus
volunteers.

b) Multiculturalism and Sexual Harassment

An ongoing series of programs that addresses issues of cultural diversity and sexual harassment (e.g., sexual harassment and racism, sexual harassment and power). Using varied resources from the community, these might include print media, video programs, workshops on the intersection of sexual harassment and racial diversity, campus and community speakers and facilitators. Design and selection of these resources should be in collaboration with interested individuals and campus groups, particularly the Women of Color Coalition, the Women's Center, First Peoples' Advising Services and the Media Services Coordinator.

c) A Legal Perspective on Sexual Harassment

A presentation on the legal history of sexual harassment and the current law as it applies to our work and study at Evergreen. Case studies in a college setting will be discussed in the workshop.

Led by a lawyer from the Attorney General's Office or a law professor from the University of Puget Sound, the University of Washington, etc.

d) " That's Sexual Harassment!"

A two-part workshop on what to do if you think you've been sexually harassed and what to do if you've been accused of sexual harassment. This workshop could also offer advice on how to avoid situations

資料7 海外のガイドライン (各大学における例)

where sexual harassment could occur or be perceived.

Facilitated by the civil rights officer in conjunction with other key campus resources.

e) Separate out the two parts of item c) into individual programs. This may afford more discussion.

f) Is it Sexual Harassment? You Make the Call

A debate between two individuals of opposing opinions on three separate scenarios drawn from realistic campus situations. This workshop would also involve audience participation and would last approximately ninety minutes.

Back to Top

APPENDIX C

OMBUDSPERSON

In an effort to provide alternatives to individuals pursuing sexual harassment concerns, a second person of a gender opposite that of the civil rights officer will be designated and trained to help facilitate individuals (complainant and respondent) through the complaint resolution process. Individuals will serve one academic year and will be bound by privileges of confidentiality. This person should currently be employed by the college and her/his duties adjusted and compensation recognized. The president will select this individual in consultation with members of the community. The president will supervise this individual in this role as it is currently the reporting line for the civil rights officer.

Back to Top

APPENDIX D

EXTERNAL AGENCIES

Faculty, staff and students may secure information and/or file written complaints regarding sexual harassment with the following agencies:

Washington State Human Rights Commission
711 South Capitol Way, Suite 402
Olympia, WA 98504-2490
Phone: (206) 753-6770

Office for Civil Rights
U.S. Department of Education
915 Second Avenue, Room 3310
Seattle, WA 98174
Phone: (206) 553-1636

Faculty, staff and student employees of the college may contact:

Equal Employment Opportunity Commission
Seattle District Office
Federal Office Building

資料7　海外のガイドライン（各大学における例）

909 First Avenue, Suite 400
Seattle, WA 98104-1061
Phone: (206) 220-6883

Back to Top

APPENDIX E

THE INVESTIGATIVE TEAMS

I. Purpose of Investigative Teams

Investigative teams will facilitate the formal complaint process by carrying out, at the request of the civil rights officer, interviews with the complainant, the respondent, witnesses and any others who have relevant information about a complaint of sexual harassment. The teams, on behalf of the college, act as investigators. They do not act as advocates or counselors for any parties.

II. Composition and Selection

Personnel making up the teams will change from case to case but will always consist of two people chosen from a group of faculty, staff and students. The third member of the team will be the civil rights officer. A training program for investigators will be sponsored by the college. Teams will be drawn from a pool made up of faculty, staff and students nominated by their own constituency. The president will make the final appointments, taking diversity into consideration. Investigators will serve a minimum of one year, but preferably longer.

Team members will be selected according to the following criteria: 1) can listen objectively to all sides of the issue; 2) are sensitive to the feelings, interests and rights of all parties; 3) understand the various forms of sexual harassment (quid pro quo and hostile environment); 4) are sensitive to the links that may occur between sexual harassment and other forms of discrimination (e.g., racism); 5) are committed to uphold the laws regarding sexual harassment; 6) are able to deal with confidential and sensitive matters; 7) are respected and visible members of the community who are known to be objective and fair; 8) are willing and able to participate in training; 9) will remove themselves from the team if there is a conflict of interest in a particular case; 10) are able to act promptly and to provide the time and resources as the situation requires; and 11) have the stability and stamina to carry out their responsibilities.

III. Role and Responsibilities

When a formal complaint is filed, the civil rights officer works with a particular team to carry out the investigation. The team must complete their work in 30 business days.

The role of the investigative team is to interview the parties to the complaint as well as witnesses and to inform them as to the procedures of the investigation. The investigators will question as many people as necessary, beginning with but not limited to, names provided by both the complainant and the respondent. The civil rights officer will advise the complainant and respondent of their rights in the matter. The team determines the facts and circumstances of the case and prepares a report, stating the allegations, reply to the allegation by the respondent, statement of evidence, the findings of the team after questioning the parties, and their recommendation as to whether

資料7 海外のガイドライン（各大学における例）

sexual harassment occurred according to the legal definitions.

IV. The Interview Process

The investigators will first question the complainant and then the respondent about the conduct alleged to constitute sexual harassment. The investigators' questions shall include the following: what happened, when, where, how frequently. They will ask about the setting and context, and the circumstances of the conduct. They will identify the severity of the alleged harassment, the effects (physical, emotional, social, academic, etc.) on the complainant/respondent, and the consequences. The complainant and respondent will be asked to provide names of witnesses, if any, or of other people who may have relevant information. The complainant will be encouraged to define what action the respondent or the college could take which would satisfy her/him that the situation was resolved, e.g.; protection from further harassment, an apology, a reprimand, dismissal, etc. No promises should be made as to what action the college will take, however, nor should the investigative team affirm or deny the validity of the complaint at this point. The respondent and complainant should be warned against retaliating against one another in any way.

Witnesses are interviewed in the same way, with investigators gathering as much specific detail as possible. All those questioned will be encouraged to preserve the confidentiality of the parties to the complaint.

The investigators will operate with the awareness that sexual harassment is often seen as " subjective" and as depending on the victim's perception or the harasser's intent. In assessing the situation, investigators will ask themselves this question, which has been established as a legal guideline: How would a reasonable woman in the same or similar circumstances perceive this conduct? This means that to some extent, the perception of the victim and the intent of the harasser may not be the determining factors in defining an outcome.

Objectivity on the part of the investigators is required at all times.

General guidelines for interviews include the following:

a) While one person asks questions, the other may take notes.

b) Interviewees should be encouraged to talk freely with a minimum of interruptions, though the team must persist in getting answers to relevant questions.

c) Interviewers should not show visible or verbal signs of approval or disapproval.

d) Assurances should be offered that every effort is being made to resolve the situation quickly.

e) Investigators should acknowledge emotional and physical distress, but not act as counselors.

f) Premature judgments or premature solutions should be avoided.

g) Witnesses' statements should be written and signed.

The focus is on investigation and fact-finding.

Back to Top

資料7 海外のガイドライン(各大学における例)

| Policy and Procedures | Faculty Handbook | Board Policies | Index |
| External Policy | Planning Documents | Evergreen's Homepage | WAC and RCW |

Last Modified: 10/29/1999
Mail to: Lee Hoemann

b. University of Pittsburgh

University of Pittsburgh Sexual Harassment Policy Statement

University of Pittsburgh Sexual Harassment Policy Statement Policy: The University of Pittsburgh is committed to the maintenance of a community free from all forms of sexual harassment. Sexual harassment violates University policy as well as state, federal, and local laws. It is neither permitted nor condoned.

It is also a violation of the University of Pittsburgh's policy against sexual harassment for any employee or student at the University of Pittsburgh to attempt in any way to retaliate against a person who makes a claim of sexual harassment.

Any individual who, after thorough investigation and an informal or formal hearing, is found to have violated the University's policy against sexual harassment will be subject to disciplinary action, including, but not limited to reprimand, suspension, termination, or expulsion. Any disciplinary action taken will depend upon the severity of the offense.

Definition: Sexual harassment is any unwelcome sexual advance, request for sexual favors, or other verbal or physical conduct of a sexual nature when: (1) Submission to such conduct is an explicit or implicit condition of employment or academic success; (2) Submission to or rejection of such conduct is used as the basis for an employment or academic decision; or (3) Such conduct has the purpose or effect of

資料7　海外のガイドライン（各大学における例）

a) Unreasonably interfering with an individual's work or academic performance; or b) Creating an intimidating, hostile, or offensive work or academic environment.

Assistance: For further information or assistance regarding sexual harassment, please call any of the following resource staff: Elaine Y. Frampton, Office of Affirmative Action (412) 648-7860; Robert P. Gallagher or Penny Crary, Counseling and Student Development Center (412) 648-7930; Darlene Lewis or LaVerne Wheeler, Office of Human Resources (412) 624-8030; Elizabeth U. Baranger, Office of the Provost (412) 624-0790; K. James Evans or Holly J. Spittler, Bradford Campus (814) 362-7500; Estrella Z. Ang, Greensburg Campus (412) 836-9691; Clea P. Hollis, Johnstown Campus (814) 269-2093; or Judy B. Berneburg, Titusville Campus (814) 827-4465.

c. University of Princeton

Campus Sexual Assault What You Should Know

Princeton University is committed to creating and maintaining a community in which students, faculty and staff can work and study in an atmosphere free from all forms of harassment, exploitation or intimidation.

Every member of the University community should be aware that the University is strongly opposed to sexual harassment and assault and that such behavior is prohibited both by federal and state law and by University policy. It is the intention of the University to take whatever action may be needed to prevent, correct and, if necessary, discipline behavior that violates this policy.

All forms of sexual assault and all attempts to commit such acts are regarded as serious University offenses which are likely to result in suspension, required withdrawal, or expulsion. Under New Jersey criminal law, prosecution may take place independently of charges under University regulations (See Policy Statement).

Campus Sexual Assault Victim's Bill of Rights

The state of New Jersey has established this law to articulate the requirements for campus policies, procedures, and services designed to insure that the needs of individuals affected by sexual assault are met. Princeton University is in full compliance with the law and provides on-campus resources to effectively respond to your concerns. You have the right:

資料7　海外のガイドライン（各大学における例）

- to be free from pressure to either report or refrain from reporting crimes;
- to be informed of all reporting options before deciding whether or not to file a formal report;
- to have any allegations of sexual assault investigated and adjudicated by the appropriate campus, civil, and criminal authorities;
- to be notified of existing campus and community medical, counseling and mental health services whether or not the crime is reported to campus or civil authorities;
- to receive, when required, the full, prompt cooperation of campus personnel when obtaining, securing, and preserving evidence.

Detailed information about victim's rights and University complaint procedures can be obtained from the SHARE Program and the Offices of: Public Safety; the Dean of Student Life; the Dean of the Graduate School; the Dean of Faculty; and the Vice President for Human Resources. The full text of the Bill is available on the University Public Safety website: http://webware. Princeton. EDU/PUBSAF/rights. htm

Defining Sexual Assault and Acquaintance Rape

Sexual Assault is the legal term used in New Jersey to refer to nonconsensual sexual contact (which includes, but is not limited to, rape). Sexual assault includes stranger, acquaintance or date rape, attempted rape and nonconsensual sexual physical contact. Survivors of sexual assault can be women or men, and sexual assault can occur between individuals of the same gender. The University defines rape as sexual assault involving an act of penetration and considers it to be an especially serious offense.

第2部　参考資料及び文献リスト

University policy defines sexual assault as committing any of the following sexual offenses:

1. Any sexual physical contact that involves the threat or use of force or violence, or any other form of coercion or intimidation.
2. Any sexual physical contact with a person who is unable to consent due to incapacity or impairment (including being asleep or under the influence of alcohol or drugs).

(Rights, Rules, Responsibilities, 1998 edition, pp. 5-6)

" Acquaintance rape is when someone you know forces you to have sex against your will-whether you are passed out, too drunk to refuse, too scared to argue, or for some other reason do not give consent. It victimizes women and men-whether straight, gay, lesbian or bisexual."

("Acquaintance Rape: What Everyone Should Know," 1997, American College Health Association.)

What To Do If You or Someone You Know is Sexually Assaulted

If sexual assault occurs, safety and medical assistance are the first considerations. On campus, 24-hour assistance is available to respond to your concerns. Whether or not you decide to report the incident, seek medical treatment immediately and get counseling as soon as possible.

Confidential Support and Assistance

If you need medical transport to McCosh, call Public Safety (8-3134). Calling Public Safety for transport will not result in an investigation unless you disclose the particulars of the assault and identify an assailant. Visits to McCosh for medical treatment and counseling are confidential. A qualified sexual assault counselor will meet with you and provide emotional support and advice on disciplinary and legal options. Conversations with McCosh clinicians and counselors are not

資料7 海外のガイドライン（各大学における例）

disclosed to anyone (unless there is a threat of physical harm to that individual or others) without the expressed permission of the person seeking assistance.

The University's Emergency Response System

If the sexual assault or attempted sexual assault requires emergency intervention, call Public Safety @911 from any campus phone. If you call Public Safety, a proctor will meet with you and assist you in getting emergency medical treatment or take you to McCosh Health Center. You will have the opportunity to talk with a SHARE sexual assault counselor confidentially and be provided with whatever information you need to decide what course of action you wish to take. You should be aware that incidents of sexual assault represent serious offenses, and every effort will be made to investigate the incident should you choose to officially report it. Unlike clinicians and counselors, who have protected confidentiality, Public Safety officers and other University officials are required to investigate complaints. Your safety and well being are our greatest concern. You will be treated with courtesy sensitivity, dignity and professionalism.

Preserving Evidence

If the assault occurred within the last 24 hours, Do Not shower or wash. Save the clothes that you were wearing to retain important evidence in case of prosecution. Come to McCosh Health Center, where a sexual assault counselor will meet with you. If you are considering prosecution, you will be accompanied to the Mercer County Rape crisis unit at Hamilton Hospital for the rape exam and evidence collection. This does not obligate you to press criminal charges, but is required should you decide to do so. University disciplinary procedures do not require this type of legal evidence of sexual assault.

第 2 部　参考資料及び文献リスト

SHARE (Sexual Harassment/Assault Advising, Resources & Education) 258-3310

During the academic year, emergency medical and counseling services are available at McCosh Health Center 24 hours a day. The SHARE office, located on the third floor, is open Monday through Friday, 8:45am to 5pm. After hours and weekends, go to McCosh infirmary, 2nd floor, or call them at 8-3139, and the counselor-on-call for SHARE will be made available.

When you go to SHARE, you are Not making a report or a formal complaint. All discussions are private and confidential and do not commit you to further action. Conversations with counselors are not disclosed to anyone without your expressed permission, unless there is a threat of physical harm to you or others.

No matter when the assault occurred or what you decide to do, consider counseling. Sometimes talking can be the most important step to healing. You may contact the SHARE office at any time to arrange an appointment. Friends of survivors may seek counseling and support as well.

SHARE will:
- Provide advice on legal and disciplinary reporting options;
- Accompany a complainant through any private University complaint;
- Assist confidentially to change an academic and/or on-campus living situation following a sexual assault (provided reasonable alternatives are available);
- Assist in obtaining on- and off-campus resources for medical, legal or emotional support.

資料7　海外のガイドライン（各大学における例）

Reporting Sexual Assault – Options to Consider
University Response to Complaints

You should know that if you believe you have been sexually assaulted, you have options for addressing such conduct. You may wish first to discuss the problem privately with a counselor/advisor in the SHARE Office, or the other confidential counselors listed in this pamphlet. Their services are available to all students, faculty and staff of the University

The University's response system is designed to afford a complainant (the person who is bringing a charge) and a respondent (the person who is answering a charge), a fair, prompt, and appropriate resolution process. The process is designed to help persons who need support as they address these incidents and incorporates both informal resolutions and formal disciplinary procedures.

To resolve a complaint informally, a University designated individual will privately mediate an agreement between two parties who do not need to meet face to face. If the terms of the agreement are kept, the matter is considered closed and no disciplinary action is involved. The resolution of a formal sexual assault complaint is handled by the appropriate University judicial system. The full text of the protocol for handling informal and formal complaints is available from SHARE or any of the other resources offered here. In determining whether the alleged conduct constitutes sexual harassment or assault, the full context in which the alleged incident occurred must be considered. Procedures for resolving complaints regarding sexual harassment and assault are detailed in Rights, Rules, Responsibilities, 1998, p.24.

Reporting to the Office of Public Safety

In compliance with federal Student Right-to-Know and Campus Security Act of 1990, the Department of Public Safety will notify the campus community of any sex offenses reported to them without using the name of the victim. Reporting the assault to Public Safety may help the University investigator identify the offender and prevent victimization of other people. Public Safety will provide confidentiality to the parties involved, and the incident will not be reported to the Police without the victim's consent. However, the investigator is required to confidentially inform the appropriate Dean of Student Life or Dean in Graduate School. Because the University regards any allegation of sexual assault as a serious offense, every effort will be made to investigate incidents reported to campus officials.

Reporting to Police
By reporting the assault to the police and preserving evidence, you will have a foundation for future prosecution should you decide to press criminal charges. Reporting the offense to the Police does not obligate you to press charges. A SHARE counselor can discuss legal options and assist in contacting off-campus resources. Call Public Safety at 8-3134. Emergencies: 9-1-1.

What you can do to Stop Acquaintance Rape
- Do not pressure or coerce someone into having sex – remember, " No" means " no."
- Do not listen to, tolerate or tell rape jokes.
- Stay aware of your sexual desires and limits and communicate them clearly.
- Be aware of social pressures or expectations to hook up.
- Trust your intuition.
- Be direct about your limits – you don't have to be nice at your own expense, especially if it means doing something you don't feel right about.

資料7　海外のガイドライン（各大学における例）

- Don't assume that if a woman wears "sexy" clothes and flirts, she want to have sex.
- Look out for your friends – especially if they drink. Most acquaintance rapes occur where one or both parties are intoxicated. Remember, having sex with someone who is mentally or physically incapable of consent, is rape.

Educational Programs in support of a Violence-Free Campus:
"Sex on a Saturday Night" –During orientation, first-year students attend a student-led play and small group discussion on campus date rape.

"The Purple Ribbon Project!" – April marks this national initiative on campuses to end violence and raise awareness of the causes and effects of sexual violence and sexual coercion.

Peer Education – Peer educators complete a training to lead discussions and provide resources to support other students. Their names are listed in the Campus Directory and on the SHARE homepage.

Women's Self Defense" is offered in the spring and fall through the Physical Education and Recreation Program at Dillon Gym. Refer to their schedule.

For further information: call SHARE. (8-3310) Contact person: Janet Waronker, Director.

Campus Resources:
SHARE Counseling/Advising 8-3310
Counseling Center 8-3285
McCosh Health Center 8-3129 (After-hours 8-3139)

第2部　参考資料及び文献リスト

Public Safety Transport 8-3134
Emergency - Public Safety 9-1-1

Off Campus Resources:
Princeton Medical Center 497-4432
Hamilton Hospital 584-6665
Princeton Borough Police 924-4141
Princeton Township Police 921-2100
YMCA 24-hour Rape Crisis Hotline 989-9332

[SHARE Home Page | Sexual Harassment | Sexual Assault | Harassment Based Orientations and Answers | Peer Education Programs | Princeton University Health Services | Princeton University]
All contents Copyright (C) 1996 Princeton University Health Services

資料7　海外のガイドライン（各大学における例）

d. University of Sydney

Equal Employment Opportunity

Guidelines for Dealing with Sexual Harrassment

POLICY

Harassment is a serious issue and has no place in the University. The University of Sydney is committed to the elimination of all forms of harassment, including sexual harassment, and to providing support to the victims of harassment. Heads of departments and sections should ensure that all are aware of their rights and responsibilities regarding harassment and that any issues which may arise are dealt with promptly.

All staff and students within the University have the right to be treated fairly and with respect. The University, both as an employer and as a provider of educational services, seeks to promote an environment which supports the productivity, self-esteem and personal work goals of both staff members and students.

(This document should be read in conjunction with the University of Sydney, Guidelines for Dealing with Harassment.)

DEFINITION AND LEGISLATION

Sexual harassment is defined by S 28A of the Sex Discrimination Act 1984
as follows:

S 28A.

(1) For the purposes of this Division, a person sexually harasses another person (the " person harassed") if:

(a) the person makes an unwelcome sexual advance, or an unwelcome request for sexual favours, to the person harassed; or

(b) engages in other unwelcome conduct of a sexual nature in relation to the person harassed;

in circumstances in which a reasonable person, having regard to all the circumstances, would have anticipated that the person harassed would be offended, humiliated or intimidated.

S 28A.
(2) In this section: " conduct of a sexual nature" includes making a statement of a sexual nature to a person, or in the presence of a person, whether the statement is made orally or in writing.

Under S 28F of the Sex Discrimination Act it is unlawful for a member of staff of an educational institution to sexually harass either a student or prospective student at the institution. It is also unlawful for an adult student to sexually harass either a member of staff or an adult student at the institution. Section 28B(2) renders it unlawful for an employee to sexually harass a fellow employee or a person who is seeking employment with the same employer. Under the New South Wales Anti-Discrimination Act 1977, sexual harassment which constitutes sex discrimination is also unlawful.

資料7 海外のガイドライン (各大学における例)

PROCEDURES

Complaints of sexual harassment, whether made by staff or students, may, in the first instance, be raised with one of the University's Discrimination Advisers. Broadly the role of the Discrimination Advisers is to provide advice and support to individuals who believe that they have been subjected to unlawful discrimination or harassment within the University. In the course of discussion the Adviser will clarify the details of the situation without judging the merits of the complaint and assist the complainant to explore the options he or she might pursue to resolve the problem. In general it is expected that in most cases, following discussion with the Adviser, the complainant will pursue one of the following five options:

1. No further Action.
Here the Adviser maintains confidentiality and does nothing further.

2. Self-help.
Where the complainant chooses to deal with the situation him or herself, without further assistance, the Adviser will maintain confidentiality and do nothing further. Alternatively, where the complainant wishes, the Adviser may maintain contact with the complainant in order to provide support during the self-help process. The nature of the support provided will be determined by the complainant in consultation with the Adviser and may be offered directly by the Adviser or may involve accessing other University resources (eg EEO Unit, Student Services).

3. Informal Complaints.
Where self-help is either unsuccessful or inappropriate the option which would normally be considered next is to bring the

complaint to the attention of an appropriate senior member of University staff.

Where the alleged harassment has been committed by a student of the University in a teaching environment it should be brought to the attention of the most relevant Head of Department or Dean. Where the alleged harassment has been committed by a student within the University but outside a teaching or research environment, or, where the harassment is alleged to have been committed against a Dean or senior officer of the University, it should be brought to the attention of the Registrar. Where the alleged harassment has been committed by a member of staff it should be brought to the attention of the Head of Department/Section in which the staff member is employed.

f a Head of Department/Section is the person against whom the complaint is made it should be reported to the relevant Dean/Head of Administrative Division. If the complaint has been made against a Dean it should be reported to the relevant Pro-Vice-Chancellor. If the person against whom the complaint has been made is an Assistant Vice-Chancellor, Pro-Vice-Chancellor, Deputy Vice-Chancellor, Chair of the Academic Board or Head of Administrative Division it should be reported to the Vice-Chancellor.

If the Vice-Chancellor is the person complained against, the complaint should be directed to the Chancellor.

The purpose of this option is to actively involve the University in the resolution of the complaint at a level which allows solutions of an informal, non-disciplinary nature to be pursued.

資料7　海外のガイドライン（各大学における例）

> This option can only be pursued where the complainant is prepared for the person against whom the complaint is made to be informed of his or her identity and of the allegations that have been made. There is, however, no requirement that the complaint be in writing nor, where the matter is resolved, is any record of the procedures followed here retained by the University.
>
> As a general rule it would be expected that the Head of Department, Dean, Registrar Pro-Vice-Chancellor or Vice-Chancellor would interview the complainant and the person against whom the complaint has been made. It may also be appropriate to interview other staff and students. Consistent with the purpose of this option, strategies for resolution would involve conciliation, mediation and informal counselling. While strategies followed here should be as flexible as possible to allow an approach which best suits the characteristics of the case, no action will be initiated before the general nature of the approach to be pursued is discussed with the complainant. While there is a general presumption that informal intervention should precede more formal measures there may be situations where informal measures are not appropriate.
>
> 4. Formal Complaints.
> Where, in the view of the complainant, the above options are not appropriate or where they have been attempted unsuccessfully, he or she may make a formal complaint to the University.
>
> > 4.1. - Harassment By A Student.
> > Where the alleged harassment has been committed by a student, the complaint should be addressed to the Regis-

trar. The complaint should be in writing, should set out the details of the allegations and the identity of the person against whom the allegations are made. Formal
complaints cannot be made anonymously. As sexual harassment is potentially misconduct within the meaning of Section 1 of Chapter 13 of the University By-laws it is appropriate that formal complaints of sexual harassment are dealt with under the provisions of this By-law. In simplified form Chapter 13 provides for the following sequence of events:

4.1.a On receipt of a written complaint the Registrar will make arecommendation to the Vice-Chancellor as to whether, in the Registrar's opinion, the conduct which is the subject of the complaint warrants investigation.

4.1.b. On receipt of the Registrar's recommendation the Vice-Chancellor shall determine that no investigation be made or shall direct the Registrar that a full investigation of the conduct be made.

4.1.c. On completion of the investigation the Registrar shall recommend to the Vice-Chancellor: (i) that no further action should be taken;
(ii) that the student be given a notice referred to in Section 14(2) of the By-law; or
(iii) that the allegation of misconduct be heard and determined by the Vice-Chancellor or a Student Proctorial Board.

資料7 海外のガイドライン（各大学における例）

4.1.d. On receipt of the Registrar's advice the Vice-Chancellor may give effect to any of the three options, listed (i), (ii) and (iii) above. In the case of option (ii) the student against whom the allegation of misconduct has been made is informed of the allegation and given fourteen days in which to respond. If the allegation is denied the By-law requires that the matter is then formally heard and determined either by the Vice-Chancellor in person or by the Student Proctorial Board. If misconduct is proved a range of penalties, up to and including expulsion from the University, may be imposed. Students found guilty of misconduct have a right of appeal to Senate.

4.2. - Harassment By a Member of Staff.

Where the alleged harassment has been committed by a member of staff and attempts to resolve the complaint by the informal methods described above have not been successful the complainant may indicate to the Head of Department/Section, Dean, Pro-Vice-Chancellor, Registrar or Vice-Chancellor, as the case may be, that he or she wishes the complaint to be dealt with formally. Where, in the view of the person complained to, the behaviour in question may amount to misconduct or serious misconduct he or she should refer the matter to the appropriate authority. Where advice is required in order to make this decision it should be sought from either the EEO Unit or Personnel Services.

Where the complaint has been made against a member of staff the matter should be referred to the Vice-Chancellor. The complaint should be in writing, should set out the details of the allegations and the identity of the person against whom the allegations are made. Formal complaints cannot be made anonymously. The Vice-Chancellor will then forward the complaint to an appropriate person for investigation. The Vice-Chancellor may, in consultation with staff unions, establish a panel of appropriate persons for this purpose. Following that investigation the University may determine as follows:

(i) That there is no case to answer, in which case the matter will lapse.
(ii) That there is a case to answer, in which case the matter be referred to the Director of Personnel Services for further action.

In each case the member of staff will be dealt with in accordance with appropriate procedures, ie with regard to the disciplinary procedures applicable to general staff and the award provisions covering academic staff as appropriate.

Where the complaint is upheld the following options are available to the University:

(i) Where the offence does not warrant dismissal, the University may issue a formal warning, withhold an increment or demote the member of staff.
(ii) Where the offence does warrant dismissal, the member of staff will be dismissed.

資料7　海外のガイドライン（各大学における例）

Referral to External Agency.

As a general rule it is expected that complaints of sexual harassment within the University will be capable of resolution through the application of the procedures described above. It is recognised, however, that in some cases the complainant may decide that the particular nature of the case makes it appropriate to take the complaint to an external agency for resolution (eg Anti-Discrimination Board, Police). In such circumstances the University will ensure that the complainant is not subjected to any detriment within the University as a consequence of his or her actions.

General

In dealing with complaints of sexual harassment the University will:

1. Maintain confidentiality by ensuring that only those directly involved in or responsible for dealing with a complaint have access to information concerning the fact that the complaint has been made or to information arising from the complaint or any investigation of it.

2. Observe the principles of Natural Justice/Procedural Fairness by ensuring that the person whose interests may be adversely affected by a decision by the University is aware of the allegations against them and has the opportunity to be heard, and the opportunity to be assisted and accompanied at formal proceedings by their chosen University representative. Decisions will be made without bias and will be based on logically probative evidence.

3. Not respond to anonymous complaints nor will any record be maintained of allegations which have not been the subject of a

formal complaint and thus appropriately tested. Where a formal complaint has been investigated according to the above procedures and misconduct proved, an appropriate reference will be included on the staff member's personal file. Where a formal complaint is investigated and misconduct not proved, no reference to the complaint will be included on the staff member's personal file.

Authorised Publication of the EEO Unit
Maintained by Strategic Support Unit, Information Technology Services

Last updated: Wednesday, 05-Apr-2000 12:37:29 EST

〈参考〉海外のガイドライン

Univ. of Calgary	University of Calgary President' Committee on Sexual Harassment http://www.ucalgary.ca/astalker/pcosh.html
California Institute of Technology	Sexual Harassment Policy http://www.studaff.caltech.edu/policies/harass.html
California Univ.	Sexual Harassment Information http://www-hr.ucsd.edu/staffeducation/catalog/body/harass.html
Carnegie Mellon Univ.	Carnegie Mellon Sexual Harassment Policy http://joc.mit.edu/cmu.html
Claremont Graduate Univ.	Sexual Harassment Policy http://www.cgs.edu/adm/dean_stu/sex_hars.html

資料7　海外のガイドライン（各大学における例）

Univ. of Colorado	University of Colorado at Boulder Sexual Harassment Policy and Procedures http://www.colorad.edu/sacs/sexual-harassment/
Cornell Univ.	Policy6.4,SexualHarassment http://www.univco.cornell.edu/policy/sh.for.html
Univ. of Denver	Recognizing & Avoiding Sexual Harassment http://www.du.edu/eeoaa/harassment.html
George Mason Univ.	Sexual Harassment Policy & Grievance Procedures http://www.gmu.edu/facstaff/policy/sexa.html
North Western Univ	University Policy on Sexual Harassment http://nuinfo.nwu.edu/handbook/rules/appendix/univpolicy.html
Univ. of Oregon	Sexual Harassment http://safetyweb.uoregon.edu/safety/sexual-harassment.htm
Univ. of Queensland	Information on Sexual Harassment Policies and Procedures http://www.uq.edu.au/oraps/harass/
St.Joseph's Univ.	Sexual Harassment http://www.sju.edu/STUDENT_LIFE/STU_HANDBOOK/sexharass.html
Willamette Univ.	Sexual Harassment Policy http://www.willamette.edu/wu/policy/sex.html

文献リスト

1．セクシュアル・ハラスメントに関する日本語の文献
（1991年から1999年までに刊行されたものに限る）

〈モノグラフィー〉

奥山明良　『職場のセクシュアル・ハラスメント』　有斐閣　1999

福島瑞穂監修『弁護士が教えるセクハラこんなときどうなる：いざというとき困らない傾向と対策』日本文芸社　1999

PHP研究所編　『ケースと判例で学ぶ職場のセクハラ防止ガイド：STOP!セクシュアルハラスメント』PHP研究所　1999

金子雅臣　『公務員のセクハラ防止マニュアル』　ぎょうせい　1999

金子雅臣　『事例・判例でみるセクハラ対策』築地書館　1999

日経連出版部編　『セクハラ防止ガイドブック』　日経連出版部　1999

アクト・セクハラ問題研究グループ編　『会社のセクハラ防止ABC：知らないと大変』　税務経理協会　1999

岩瀬孝　『職場のセクハラ防止ポイント解説：職場慣行・意識の変革　改正均等法、人事院規則の施行と具体的対策』社会経済生産性本部生産性労働情報センター　1999

セクハラ問題研究会　『図解セクハラ早わかり：2時間でわかる』　中経出版　1999

福島瑞穂他　『セクシュアル・ハラスメント新版』有斐閣　1998

小野和子編　『京大・矢野事件：キャンパス・セクハラ裁判の問うたもの』インパクト出版会　1998

産労総合研究所編『人事スタッフのための職場のセクハラ防止マニュアル：セクシュアル・ハラスメント』経営書院　1998

若林恵子・井上憲一　『セクハラ完全マニュアル』社会批評社　1997

山田秀雄・田中早苗　『企業のセクハラ対策最前線：セクハラ判例15　ビジネスマン必須!セクハラ知識』ジャパン・ミックス　1997

茶野晶　『ドキュメント・セクハラ：Sexual harassment』　鹿砦社　1995

クリスタリン・ブラネン，トレーシー・ワイレン著　安次嶺佳子訳　『日本

人のセクハラ：欧米キャリア女性が見た』草思社　1995

世田谷ボランティア協会・子どもにも言わせろ!ホットライン実行委員会編『許せん!セクハラ』　ジャパンマシニスト社　1995

鐘ヶ江晴彦　『セクシュアル・ハラスメントはなぜ問題か：現状分析と理論的アプローチ』　明石書店　1994

三井マリ子　『セクハラ110番』　集英社　1994

関輝夫　『セクハラをしない・させない職場の人間関係』ビジネス社　1993

ウイリアム・J・キルバーグ［ほか］著；金子宣子訳　『駐在員のためのアメリカ雇用法Q&A：雇用差別・セクハラを防ぐポイント』　日本経済新聞社　1993

山田秀雄　『企業人のための［セクハラ講座］：弁護士が教えるトラブル回避法』プレジデント社　1993

金子雅臣　『セクハラ事件の主役たち：相談窓口の困惑』　築地書館　1992

共栄火災海上保険相互会社編　『セクハラ・ショック：企業が責任を問われる時代がやってきた』現代書林　1991

中下裕子　『セクシュアル・ハラスメント：「性」はどう裁かれているか』　有斐閣　1991

〈雑誌論文〉

林弘子　「アメリカにおけるセクシュアル・ハラスメント法理の再検討」『日本労働法学会誌』94　1999　p 39-56

水谷英夫　「日本におけるセクシュアル・ハラスメント裁判例の検討」『日本労働法学会誌』94　1999　p 57-73

林弘子　「セクシュアル・ハラスメントと人員整理を理由とする解雇―沼津セクハラ（F鉄道工業）事件（静岡地裁沼津支部判決平成11．2．26）」『労働判例』764　1999　p 7～16

「セクハラ防止、ポジティブ・アクションの取り組み―富士ゼロックス／伊勢丹／マイカルグループ／モトローラ／有隣堂（特集　改正均等法に企業はどう対応したか―人事管理、環境整備への最新取り組み状況―企業事例編―セクハラ防止策、ポジティブ・アクションから事務服廃止の実

際)」　『労政時報』3415　1999　p 13〜38

牟田和恵「ジェンダー論から見る現代社会(1)〜(10. 完)」『書斎の窓』481-490　1999

「判例要解　派遣社員によるセクハラと懲戒解雇」　コンピューター・メンテナンス・サービス事件(東京地裁平成10．12．7判決)」　『労働法学研究会報』50(18)　1999　p 34〜36

秋元かおる　「ゼンセン同盟　セクハラ協定の提案―苦情処理・プライバシー問題・啓発活動」　『労働法学研究会報』50(10)　1999　p 1〜30

「最近判例解説　鳴戸教育大学教授セクハラ事件(徳島地裁平成10．9．29判決)」　『地方公務員研究』56　1999　p 33〜53

小西康之　「環境型セクシュアル・ハラスメントにおける使用者責任と職場環境配慮義務―三重セクシュアル・ハラスメント(厚生農協連合会)事件」　『ジュリスト』1150　1999　p 125〜127

紙谷雅子　「男と女の関係―セクハラ問題を巡って(上)(下)」　『自由』40(12)　1998　p 29〜36, 41(1)　1999　p 69〜76

名古道功　「従業員のセクシュアル・ハラスメントと使用者の責任―横浜セクシュアル・ハラスメント事件」　『民商法雑誌』119 (4.5)　1999　p 789〜801

横堀雅人　「セクハラ・暴力問題に対応した人材育成のあり方(特集　海外人材育成最新事情98年度版)」　『企業と人材』31(712)　1998　p 40〜45

ロッシェルカップ　「多様性」の一部として組み込まれるアメリカのセクハラ防止トレーニング(特集　入門セクシャル・ハラスメント　ジェンダー・ハラスメント)」　『人材教育』10(10)　1998　p 21〜24

佐藤あおい　「自治体のマニュアル/事例集に学ぶ―企業のセクハラ対策プログラム(特集　入門セクシャル・ハラスメント　ジェンダー・ハラスメント)」　『人材教育』10(10)　1998　p 36〜39

Annalise E. Acorn；桑原昌宏(訳)　「セクハラ・雇用平等とジェンダー差別：20世紀後半の法律分野でみられる新しい動きに関する夢と悪夢―米国三菱自動車事件からの困難な教訓」　『愛知学院大学論叢　法学研究』40(1)　1998　p 154〜182

文献リスト

山田省三　「改正均等法(平11．4．1)施行―セクハラと企業責任・対応策」　『労働法学研究会報』49(23)　1998　p 1～32

安枝英紳　「こうすればOK募集・採用・配置からセクハラ・深夜業対策(4)セクシュアルハラスメントに関する指針と企業の対応策」　『労務事情』925　1998　p 77～85

石井妙子　「企業のセクハラ防止義務と法的対応(特集　女性労働法制の再編と課題)」　『季刊労働法』186　1998　p 52～63

柏木宏　「米国三菱セクハラ訴訟の全面決着―連邦雇用機会均等委員会と米国三菱の和解について」　『賃金と社会保障』1229　1998　p 4～7

木部弘人　「労働相談の実態(東京都)(2)セクハラ・男女差別など女性の相談増える」　『法令ニュース』33(7)　1998　p 60～64

桑原昌宏(訳)　「アルジャン・P・アガルバル―職場におけるセクハラ：カナダ法の概観」　『愛知学院大学論叢　法学研究』39(4)　1998　p 129～134

山崎文夫　「セクハラ法下の刑事・民事責任(外国労働判例研究　58　フランス)」　『労働法律旬報』1427　1998　p 54～56

木下潮音　「第2回労働問題講習会：講演録―職場におけるセクシュアル・ハラスメントとは何か―指針が示す企業のセクハラ防止策を中心に」『中小企業と組合』53(4)　1998　p 4～10

桑原昌宏　「職場セクハラ被害者の法的救済：比較法的観点から」　『社会科学研究』18(2)　1998　p 113～126

空井健三　「(シンポジウム)セクハラの被害者」『被害者学研究』8　1998　p 73～77

中窪裕也　「アメリカにおけるセクシュアル・ハラスメント法理の新展開―使用者の責任に関する連邦最高裁判決の意義」　『ジュリスト』1147　1998　p 10～16

奥山明良　「EU諸国におけるセクシュアル・ハラスメントの法規制」　『ジュリスト』1147　1998　p 17～29

労働省女性局女性政策課均等業務指導室　「職場におけるセクシュアル・ハラスメント防止のための事業主の配慮義務」　『ジュリスト』1147　1998　p 4～5

萩原玉味 「現代キャンパス・セクシュアル・ハラスメント考―法的概念を中心に、その意義と対策をめぐって―」 『明治学院論叢法学研究』 608(64) 1998 p. 257～298

吉川英一郎 「日系国際企業とアンチセクハラ・プログラム―急がれる国際的に通用するセクハラ防止プログラムの策定（上）（下）（特集 在米日本企業のための雇用訴訟リスク回避戦略）」 『国際法務戦略』 7(1) 1998 p 50～57, 7(2) 1998 p 50～55

中野麻美 「最新判例に学ぶ労務管理の要点(74)横浜セクハラ事件―セクハラ行為に対し元上司と会社に賠償命令（東京高裁判決平成9.11.20)」 『先見労務管理』 1096 1998 p 44～47

中野麻美 「最新判例に学ぶ労務管理の要点(70)京都セクハラ事件―セクハラに対し会社は職場環境整える義務（京都地裁判決平成9.4.17)」 『先見労務管理』 1088 1997 p 36～39

安枝英紳；高島順子；荒川春（他） 「特別座談会「男女雇用機会均等法の改正と課題」〈中〉機会均等調停委員会のあり方／国の援助の内容／セク・ハラの防止」 『労務事情』 903 1997 p 58～69

原田直子 「セクシャル・ハラスメント―福岡セクハラ訴訟（日本労働弁護団創立四〇周年記念現代企業社会と労働者の権利―雇用・労働条件と団結権を守るたたかい―最近10年間を象徴する事件)」 『季刊労働者の権利』 220 1997 p 203～208

William A. Carmell 「セクハラ訴訟リスク・マネジメントの重要ポイント―企業は職場におけるセクシャル・ハラスメント問題をいかにコントロールすべきか（特集 在米日本企業のためのリスクマネジメント実務)」 『国際法務戦略』 6(6) 1997 p 50～54

総務庁行政監察局 「セク・ハラ防止対策の実施状況」 『賃金実務』 789 1997 p 44～52

若井弥一 「教育時事問題の法的考察・89 わいせつ・セクハラ問題への取り組み」 『教職研修』 25(7) 1997 p 137～140

若井弥一 「争訟事例から学ぶ学校経営の危機管理―34―「セクハラ慰謝料請求事件」東京地裁八王子支部判決」 『学校経営』 42(3) 1997 p 76～83

文献リスト

名古道功 「セクシャル・ハラスメントの法理論―珠洲セク・ハラ事件を素材に」 『金沢法学』39(2) 1997 p 55～74

若林喬 「在米日系企業におけるセクハラ対策」『ジュリスト』1097 1997 p 63～68

奥山明良 「在外日本企業とセクシュアル・ハラスメント問題」 『ジュリスト』1079 1997 p 56～62

平義克己 「セクハラ アメリカのセクハラ事情と使用者責任」 『法学セミナー』502 1996 p 4～8

牧野和夫 「〈アメリカ法務最前線〉セクハラ訴訟の現状(1)～(3)」 『国際商事法務』24(8) p 871～875, 24(9) p 973～978 24(10) p 1085～1088

山川隆一 「わが国におけるセクシャル・ハラスメントの私法的救済」『ジュリスト』1097 1997 p 69～75

柏木宏 「米国三菱のセクハラ訴訟とEEOC」『労働法律旬報』1389 1996 p 24～28

萩原玉味 「セクシュアル・ハラスメントの刑事法学的考察」 『明治学院論叢法学研究』573(60) 1996 p 119～167

「セクハラの不成立 横浜セクハラ事件（平成七年労働判例の回顧と展望 主要裁判例・命令の検討）」 『労働法学研究会報』47(19) 1996 p 49～51

君和田和一 「教師のセクハラがもたらす心の傷（教師と親のための〔小学生の性〕指導読本）」 『児童心理』50(3) 1996 p 191～199

アリソン・ウェザーフィールド 「アメリカ人弁護士のみた日本のセクシュアル・ハラスメント（上）（下）」 『ジュリスト』1079 1995 p 31～41、1080 p 75～81

奥山明良 「セクシュアル・ハラスメント―福岡セクハラ（平成4．4．16福岡地判）事件」『労働判例百選〈第6版〉（別冊ジュリスト134）』1995, p60～61

奥村回 「セクハラ認定と事実関係についての総合的判断の欠如―建設会社社長セクハラ事件・金沢地裁輪島支部判決を担当して」 『労働法律旬報』1344 1994 p 49～52

山崎文夫 「セクハラ被害者の対抗行為と解雇―建設会社社長セクハラ事件・金沢地裁輪島支部判決（平成6．5．26）の研究」 『労働法律旬

報』1344　1994　p 42〜48

山崎文夫　「フランスのセクハラ法」『比較法制研究』17　1994　p 47〜71

上田純子　「セクシュアル・ハラスメント：使用者責任をめぐる法律論を中心に(上)(下)」『ジュリスト』1047　1994　p52〜58、1048　p 90〜97

山崎文夫　「セクハラ被害者の懲戒と配転（外国労働判例研究―7―フランス）」　『労働法律旬報』1323　1993　p 21〜23

山田省三　「セクシュアル・ハラスメントの定義とその法的処理」　『労働法律旬報』1326　1993　p 27〜31

釜田泰介　「福岡地裁セクハラ判決の意義―会社の自律的規範と社会通念」『季刊労働法』164　1992　p 136〜146

山川隆一　「セクシュアル・ハラスメントと不法行為」　『ジュリスト』1005　1992　p 48〜54

林弘子　「原告全面勝訴に考える―セクハラと管理職・企業責任―初のセクハラ訴訟判決（福地4．4．16）を中心に」　『労働法学研究会報』43(26)　1992　p 1〜56

内野正幸　「セクシュアル・ハラスメントと憲法」『法律時報』64(9)　1992　p 8〜14

新倉修・武井寛・佐藤啓子　「第3ステージ―OL優子さんがセクハラをうけて解雇！？許されるの？（特集　バージョンアップ法学入門）　『法学セミナー』39―4　1994　p 52〜71

新谷真人　「セクシュアルハラスメントと慰謝料―沼津セクハラ事件（平成2．12．20静岡地沼津支判）〈労働判例解説〉」　『季刊労働法』159　1991　p 197〜198

2．セクシュアル・ハラスメントに関する英語文献
（日本の研究機関所蔵の図書）

A Study of sexual harassment in the work place/Kay Earlene Meadows.—University Microfilms International, 1989

A training model to overcome sexual harassment in business, education and government/Bonnie Susan Dimun.—University Microfilms International, 1983

文献リスト

Academic and workplace sexual harassment: a resource manual/Michele A. Paludi and Richard B. Barickman.—State University of New York Press, 1991 (SUNY series in the psychology of women)

Bearing witness: sexual harassment and beyond-everywoman's story/Celia Morris.—Little, Brown and Co., 1994

Blue streak: swearing, free speech, and sexual harassment, 1st ed/Richard Dooling.—Random House, 1996

Combating sexual harassment at work/International Labour Office.—International Labour Office, 1992 (Conditions of work digest; vol. 11 no. 1)

Combating sexual harassment in the workplace/Rohan Collier.—Open University Press, 1995 (Managing work and organizations series)

Conceptualizing sexual harassment as discursive practice/edited by Shereen G. Bingham.—Praeger, 1994

Confronting sexism and violence against women: a challenge for social work/Karen D. Stout, Beverly McPhail.—Longman, 1997

Confronting sexual harassment: what schools and colleges can do/Judith Berman Brandenburg.—Teachers College, Columbia University, 1997

Coping with sexual harassment and gender bias/Victoria Shaw.—Rosen Pub. Group, 1998

Corporate attractions: an inside account of sexual harassment with the new sexual rules for men and women on the job/Kathleen Neville.—Acropolis Books, 1990

Everything you need to know about sexual harassment, Revised ed./Elizabeth Bouchard.—Rosen Pub. Group, 1992

Female and male athletes' accounts and meaning of sexual harassment in canadian interuniversity athletics/Margery Jean Holman.—UMI, 1995 (マイクロフィッシュ)

Feminist accused of sexual harassment/Jane Gallop.—Duke University Press, 1997 (Public planet books)

Fighting sexual harassment: an advocacy handbook, 2nd ed/[written and coordinated by Connie Backhouse... et al.; graphics, Linda Hoffman].—Alyson: Alliance Against Sexual Coercion, 1979

Get smart!: what you should know (but won't learn in class) about sexual harassment and sex discrimination, 2nd ed/Montana Katz and Veronica Viel.—Feminist Press at the City University of New York, 1993

Group composition and judgments of sexual harassment/Barbara Katrina Burian.—University Microfilms International, 1990

Helping the sexually oppressed/Harvey L. Gochros, Jean S. Gochros, Joel Fischer, editors.—Prentice-Hall, 1992

Heterophobia: sexual harassment and the future of feminism/Daphne Patai.—Rowman & Littlefield Publishers, 1998 (American intellectual culture)

How to avoid a sexual harassment suit: and what to do if you can't/ Andy Kane; illustrations by Steve Soeffing.—Paladin Press, 1996

How to stop sexual harassment in our schools: a handbook and curriculum guide for administrators and teachers/Robert J. Shoop, Debra L. Edwards.—Allyn and Bacon, 1994

Implementing sexual harassment policy: challenges for the public sector workplace/Laura A. Reese, Karen E. Lindenberg.—Sage Publications, 1999

Intergenerational attitudes and beliefs about sexual assault and sexual harassment/Williams-Quinlan, Susan.—UMI Dissertation Information Service, 1991

Is it sexual harassment yet?: short fiction, Rev. ed/Cris Mazza.— Fiction Collective Two, 1998

Ivory power: sexual harassment on campus/edited by Michele A. Paludi.—State University of New York Press, 1990 (SUNY series in the psychology of women)

Litigating the sexual harassment case: a guide for plaintiff and defense

文献リスト

attorneys/Juanita B. Luis, editor.―Tort and Insurance Practice Section, American Bar Association, 1994

Male faculty attitudes toward women and tolerance for sexual harassment/Julie L. Campbell.―University Microfilms International, 1990

Nattering on the net: women, power and cyberspace/Dale Spender.―Garamond Press, 1992

Power and gender: issues in sexual dominance and harassment/Rosemarie Skaine; with a foreword by Winston Burt.―McFarland & Co., 1996

Primer on sexual harassment/Barbara Lindemann, David D. Kadue.―Bureau of National Affairs, 1992

Professional ethics in university administration/Ronald H. Stein, M. Carlota Baca, guest editors.―Jossey-Bass, 1981 (New directions for higher education; no. 33)

Questions of conduct: sexual harassment, citizenship, government/Jeffrey Minson.―Macmillan, 1993

Rape, incest, and sexual harassment: a guide for helping survivors/Kathryn Quina and Nancy L. Carlson.―Praeger, 1989

Research advances in sexual harassment.―Lawrence Erlbaum Associates, 1995 (Basic and applied social psychology; vol. 17, no. 4, special issue)

Researching sexual violence against women: methodological and personal perspectives/Martin D. Schwartz, editor.―Sage Publications, 1993

Resurrection: the confirmation of Clarence Thomas, 1st trade ed/John C. Danforth.―Viking, 1993

Rethinking sexual harassment/edited by Clare Brant and Yun Lee Too.―Pluto Press, 1994

Sexual discrimination and sexual harassment in the workplace/Lawrence Solotoff, Henry S. Kramer.―Law Journal Seminars-

Press, 1996

Sexual exploitation: rape, child sexual abuse, and workplace harassment/Diana E.H. Russell.—Sage Publications, 1984 (Sage library of social research; v. 155)

Sexual harassment & sexual consent/Barry M. Dank, editor-in-chief ;Roberto Refinetti, managing editor.—Transaction Publishers, 1998 (Sexuality & culture editor-in-chief, Barry M. Dank; managing editor, Roberto Refinetti; v. 1)

Sexual harassment & social change in American society/Stephen J. Morewitz.—Austin & Winfield, 1996

Sexual harassment/Constance Jones.—Facts on File, 1996 (Library in a book)

Sexual harassment/Hazel Houghton-James.—Cavendish Publishing, 1995

Sexual harassment/Karin L. Swisher, book editor ; Christina Pierce, assistant edito.—Greenhaven Press, 1992 (Current controversies)

Sexual harassment/Mary Coeli Meyer... [et al.]; with introd. by Paul Chaddock.—Petrocelli Books, 1981

Sexual harassment: a debate/Linda LeMoncheck and Mane Hajdin.—Rowman & Littlefield Publishers, 1997 (Point/counterpoint; philosophers debate contemporary issues)

Sexual harassment: a guide for understanding and prevention/Arjun P. Aggarwal.—Butterworths, 1992

Sexual harassment: a reference handbook, 2nd ed/Lynne Eisaguirre.—ABC-CLIO, 1997 (Contemporary world issues)

Sexual harassment: a selected, annotated bibliography/Lynda Jones Hartel and Helena M. VonVille.—Greenwood Press, 1995 (Bibliographies and indexes in women's studies; no. 23)

Sexual harassment: communication implications/edited by Gary L. Kreps.—Hampton Press, 1993 (SCA applied communication publication program)

文献リスト

Sexual harassment: confrontations and decisions/edited by Edmund Wall.―Prometheus Books, 1992 (Contemporary issues)

Sexual harassment: contemporary feminist perspectives/edited by Alison M. Thomas and Celia Kitzinger.―Open University Press, 1997

Sexual harassment: know your rights!/Martin Eskenazi and David Gallen.―Carroll & Graf, 1992

Sexual harassment: theory, research, and treatment/edited by William O'Donohue.―Allyn and Bacon, 1997

Sexual harassment: what is it and why should I care?(ビデオカセット)―Quality Work Environments, 1992

Sexual harassment and manly sports: are they related?(マイクロフィッシュ)/Nancy Maurer Murolo.―UMI, 1997

Sexual harassment and schools of social work: issues, costs, and strategic responses/edited by Marie Weil, Michelle Hughes, and Nancy Hooyman.―Council on Social Work Education, 1994

Sexual harassment and sexual abuse: a handbook for teachers and administrators/Audrey Cohan... [et al.].―Corwin Press, 1996

Sexual harassment and teens: a program for positive change: case studies, activities, questionnaires, laws, guidelines, policies, procedures, resources, and more/Susan Strauss with Pamela Espeland.―Free Spirit Pub., 1992

Sexual harassment at the workplace in the European Union/European Commission, Directorate-General for Employment, Industrial Relations and Social Affairs.―Office for Official Publications of the European Communities, 1999 (Employment & social affairs;. Equality between women and men)

Sexual harassment at work: guidance on prevention and procedures for dealing with the problem/Equal Opportunities Commission for Northern Ireland.―Equal Opportunities Commission for Northern Ireland, 1993

Sexual harassment from 9 to 5 (ビデオカセット) —Films for the Humanities & Sciences, 1992 (A Phil Donahue show) (Women series)

Sexual harassment in America: a documentary history/Laura W. Stein.—Greenwood Press, 1999 (Primary documents in American history and contemporary issues series)

Sexual harassment in a university setting: the influence of respondent, victim and perpetrator characteristics/Diane Lynn Barnett.—University Microfilms International, 1991

Sexual harassment in education/John F. Lewis, Susan C. Hastings, Anne C. Morgan.—National Organization on Legal Problems of Education, 1992

Sexual harassment in employment/Susan M. Omilian.—Callaghan, 1997

Sexual harassment in employment law/Barbara Lindemann, David D. Kadue.—Bureau of National Affairs, 1992

Sexual harassment in higher education: reflections and new perspectives/Billie Wright Dziech, Michael W. Hawkins.—Garland Pub., 1998 (Garland reference library of social science; v. 1034. Garland studies in higher education; v. 12)

Sexual harassment in our schools: what parents and teachers need to know to spot it and stop it!/Robert J. Shoop, Jack W. Hayhow, Jr. —Allyn and Bacon, 1994

Sexual harassment in schools: a guide for teachers/Carrie Herbert.— D. Fulton Publishers, 1992

Sexual harassment in the federal government: an update.—U.S. Merit Systems Protection Board, 1988

Sexual harassment in the workplace, 2nd ed./Arjun P. Aggarwal.— Butterworths, 1992

Sexual harassment in the workplace: a guide to prevention/Juliana Lightle, and Elizabeth H. Doucet.—Crisp Publications, 1992 (Fifty-

文献リスト

Minute series)

Sexual harassment in the workplace: a guide to the law, 3rd ed./Ralph H. Baxter, Jr. and Lynne C. Hermle.―Executive Enterprises Publications Co., 1989

Sexual harassment in the workplace: a guide to the law and a research overview for employers and employees/Titus E. Aaron, with Judith A. Isaksen.―McFarland, 1993

Sexual harassment in the workplace: how to prevent, investigate, and resolve problems in your organization/Ellen J. Wagner.―AMACOM, 1992

Sexual harassment in the workplace: law and practice/Alba Conte.―Wiley Law Publications, 1990 (Employment law library)

Sexual harassment in the workplace: law and practice, v. 2, 2nd ed"/Alba Conte.―Wiley Law Publications, 1994 (Employment law library)

Sexual harassment in the workplace: managing corporate policy/Julie M. Tamminen.―Wiley, 1994 (Wiley law publications;. Human resources library)

Sexual harassment in the workplace: perspectives, frontiers, and response strategies/edited by Margaret S. Stockdale.―SAGE, 1996 (Women and work: a research and policy series; v. 5)

Sexual harassment in the workplace and academia: psychiatric issues ,1st ed/edited by Diane K. Shrier.―American Psychiatric Press, 1996 (Clinical practice; no. 38)

Sexual harassment in the workplace/Arjun P. Aggarwal.―Butterworths, 1987

Sexual harassment of working women: a case of sex discrimination/Catharine A. MacKinnon; foreword by Thomas I. Emerson.―Yale University Press, 1979

Sexual harassment on campus: a guide for administrators, faculty, and students/Bernice R. Sandler, Robert J. Shoop, editors.―Allyn and Bacon, 1997

Sexual harassment on college campuses: abusing the ivory power/edited by Michele A. Paludi.—State University of New York Press, 1996 (SUNY series in the psychology of women)

Sexual harassment on the job, 1st ed., National ed/William Petrocelli and Barbara Kate Repa.—Nolo Press, 1992 (Nolo Press self-help law; 1)

Sexual harassment on the job (ビデオカセット) —Films for the Humanities & Sciences, 1993 (A Phil Donahue show) (Women series)

Sexual shakedown: the sexual harassment of women in the working world/Lin Farley.—Melbourne House, 1978

Sexual shakedown: the sexual harassment of women on the job/Lin Farley.—Warner Communication Co., 1980

Step forward: sexual harassment in the workplace: what you need to know/Susan L. Webb.—MasterMedia, 1992

Stopping sexual harassment: a handbook for union and workplace activists/Camille Colatosti and Elissa Karg.—Labor Education and Research Project, 1992

Supervisory responses to incidents of sexual harassment: the effect of managerial and situational factors/DeeAnn Nokovich Gehlauf.—University Microfilms International, 1989

Talking of silence: the sexual harassment of schoolgirls/Carrie M.H. Herbert.—Falmer Press, 1989

The 9 to 5 guide to combating sexual harassment: candid advice from 9 to 5, the National Association of Working Women/Ellen Bravo, Ellen Cassedy.—Wiley, 1992

The Theoretical and empirical constructions of women's internal and external reactions towards sexual harassment at the workplace: Korean cases/Sung Ja Shin.—University Microfilms International, 1991

文献リスト

The dignity of women at work: a report on the problem of sexual harassment in the member states of the European Communities/ [by Michael Rubenstein].—Office for Official Publications of the European Communities, 1988

The imaginary domain: abortion, pornography & sexual harassment/ Drucilla Cornell.—Routledge, 1995

The lecherous professor: sexual harassment on campus, 2nd ed/Billie Wright Dziech, Linda Weiner.—University of Illinois Press, 1990

The use of social science data in Supreme Court decisions/Rosemary J. Erickson and Rita J. Simon.—University of Illinois Press, 1998

What is sexual harassment?/Karin L. Swisher, book editor.—Greenhaven Press, 1995 (At issue) (Opposing viewpoints series)

Women and sexual harassment: a practical guide to the legal protections of Title VII and the hostile environment claim/Anja Angelica Chan.—Haworth Press, 1994

Workplace sexual harassment Anne Levy, Michele Paludi. -Prentice Hall 1997

Workplace sexual harassment law: principles, landmark derelopments and framework for effectire risk management/Francis Achampong. -Quorum Books, 1999

あとがき

本書には、明治学院大学のセクシュアル・ハラスメント人権委員会と法学部立法研究会の共催によるシンポジウム「セクシュアル・ハラスメントを考える――キャンパスから職場まで」の全記録(第一部)と参考資料として有益と思われるセクシュアル・ハラスメントに関する各分野および内外の資料(第二部)とを収録してある。

シンポジウム自体は二年程前の一九九八年一一月五日に行われたもので、本学の加藤秀一助教授、渋谷秀樹法学部教授(現在、立教大学法学部教授)、萩原玉味法学部教授、宮田加久子社会学部教授に加えて、この分野で活躍されている東京大学大学院社会学研究科の上野千鶴子教授と角田由紀子弁護士に加わっていただき、セクシュアル・ハラスメントについて報告、討論が行われた。

シンポの記録の公刊は、その時、既に考えていたことであるが、立法研究会として、少し欲を出して、シンポの記録に加えて、セクシュアル・ハラスメントに関する基本的な資料を掲載することで、本書を手にとって下さった読者が、セクシュアル・ハラスメントについてより深く理解し、考えることができるようにと考えた。それが、ある意味で裏目に出て、出版にこぎつけるまでに時間をとってしまった。公刊が大幅に遅れたことで諸方面に多大のご迷惑をおかけしたのではないかと思うが、ここで関係者諸氏に深くお詫びする次第である。

シンポが行われてから公刊までの二年間の間にも、セクシュアル・ハラスメントに関する社会の理

あとがき

 解は大いに進んできていることを実感する。セクシュアル・ハラスメントの被害の深刻性はかなりの程度理解されてきているし、問題が起こったときにどう対処すべきかについても、職場、キャンパスの双方で、痛みを伴いつつ学習されてきている。
 二年前には、セクシュアル・ハラスメント防止宣言、セクシュアル・ハラスメント人権委員会をつくっても、それがセクシュアル・ハラスメントの解決にどの程度寄与するものであるのか不明であった。限界はあるのだろうが、こうした仕組みが存在することが、組織をして被害者の側の事情に最大限に配慮しつつ問題を解決するという方向付けることに、それなりに機能しているように思われる。こうした意味で、この二年間、問題の存在の社会レベルでの確認・理解から、問題の解決へと、社会における課題認識が進んできている。しかし、問題が解決の方向に向かっているということで安心して、この段階で止まってしまってはいけないのであろう。
 法的、規範的に、「処分問題」としてこれを取り扱うときには、問題とされるべきセクシュアル・ハラスメントの範囲を明確にして行く必要がどうしてもある。第二部の資料に収録された各分野および内外の資料を見ると、少なくとも、セクシュアル・ハラスメントのコアの部分については明確なイメージをもって把握できる。
 しかし、これを、今日の社会の生理現象に近いほどに深く根付いた病理現象と捉え、いわば海面下に沈んだ部分をも含めて氷山の全体を問題にしようとするなら、男女を問わず、深い自己点検が必要となる問題になる。こうした自己点検は、ある部分では自己否定を伴う性格のものだし、触らぬ神に祟りなしという態度を決め込んで、人間関係を貧弱にすることで問題を回避することができないわけ

419

あとがき

ではないから、なかなか行いにくい。しかし、それでは、頭痛をなくすために人から頭を取り除いてしまうような類のおろかな「解決」である。そうではなく、豊かな人間関係の回復、再生への希望をもちながら、セクシュアル・ハラスメントの問題に愚直に向き合うことが求められている。それにしても、コミュニケーションを断つことにより解決するのではなく、コミュニケーションを作ることによって解決するには、知恵と勇気が要る。問題の拡がりと深さを示唆してくれる第一部のシンポは、少し時間は経ったが、なおこれを読んだ者に問題を考えさせるきっかけをつくってくれている。法律家としての私も、自分の専門領域でどう扱うかではなく、もう一歩踏み込んで、どのような社会関係を築いていくのかを、久方ぶりに考えてみる機会を得ることができた。

職場やキャンパスで、セクシュアル・ハラスメントの問題から遠ざかるために、本書を手にするのではなく、セクシュアル・ハラスメントのない豊かな人間関係を創出して行くための営みのヒントとして、前向きの姿勢で活用するために、本書を手にしてくださることを、私としては願っている。

最後に、本書の公刊にあたっては、とくに、明治学院大学法学部の萩原玉味教授に大変にお世話になった。萩原教授の前書きにも記されているように、資料の収集にあたっては、明治学院大学の諸先生や院生諸君の手をも大変に煩わせた。シンポに参加してくださった先生方はもちろん、これらの方々にも深く感謝する次第である。

二〇〇〇年六月

明治学院大学法学部長

京藤 哲久

セクシュアル・ハラスメント

キャンパスから職場まで

2000年10月20日　第1版第1刷発行

編　者

明治学院大学法学部立法研究会

発 行 者

今 井 貴＝村岡俞衛

発 行 所

信山社出版株式会社

〒113-0033　東京都文京区本郷6-2-9-102
TEL03-3818-1019　FAX03-3818-0344
Printed in Japan．Ⓒ明治学院大学法学部立法研究会 2000

印刷・製本　勝美印刷

ISBN4-7972-5094-1 C3032

意欲的活動を続ける
明治学院大学法学部
立法研究会

◇ 共同研究の知恵　本体1,500円

◇ 現場報告・日本の政治　本体2,900円

◇ 市民活動支援法　本体3,800円

◇ 子どもの権利　本体4,500円

◇ 日本をめぐる国際租税環境　本体7,000円

◇ 環境アセスメント法　本体4,300円

◇ 児童虐待　本体4,500円

◇ 脳　　死 (以下, 続刊)

◇ 地方分権

◇ 外国人の就労問題

◇ 市民立法

信 山 社